경전주석
인물사전

손에 잡히는 경전시리즈 【4】
손에 잡히는 경전주석 인물사전

- **초판인쇄** 2008년 9월 15일
- **2쇄발행** 2016년 1월 27일
- **감수** 오석원 **편집** 대유연구소
- **편집인** 김순영 유화동 윤상철 이연실 이은호 황상희
- **발행인** 윤상철 **발행처** 대유학당
- **출판등록** 1993년 8월 2일 제 1-1561호
- **주소** 서울 동대문구 휘경동 258 서신빌딩 402호
- **전화** (02)2249-5630~1
- **홈페이지** http//www.daeyou.net 대유학당

- 여러분이 지불하신 책값은 좋은 책을 만드는데 쓰입니다.
- **ISBN** 978-89-88687-93-2 00140
- **값 10,000원**

선생

각헌선생	247
격재선생	220
경우선생	221
계동선생	216
고일선생	149
공시선생	174
과산선생	73
구산선생	188
도천선생	133
동산선생	219
부지선생	228
북산선생	236
사산선생	181
서산선생	95
선덕선생	177
안정선생	276
양명선생	146
어월선생	285
염계선생	224
오류선생	57
옥재선생	275
우강선생	184
의재선생	113
이정선생	36
이천선생	210
정절선생	57
전이선생	78
정춘선생	175
졸재선생	139
주정선생	147
천용선생	160
천태선생	18
초려선생	137
태계선생	262
태산선생	103
평암선생	268
횡거선생	196
협제선생	212
희이선생	237

거사 노인 산인

난음산인	134
담헌노수	119
도향거사	255
독역노인	184
동곡거사	209
동부노인	244
목암도인	237
무구거사	192
백운산인	268
부릉거사	251
심녕거사	149
운곡노인	229
운향노인	285
육일거사	41
일호도인	144
자운산인	286
절효처사	89
청허처사	237
충안노인	56
화정처사	183
회해거사	236
횡포거사	192
휴재거사	245

학파

간재학파	92
공양학파	132
남검학파	167
동람학파	23
삼원학파	265
상산학파	147
상서학파	81
송학파	14
숭인학파	50
심학파	189
영가학파	96, 207, 241
영강학파	240
육왕학파	182
자호학파	204
절동학파	240, 283
촉학파	193, 236

태주학파	18, 38
호상학파	274
횡포학파	192

학안

구산학안	298
남헌학안	303
동래학안	305
렴계학안	293
면재학안	307
명도학안	295
무이학안	300
백원학안	292
상산학안	306
상채학안	297
서산진씨학안	308
서산채씨학안	304
속수학안	293
쌍봉학안	309
안정학안	290
이천학안	296
초려학안	310
태산학안	289
회옹학안	301

대유학당 경전 시리즈
대산주역강해(상/하/계사)
주역전의대전역해(상/하)
황극경세(전5권)
오행대의(상/하)
집주완역 대학
집주완역 중용

손에 잡히는 경전시리즈
① 손에 잡히는 주역점
② 손에 잡히는 주역인해
③ 손에 잡히는 대학 중용
④ 손에 잡히는 경전주석 인물사전
⑤ 손에 잡히는 도덕경/음부경
⑥ 손에 잡히는 논어
⑦ 손에 잡히는 절기체조
⑧~⑨ 손에 잡히는 맹자(1~2)
⑩ 손에 잡히는 주역신기묘산
⑪ 손에 잡히는 자미두수
⑫ 손에 잡히는 사자소학
⑬ 손에 잡히는 소학
⑭~⑮ 손에 잡히는 시경(1~2)
⑯~⑰ 손에 잡히는 서경(1~2)

감수사

 학생들에게 유학을 가르치거나 유교경전의 주석註釋을 읽으면서 주석가들의 명칭을 대할 때마다 이를 정리한 간단한 인명사전이 있으면 좋겠다고 생각한 적이 여러 번 있었다. 여러 경전의 주석에는 이름을 그대로 적어 놓은 것이 아니라, 그 학자의 호號나 지명을 성 앞에 써서 '쌍봉요씨雙峰饒氏' '서산진씨西山眞氏' 등으로 썼기 때문에 초학자들은 그들이 누구인지 쉽게 알기 힘들었던 것이다.

 그러던 중 금년 초 대유학당大有學堂의 윤상철尹相喆 사장에게 무심코 이런 책을 만들어 보는 것이 어떠냐고 권하였는데, 이렇게 빨리 완성되어 나올 줄 몰랐다.

 특히나 이름만을 배열한 기존의 인명사전들과는 다르게, 이 책은 경전 주석에 인용된 명칭만으로서 인명을 쉽게 찾을 수 있도록 하였으니 그 편리성이 남다른 특징이 있다. 휴대하고 다니면서 간단히 찾아볼 수 있게 되어 그 활용성이 더욱 크다고 할 수 있다.

 또한 부록으로 유교의 학맥들을 정리해서 계보도系譜圖를 만들었고, 공자의 72제자들을 정리해 놓은 것도 유학을 이해하려는 일반인들에게 좋은 지침이 될 것이라 생각한다. 윤 사장의 세심한 배려와 성균관대학교 박사과정을 수료한 황상희黃相姬 양의 수고가 묻어 있음을 실감할 수 있다. 아무쪼록 유학을 공부하는 사람들이 이 사전을 통하여 사서삼경四書三經를 비롯한 『소학小學』, 『근사록近思錄』, 『심경부주心經附註』, 『명심보감明心寶鑑』 등의 주석가들을 올바르게 이해하여 경전의 본질을 올바르게 연구해 들어갈 수 있는 학문의 징검다리가 되기를 기대한다.

2008년 8월
성균관대학교 유학동양학부 교수
오석원吳錫源

일러두기

❶ 선현의 순서는 가나다순으로 하되, 두음법칙을 적용하였습니다.

❷ 사서삼경 집주에 나오는 선현을 중심으로 하고, 양명학자 청대의 학자 그리고 『소학』·『근사록』·『심경』·『명심보감』에 나오는 학자들을 정리해 넣었습니다.

❸ 총 557분의 학자들을 넣었으며, 내용은 선현의 시대와 대표되는 명칭(자, 호, 시호, 출신 지명), 그리고 학문배경, 관직, 주요사상과 저서들로 이루어져 있습니다.

❹ 참고문헌은 『집주완역 대학』·『집주완역 중용』·『주역전의대전역해』 대유학당, 『유교대사전』 박영사, 『중국경학

가사전』경인문화사, 『中國歷代人名大辭典』상해고적출판사, 『增補宋元學案』대만중화서국, 『周易辭典』길림대학출판사, 『삼재도회』상해고적출판사, 『72공자제자』동신출판사, 『공자가어』『사기 열전』 등입니다.

❺ 이름 글자의 한글 음이 두 개인 경우는 다음에 근거해서 취사선택하거나 두 발음을 모두 썼습니다.

이름과 자는 서로 연관성이 있는데, 예를 들면 복승伏勝(자천子賤)은 '엎드릴 복伏'자와 '낮을 천賤'자가, 재여宰予(자아子我)는 '나 여予'자와 '나 아我'자가, 호안국胡安國(강후康侯)은 '편안할 안安'자와 '편안할 강康'자가, 원황袁黃(곤의坤義)은 『주역』곤坤괘의 육오효사에서 '황상원길黃裳元吉'이 나오므로 '누를 황黃'자와 '곤괘 곤坤'자가, 왕십붕王十朋(귀령龜齡)은 손괘와 익괘 효사의 '십붕'과 '귀'가 각각 연관됩니다.

그래서 증참曾參(자여子輿)은 '곁마 참驂'자와 '수레 여輿'자가 연관되므로, '증참'이라고 부르는 것이 맞겠다고 생각하여 증참을 먼저 쓰고 '증삼'을 보조로 썼습니다.

또 사마리경司馬犁耕(자우子牛)도 '얼룩소 리犁'와 '소 우牛'자가 연관되므로, 사마리경을 먼저 쓰고 사마려경司馬黎耕을 보조로 썼습니다.

❻ 부록으로 도통계보도와 『송원학안』을 정리하여 표로 만들고, 공자제자 일람표를 『사기열전』과 『공자가어』를 비교하여 실었습니다.

목차

감수사		3	
일러두기		4	

ㄱ

가공언	12	공리	28
가규	12	공부	28
가의	13	공서화	29
간보	13	공손교	29
강변	14	공손추	30
강성	15	공손홍	31
강영	16	공안국	32
경남중	16	공야장	32
경방	17	공양고	33
경보	18	공양수	33
경정향	18	공영달	34
고공단보	18	공원	34
고당생	19	공융	35
고대소	19	곽박	35
고동고	20	곽상	36
고몽린	20	곽옹	36
고시	20	곽충효	36
고염무	21	관랑	37
고유	22	관중	37
고항	22	관지도	38
고헌성	23	광형	38
곡량적	24	구부국	39
공광	24	구양겸지	39
공구	25	구양덕	39
공급	27	구양생	40
		구양현	41
		구양수	41
		구준	42
		귀유광	43
		기관	43
		김이상	43

ㄴ

나대경	44
나여방	45
나원	45
나종언	46
나홍선	46
나흠순	47
난정서	48
내지덕	48
남궁괄	49
노순중	49
뇌사	49
누량	49
능당좌	50

ㄷ

단목사	50
단풍	52
담대멸명	52
담약수	53
담유인	54
담조	54
대진	55
대표원	56
도결	56
도목	56
도운	57
도잠	57
도종의	58
동몽정	58
동비경	58
동수	59
동우	59
동정	59
동종	60
동중서	60
동진경	61
동해	62
두예	62
두우	63
두자춘	63
등명세	64
등림	64
등원석	65

ㅁ

마단림	65
마명형	66
마융	66
마정란	67
매작	67
맹가	68
모박	70
모장	70
모형	71
민손	72

ㅂ

반고	72
반몽기	73
반백	73
반병	73
반자선	74
방봉진	74
반사린	74
방심권	74
방효유	74
범념덕	75
범녕	76
범왕손	76
범조우	76
범준	77
범중엄	77
보광	78
복건	79
복상	79
복승	80
부구백	81
부인	81
비직	82

ㅅ

사량좌	82
사마광	83
사마담	84
사마리경	84
사마상여	85
사마승정	85
사마정	85
사마천	86
사방득	87
사백준	87
사영	87
서기	87
서광계	88
서상길	88
사신	88
서적	89
서지상	89
서직방	89
석개	90
석돈	90
설경지	91
설계선	91
설등	92
설선	92
설응기	93
설한	94
섭도	94
섭몽득	94
섭미도	95
섭숭의	95
섭자기	95
섭적	96
섭채	96
소갑	97
소망지	97
소백온	98
소병	98
소보	98
소순	99
소식	99
소역	100
소연	101
소옹	101
소철	102
손각	103
손광	103
손복	103
손석	104
손염	105
손자수	106
송렴	106
송충	107
숙손통	108
순상	108
순열	109
순황	110
시중행	111
신배	112
신불해	112
신시행	113
신장	113
심괄	113
심귀보	113
심중	114

ㅇ

안약우	114
안영	115
안주	115
안회	116
양간	117
양만리	118
양문환	118
양방	119
양사훈	119
양시	119
양시교	120
양신	121
양웅	121
양응조	122
양익	122
양진	123
양호	123
언언	124
엄찬	124
여구흔	125
여기서	125
여남	125
여대균	126
여대림	127
여불위	127

여정덕	128	왕부	143	우엄	159	유지기	174
여조검	128	왕부지	144	우집	159	유창	174
여조겸	129	왕불저	145	웅붕래	160	유청지	175
여희철	130	왕빈	145	웅화	160	유초	175
역발	130	왕상경	145	원고생	161	유향	176
염경	131	왕수인	146	원보	162	유현	177
염구	131	왕순	147	원추	162	유협	178
염약거	132	왕숙	147	원헌	162	유환	178
염언승	133	왕심	147	원황	163	유흠	178
염옹	133	왕십붕	148	위교	163	유희	179
예사의	133	왕안석	148	위료옹	164	육가	179
오견	134	왕염	149	위무공	165	육구령	180
오기	134	왕염창	149	위백양	165	육구소	181
오사도	134	왕응린	149	위산선사	165	육구연	182
오여필	135	왕종전	150	유개	166	육원랑	182
오역	136	왕지장	151	유건	166	육병	183
오응회	136	왕질	151	유관	166	육전	183
오중우	136	왕초	151	유근	167	윤돈	183
오징	137	왕초재	151	유맹용	167	이개	183
오호	138	왕충	151	유면지	167	이과	184
옹영	138	왕충운	153	유미소	168	이광	184
완일	138	왕통	153	유상	168	이구	184
왕거정	139	왕필	154	유안	168	이도전	184
왕과	139	왕필	155	유안세	169	이동/이통	185
왕극관汪	139	왕황	155	유약	169	이방자	186
왕긍당王	140	요강	155	유약	170	이번	186
왕기	140	요덕명	155	유요부	170	이선	186
왕대보	141	요로	156	유이	170	이성전	187
왕박	141	요소팽	156	유인	171	이순신	187
왕백	141	요순목	157	유자휘	171	이심전	187
왕번	142	용인부	157	유작	172	이여규	188
왕봉	142	우번	157	유종원	172	이원량	188

이유	188	장후	200	제몽룡	217	증참/증삼	233
이춘년	189	장흡	201	조광	217	진건	234
이형	189	재여	201	조기	217	진경	235
임각	189	적인걸	202	조단	218	진고	236
임광조	190	전덕홍	202	조돈림	218	진공석	236
임용중	190	전손사	203	조방	219	진관	236
임율	190	전시	204	조사하	219	진관	236
임조가	191	전조	204	조수중	220	진단	237
임지기	191	정강중	204	조순손	220	진대유	238
		정거부	205	조여모	221	진덕수	238

ㅈ

장거정	191	정대창	205	조열지	221	진득일	239
장구성	192	정동경	205	조타	221	진량	239
장뢰	192	정룡	206	조학전	222	진문울	240
장무	193	정민정	206	좌구명	222	진부량	241
장식	193	정백웅	207	주감	223	진사개	242
장여명	194	정복심	207	주공선	223	진상도	242
장여필	194	정순	208	주광정	224	진순	242
장역	195	정시등	208	주돈이	224	진식	243
장용	195	정약용	208	주모위	225	진아언	243
장우	195	정여해	209	주부선	225	진역	244
장적	195	정옥	209	주선	226	진열	244
장전	196	정이	210	주송	226	진우문	244
장재	196	정정부	211	주승	226	진제	244
장제생	197	정정사	211	주옹	227	진제태	245
장준	197	정중	211	주조의	227	진지	245
장청자	198	정직방	212	주진	227	진지유	245
장추	198	정초	212	주탁	228	진헌장	246
장패	198	정현	213	주행기	228	진호	246
장행성	199	정형	215	주희	228		
장형	199	정호	215	중산보	231	**ㅊ**	
장황	200	정후	216	중유	231	채모	247
		정흥	216	증점	232	채변	247

채연	247	풍거비	257	한유	267	호인	277
채옹	248	풍당가	257	항안세	268	호일계	277
채원정	248	풍도	257	허겸	268	호차염	278
채청	249	풍시가	258	허경종	269	호찬	278
채침	250	풍윤중	258	허경형	269	홍근	278
채항	251	풍의	258	허승	269	홍매	278
초공	251			허신	269	홍흥조	279
초정	251	**ㅎ**		허천증	270	환담	279
초횡	252	하교신	259	허형	270	황간	280
최선	252	하기	259	형서	271	황간	281
최영은	253	하당	259	호거인	272	황도주	281
최표	253	하상박	260	호광	272	황보밀	282
최호	254	하안	260	호광	272	황이익	282
추기정	254	하윤	261	호굉	273	황자홍	282
추충윤	254	하해	262	호단	274	황조순	283
추호	255	하호	262	호대시	274	황종염	283
칠조개	255	하후승	262	호무생	274	황종희	283
		하휴	263	호방평	275	황중원	285
ㅍ		학경	264	호병문	275	황진	285
팽여려	256	한방기	265	호사행	275	황진성	286
팽욱	256	학경	265	호안국	275	황춘	286
포정	256	한백	266	호원	276	후중량	286
풍가	257	한영	266	호윤	277		

부록

- 도통계보도　　　　　　　　　　288
- 송원학자 계보도　　　　　　　　289
- 공자제자일람표　　　　　　　　311
- 자호색인　　　　　　　　　　　315

가공언(賈公彦)

당대唐代의 예학자. 낙주洛州 영년永年(지금의 河北省 永年縣)출생. 그는 학문적으로 정현鄭玄을 존숭하여 정현의 학설을 많이 수용하였다. 고종高宗(650~665) 때 태학박사太學博士·홍문관학사를 지냈고, 예학禮學에 정통하여 공영달孔穎達 등과 『예기정의禮記正義』 편찬에도 참여하였다. 그가 가려낸 『주례소周禮疏』 50권과 『의례소儀禮疏』는 『십삼경주소十三經注疏』에 들어가며, 그 중에서도 『주례소』는 주자朱子가 "오경소五經疏 중 가장 좋은 것"이라고 평가하였다. 이 밖에 『예기소禮記疏』·『효경소孝經疏』·『논어소論語疏』 등을 저술했다고 전해진다.

가규(賈逵, 30~101)

후한後漢의 경학자. 자는 경백景伯. 부풍扶風 평릉平陵 출신, 가의賈誼의 9세손. 위사령衛士令·좌중랑장左中郞將을 지내고, 화제和帝 때 시중侍中이 되었다. 그의 아버지 가휘賈徽는 유흠劉歆 등에게서 배웠으며, 부친의 학문을 계승하여 오경 및 『춘추좌씨전春秋左氏傳』, 하후승夏侯勝의 『상서尚書』를 익혔다.

고문경학을 주로 공부했지만 곡량학에도 능통하였다. 명제明帝 때 『춘추좌씨전해고春秋左氏傳解詁』·『국어해고國語解詁』를 지어 바쳤는데, 임금이 그 책을 중요하게 여겨 사본을 비관秘館에 두게 하였다. 그의 『춘추좌씨전해고春秋左氏傳解詁』·『국어해고國語解詁』 등은 현재 모두 없어졌으며, 청대 마국한馬國翰의 『옥함산방집일서玉函山房輯佚書』, 황석黃奭의 『한학당총서漢學堂叢書』에 그 집본輯本이 있다.

가의(賈誼, B.C.200~168) : 가자賈子

전한前漢의 유학자·정치가·문장가. 문제文帝에게 중용되어, 23세에 최연소 박사博士가 되고 1년 만에 태중태부太中太夫가 됨. 양梁 나라의 회왕懷王이 낙마하여 급사하자 이를 애도한 나머지 1년 후에 33세로 일생을 마쳤다. 가생賈生·가태부賈太傅·가장사賈長沙라고도 한다.

유학과 오행설에 기초를 두어 진秦나라 때부터 내려오는 율령律令·관제官制·예악禮樂 등의 제도를 개정했다. 『좌씨전훈고左氏傳訓詁』는 현재 전하지 않으며, 『신서新書』 56편이 전한다. 그 가운데 「부직傅職」·「보부保傅」·「태교胎教」·「용경容經」 4편은 『대대례기』의 「보부편保傅篇」에 섞여 실려 있다. 그 밖에 부賦나 문장으로도 명작을 남겼는데, 『문선文選』에 「붕조부鵬鳥賦」·「과진론過秦論」·「조굴원부弔屈原賦」 등이 실려 있다.

간보(干寶, 283~351)

동진東晉의 학자. 자는 영승令升. 신채新蔡(지금의 河南

省) 출신. 역사, 음양, 산수算數 등을 연구하고, 원제元帝 때 저작랑著作郎이 된 후로 역사찬집歷史撰集에 종사하였다.

『주역』을 주석한 것의 일부가 집본으로 전해지는데, 당시 유행한 왕필王弼의 주와 대조적인 면을 보인다. 또 『수신기搜神記』는 괴이전설怪異傳說을 집대성한 것으로 육조六朝 소설의 뛰어난 작품일 뿐만 아니라 당唐·송宋 전기물傳奇物의 선구가 되었다. 『진기晉紀』의 일부는 『문선文選』에 수록되어 있다.

그의 저서는 대부분 전하지 않으며 현존하는 것으로는 『주역주周易注』·『춘추좌자의외전春秋左子義外傳』·『역해易解』·『진녀매침기秦女賣枕記』·『동월제사전東越祭蛇傳』 등이 있다.

강번(江藩, 1761~1830)

청대淸代의 경학자. 자는 자병子屛, 호는 정당鄭堂, 강소江蘇 감천甘泉(지금의 揚州) 출신. 어려서 여소객余蕭客과 강성江聲을 사사하고, 오파吳派 한학漢學인 혜동惠棟의 재전제자再傳弟子가 되었다. 그는 『국조한학사승기國朝漢學師承記』·『국조송학연원기國朝宋學淵源記』에서 경학經學을 한학과 송학의 양대파로 나누었으나, 실제로는 한학을 숭상하고 송학을 멸시하였기 때문에 송학파宋學派 방동수方東樹의 논란을 불러 일으켰다. 저서로는 혜동의 『주역술周易述』의 체례體例를 따라서 보충한 『

주역술보周易述補』가 있으며, 그 밖에 『이아소전爾雅小
箋』・『예경문례經文』・『국조경사경의목록國朝經師經義目
錄』・『병촉실잡문炳燭室雜文』 등이 있다.

강성(江聲, 1721~1799)

청대淸代의 경학자. 자는 경도鱷濤・숙운叔澐・간정艮
庭. 강소성江蘇省 원화元和(지금의 吳縣) 출신. 1796년 효
렴방정과孝廉方正科에 천거되었다. 여소객余蕭客과 함께
혜동惠棟에게서 학문을 배워 그의 적전제자嫡傳弟子가
되었으며, 손자 강원江沅, 제자 고광기顧廣圻・강번江藩
등에게 학문을 전하였다. 그는 한유漢儒의 경설經說을
종주로 삼아 자료를 수집하여 인용하는 것에 능했으며
『소학小學』에 전념하였다.

또한 『설문해자說文解字』를 좋아해서 평생 동안 해서
楷書를 쓰지 않고 전서篆書만을 사용하였다. 혜동의 『고
문상서고古文尚書考』와 염약거閻若璩의 『상서고문소증
尚書古文疏證』을 보고 고문古文 및 공전孔傳이 진대晉代
의 위작僞作임을 알게 되어, 복생伏生・마융馬融・정현鄭
玄・허신許愼 등 한유漢儒의 설을 모아 『상서집주음소尚
書集注音疎』를 저술했는데, 이들의 주석이 미비할 때는
다른 책을 참고하여 옛 훈해를 정밀히 연구하였다. 이
밖에 『육서설六書說』・『논어질論語質』・『항성설恒星說』
등의 저술이 있다.

강영(江永, 1681~1762)

청대淸代의 경학자. 자는 신수愼修. 강서성江西省 무원婺原 출신. 성조聖祖 때 학생이 되었다. 『십삼경주소十三經注疎』를 깊이 연구하였으며, 특히 삼례三禮(『주례』·『의례』·『예기』)에 정통하였다. 선진先秦 명물名物에 대해 고석考釋을 하여 『주례의의거요周禮疑義擧要』를 저술하였는데, 그 중 『고공기考工記』에서 독창적인 견해를 많이 제시하였다.

또 여러 경전에 산재하는 고대의 예악제도禮樂制度를 수집하고 주희의 『의례경전통해儀禮經傳通解』를 보충하고 개정하여 『예경강목禮經綱目』을 지었다. 주희의 『근사록近思錄』을 높여, 사서四書에 버금간다고 하고 경학經學의 체용이 여기에 있다고 하여 『근사록집주近思錄集注』를 지었다. 한편 음운학에도 일가를 이루었는데, 자음字音의 고찰에 치중하였다. 그의 학문은 환파皖派 경학 연구의 기풍을 열었으며, 대진戴震과 함께 '강대江戴'라고 병칭된다. 그 밖의 저서로는 『고운표준古韻標準』·『향당도고鄕黨圖考』·『율려천미律呂闡微』·『심의고오深衣考誤』 등이 있다.

경남중(耿南仲, ?~1129)

북송北宋시대 역학자. 자는 희도希道. 벼슬이 상서좌승문하시주랑尙書左丞門下侍主郞에 올랐다. 저서에 『주역신강의周易新講義』 10권이 있다.

경방(京房, B.C.77~37)

　전한前漢의 역학자. 본성은 이李, 자는 군명君明. 동군東郡 돈구頓丘(지금의 河南省 淸豊 서남) 출신. 원제元帝 때 박사博士가 되었으며, 여러 차례 상소하여 재이災異로써 시정득실時政得失을 추론하였다. 석현石顯 등의 전권을 탄핵하다가 축출되어 위군태수魏郡太守로 좌천되었다.

　그는 금문역학今文易學인 '경씨학京氏學(또는 경방역학京房易學)'의 개창자로 일찍이 맹희孟喜의 문인 초연수焦延壽에게 주역周易을 배웠다. 그는 종래부터 절대적인 음률이론音律理論으로 인정되어 온 12율을 수정 확대해서 60율(60괘에 대응)의 작성 기법을 개발하였다. 전한시대의 중요한 사조인 율력사상律曆思想은 12율에 입각한 것으로, 태초력太初曆이래 유흠劉歆의 삼통력三統曆, 양웅揚雄의 『태현太玄』과 함께 천天·지地·인人 모두를 관통하는 원리로써 활발하게 전개되었다. 그러나 60율의 등장은 12율의 절대성을 뒤흔들어 율력사상의 붕괴를 재촉하였다.

　현존하는 저서로는 『경씨역전京氏易傳』이 있으며, 청대 마국한의 『옥함산방집일서』에 『주역경씨장구周易京氏章句』 1권이 집록되어 있고, 황석의 『한학당총서』와 손당孫堂의 『한위이십일가역주漢魏二十一家易注』에도 그 집록이 있다.

경보(慶普)

전한前漢의 경학자. 금문예학今文禮學인 경씨학慶氏學의 창시자. 자는 효공孝公, 패沛(지금의 강소성江蘇省 패현沛縣 동부) 출신. 동평왕東平王의 태부太傅를 지냈다. 그는 대덕戴德·대성戴聖과 함께 맹경孟卿의 제자인 후창后蒼에게서 예禮를 배웠는데, 이로부터 예에는 대덕의 『대대예기大戴禮記』, 대성의 『예기禮記』와 아울러 경씨의 학學이 있게 되었다.

경정향(耿定向, 1524~1596)

명대明代의 양명학자. 자는 재륜在倫. 호광湖廣 황안黃安(지금의 湖北 紅安) 출신. 1556년에 과거에 급제하여 어사御使·대리시우승大理寺右丞·우부도어사右副都御使·형부좌시랑刑部左侍郎·남경우도어사南京右都御使 등의 직책을 역임했다. 후에는 벼슬을 사양하고 천태산天台山에 은거하여 '천태선생天台先生'이라 불리었다.

그의 학문은 왕수인王守仁에게서 근본하였으며 태주학파泰州學派에 속한다. 이지李贄와 교우하였는데, 의견이 일치하지 않았다. 저서로는 『선진유풍先進遺風』·『경자용언耿子庸言』·『경천태문집耿天台文集』이 있다.

고공단보(古公亶父, B.C.1150년경)

주周나라의 제12대 임금. 문왕文王의 할아버지. 시조인 후직后稷과 제4대 공류公劉의 사업을 부흥시켜 농경

에 힘썼으며, 선정善政을 행하여 백성들의 추앙을 받았다. 후에 훈육獯鬻 등의 융적戎狄에게 공격을 받아 빈豳으로부터 주원周原(지금의 陝西省 岐山縣 북부)로 이주하였는데 이때 빈사람 모두가 그를 따랐다고 한다. 태백太伯·우중虞仲·계력季歷의 세 아들이 있었지만 계력의 아들 창昌(문왕文王)이 걸출하였기 때문에 계력에게 왕위를 전하여 주왕조의 기틀을 다졌다. 이에 태백과 우중은 강남江南으로 이주하여 오吳나라를 건국하였다는 설화가 있다.

고당생(高堂生)

전한前漢의 경학자, 금문예학今文禮學의 최초 전수자. 자는 백伯. 노魯(지금의 山東省 曲阜) 출신. 고대의 예제禮制를 전문적으로 연구하였다. 당시 예경禮經은 진대秦代에 화를 입어 전해지지 않고 있었는데, 그가 『의례儀禮』 17편을 소분蕭奮에게 전수하였다. 이것이 여러 대를 거쳐 대덕戴德·대성戴聖에게 이르렀으며 후에 예학을 연구하는 사람은 모두 이것을 종주宗主로 삼게 되었다.

고대소(高大韶)

명대明代의 경학자. 자는 중공仲恭. 강소성江蘇省 상숙常熟 출신. 예례에 대한 연구가 깊다. 『의례儀禮』·『주례周禮』·『장자莊子』 등을 주석하여 『병촉재수필炳燭齋隨

筆』을 저술하였다.

고동고(顧棟高, 1679~1759)

청대淸代 경학자. 자는 복초復初·진창震滄, 호는 좌여左畲. 강소성江蘇省 무석無錫 출신. 과거에 급제하여 내각중서內閣中書·국자감사업國子監司業·국자감좨주國子監祭酒를 역임했다. 그의 학문은 송宋·원元·명明 제유諸儒의 학설을 섭렵하고, 『춘추春秋』에 능하였으며, 특히 '이기설理氣說'과 '이일원론理一元論'으로 대립하였던 주자朱子와 육구연陸九淵의 학설을 절충하였다. 저서로는 『대유수어大儒粹語』·『춘추대사표春秋大事表』·『모시유석毛詩類釋』·『상서질의尙書質疑』 등이 있다.

고몽린(顧夢麟, 1585~1653)

명말청초明末淸初의 경학자. 자는 린사麟士, 호는 직렴織簾. 강소성江蘇省 태창太倉 출신. 청나라가 들어서자 은거하여 저술에 전념하여 『사서설약四書說約』·『시경설약詩經說約』·『사서십일경통고四書十一經通考』 등을 남겼다.

고시(高柴, 약B.C.521~?) : 자고子羔

춘추시대의 유학자. 공자孔子의 제자. 자는 자고子羔. 제齊나라 출신(위衛나라 출신이라고도 함). 위衛나라의 사사士師를 지내고 비費와 후邱 등의 읍재邑宰를 역임하였

다.

『논어』「선진先進」에는 공자가 그를 가리켜 자질은 좋으나 학문적으로 성숙하지 못했음을 아쉬워하고 또 우직하다는 기록이 있다. 『춘추좌씨전』「애공哀公」15년 조에는 그가 중유仲由에게 위나라의 내란에서 피할 것을 예견하고 권하였다는 기록이 있다. 『예기』「단궁상檀弓上」에는 부모상에 3년 동안 읍혈泣血했다는 기사가 있고, 『한비자韓非子』「외저설좌하外儲說左下」에는 공사公私를 준별峻別하는 율의자律義者로 묘사하였다. 산동성山東省 역현嶧縣에 묘가 있다.

고염무(顧炎武, 1613~1682)

명말청초明末淸初의 경학자. 자는 녕인寧人, 호는 정림亭林. 강소성江蘇省 곤산崑山 출신. 황종희黃宗羲·왕부지王夫之와 함께 당시의 3대 사상가로 꼽힌다. 명明나라 말기, 당시의 양명학陽明學이 공리공론空理空論을 일삼는 데 환멸을 느끼고 경세치용經世致用의 실학實學에 뜻을 두었다. 명나라가 망한 후 만주족의 침략에 저항하는 의용군에 참가하였으나 패하였으며, 청의 지배하에 들어가서도 죽을 때까지 이민족의 군주를 섬기지 않았다. 다년간 화중華中·화북華北을 돌아다니며 천하의 형세를 살피고, 각지의 학자들과 교유하였는데, 이는 명나라의 회복을 꾀한 일이었다고 전한다.

저서는 경학·사학·문학 각 분야에 걸쳐 매우 많으며, 저서에는 『일지록日知錄』·『천하군국이병서天下郡國利病書』·『조역지肇域志』·『음학오서音學五書』 등이 있다.

이들 저서는 모두 강한 실천적 정신과 독자적인 사론史論으로 일관되어, 널리 증거를 구하고 진실을 추구하려는 실증적 학풍은 청조의 고증학을 연구하는 데 많은 도움을 준다. 이외에 시와 문장은 『고정림시문집顧亭林詩文集』에 수록되어 있다.

고유(高誘)

후한後漢의 경학자. 탁군涿郡 탁涿(河北省 涿縣) 출신. 어려서부터 동향同鄕의 노식盧植에게서 학문을 배웠다. 205년 사공연司空掾에 임명되고 후에 동군복양령東郡濮陽令·하동감河東監 등을 역임하였다. 저서로는 『회남자주淮南子注』·『여씨춘추呂氏春秋注』가 있고, 『맹자장구孟子章句』·『효경주孝經注』는 전하지 않는다.

고항(高閌, 1097~1153)

남송南宋의 경학자. 자는 억숭抑崇, 호는 식재息齋, 시호는 헌민憲敏. 명주明州 은현鄞縣 출신. 상사上舍로 뽑혀 과거에 급제하여 비서성정자秘書省正字·저작좌랑著作佐郎·국자사업國子司業 등을 지냈다. 그 후 예부시랑禮部侍郎을 제수 받았으나 탄핵을 받아 균주筠州의 지사

知事로 좌천되어 부임 도중 죽었다. 저서로는 『춘추집주春秋集注』·『춘추좌씨전설春秋左氏傳說』·『춘추좌씨전속설春秋左氏傳續說』 등을 저술하였고, 그 외에 『좌전류편左傳類編』은 전해지지 않는다.

고헌성(顧憲成, 1550~1612)

명대明代의 주륙조화론자朱陸調和論者·명말 동림학파東林學派의 창시자. 자는 숙시叔時, 호는 경양涇陽, 시호는 단문端文. 무석현无錫縣(지금의 江蘇省 无錫市) 출신. 1580년에 벼슬길에 나가 호부戶部 광동사주사廣東司主事를 제수받았다. 뒤에 여러 관직을 거쳐 이부吏部 원외랑員外郞으로 있을 때 신종의 뜻에 거슬려서 1594년에 다시 파면되었다. 면직免職된 뒤에는 고향으로 돌아가 양시楊時가 세운 동림서원東林書院을 다시 일으키고 죽을 때까지 저술과 강학에 종사하였다.

그는 왕수인王守仁의 삼전제자三傳弟子인 장기張淇에게서 배웠다. 비록 양명학을 수학하였으나 실학을 숭상하고 궁행躬行을 주장하였으며, 심성心性에 대한 공허한 논의에 반대하고 세상의 도道에 뜻을 두었다. 실천 지향성이 강한 그의 정치 비판이나 인물평론은 조야朝野에 커다란 영향을 미쳤다.

그의 학설은 정주학程朱學에 가까우나 정주학의 형이

상학과 일치하는 것은 아니었다. 그는 정주학에 의거하여 양명학陽明學 좌파左派의 무선무악설無善無惡說을 바로잡으려고 하였다. 따라서 그의 이러한 노력은 정주학과 양명학의 중간에 서서 양자를 절충하려 했던 것으로 볼 수 있다. 저서로는 『소심재차기小心齋箚記』・『경고장고涇皐藏稿』・『고단문공유서顧端文公遺書』 등이 있다.

곡량적(穀梁赤)

전국시대의 경학자. 자는 응소應邵・원시元始. 노魯나라 출신으로 희喜・가嘉・숙俶・치寘 등의 이명異名이 있음. 공양고公羊高와 함께 자하子夏에게서 『춘추春秋』를 배웠다.

그는 엄격한 유가적 명분론名分論을 중심으로 『춘추곡량전』을 기술하였는데, 그가 저술한 『춘추곡량전春秋穀梁傳』은 처음에는 구전되어 오다가 전한前漢에 이르러 부구백浮丘伯 등이 죽백竹帛에 기록함으로써 책으로 이루어졌다고 한다. 『춘추곡량전』은 『춘추좌씨전春秋左氏傳』・『춘추공양전春秋公羊傳』과 함께 춘추삼전春秋三傳의 하나가 되었다. 그의 학문은 여러 대를 거쳐 순자荀子에게 전승되었다. 그 외에 『외전外傳』이 있지만 현재는 전하고 있지 않다.

공광(孔光, B.C.65~A.D.5) : 자하子夏

전한前漢의 유학자・정치가. 자는 자하子夏, 시호는 간

렬후簡烈侯. 공자의 14대 손. 패覇의 아들. 경학에 능통했다. 대대로 박사(학자의 관직)를 배출한 유학의 종가에서 태어났고 원제元帝 때 관문에 들고 성제成帝 때 박사가 되었으며, 마침 유학이 융성한 시운時運을 만나 더욱 중용되어 상서尙書를 지냈다. 평제平帝 즉위 뒤 왕망王莽의 권력전횡을 우려해서 은퇴하려 하였으나 허락되지 않았다.

고사故事와 한나라의 제도 및 법령에 밝아 어사대부御史大夫·승상丞相을 두 번 역임하였다. 원제·성제·애제哀帝·평제의 4황제 아래에서 벼슬하고, 태부太傅·태사太師에 이르러 박사후博士侯에 봉해졌다.

공구(孔丘, B.C.551~479) : 공자孔子

춘추시대春秋時代 말기의 대사상가·교육자. 유교儒敎의 개조開祖이자 성인聖人. 공孔은 성이고 자子는 '큰 선생'의 뜻이며, 이름은 구丘, 자는 중니仲尼. 노魯나라 창평향昌平鄕 추읍陬邑(지금의 山東省 曲阜縣 남쪽 鄒縣) 출신. B.C.551년(周 왕실 靈王 21년, 魯襄公 22년)이라는 설(『사기』「孔子世家」)과, B.C.552년이라는 설(『春秋公羊傳』·『春秋穀梁傳』)이 있다.

아버지는 숙량흘叔梁紇, 어머니는 안징재顔徵在이다. 숙량흘은 60세가 넘어 젊은 안징재와의 사이에서 공자를 낳았다고 한다. 안징재는 공자를 낳기 위해서 니구산

尼丘山에서 기도하였다고 하는데, 공자의 이름이 구丘이고 자가 중니仲尼인 것도 니구산과의 관계에서 온 것이라고 한다. 혹은 나면서부터 정수리 가운데가 움푹 들어가 언덕처럼 생겼으므로 이름을 구丘라 했다고도 한다(『史記』).

『논어』「자한子罕」에는 공자 스스로 "나는 어려서 빈천했기 때문에 천한 일도 많이 할 줄 알게 되었다"라고 말한 기사가 있다. 또한 공자가 24세 때(B.C.528) 어머니가 돌아가셨는데 그때서야 사람들에게 물어 아버지 무덤을 찾아 합장合葬했다고 하였으니(『史記』), 공자는 극히 어려운 생활을 하였다고 할 수 있다.

공자는 19세 때(B.C.533) 노나라의 위리委吏 벼슬을 하였고, 그 해에 기관씨丌官氏 집안 딸에게 장가들어 다음 해에 아들 리鯉를 낳았다. 21세에는 승전리乘田吏가 되었는데, 나라의 가축을 기르는 낮은 관직이었다. 24세에 어머니 안징재가 돌아가셨다. 35세 되던 해 신하들에게 쫓겨 제나라로 망명한 소공을 따라 갔다가 37세 되던 해(B.C.515) 겨울에 다시 노나라로 돌아왔다.

55세 때 공자는 자신의 이상을 실현할 나라와 임금을 찾아서 다시 국외로 망명길에 올랐다. 그 뒤, 68세 노나라로 되돌아오기까지 13년 동안 공자는 여러 나라의 임금들과 만나 도덕정치를 이념으로 설득하였다. 자신의 이상이 실현된다는 것이 요원하다는 판단을 하고 있었고 그 이상을 후세에 전해 실현하지 않으면 안 된다고 믿었다.

따라서 공자는 먼저 후세에 전할 전적으로서 육경六經을 편정編定하고 그것을 통하여 자신의 이상을 후세 사람들에게 교육하려 하였다. 『사기』「공자세가」에는 공자의 제자 수가 3천 명이었는데, 그 중 육예六藝에 통달한 사람이 72명이었다고 기록하고 있다. 공자는 삼대三代(夏·殷·周)의 문물제도를 집대성하고 체계화해서 유교사상을 확립시켰다.

공자는 만년에 일생의 학문 과정을 "나는 열다섯 살에 배움에 뜻을 두었고, 서른 살에 자립하였으며, 마흔 살에는 미혹되지 않게 되었고, 쉰 살에는 천명天命을 알게 되었으며, 예순 살에는 귀로 듣는 대로 모든 것을 순조롭게 이해하게 되었고, 일흔 살에는 마음 내키는 대로 좇아도 법도를 넘어서지 않게 되었다(『논어』「爲政」)"고 술회하였다. 성인을 논할 때에 공자가 일흔 살에 얻은 경지가 자주 언급된다.

그의 저서로는 『시경詩經』·『역경易經』·『춘추春秋』와 그의 제자들이 그의 언행을 기록한 『논어』 등이 있다.

공급(孔伋, B.C.483~402) : 자사子思

전국시대戰國時代의 유학자. 자는 자사子思. 공자孔子의 손자. 노魯나라 출신으로 생애에 대해서는 자세히 알려진 것이 없지만, 장년 시절에 위衛나라에서 벼슬하다가 후에 노나라로 돌아갔으며 목공穆公으로부터 빈사賓

師의 예禮를 받았다고 한다.

그의 사상적 핵심은 성誠인데 그는 성이 세계의 근본이라고 여겼다. 이것은 공자의 인仁·중용中庸과 증자의 효孝를 발전시킨 것이다. "중과 화를 지극히 하면 천지가 제자리를 편안히 하고 만물이 잘 생육될 것이다"라고 하여 중과 화를 우주의 근본법칙으로 설정하고 이 법칙에 따른다면 만물이 제자리를 얻게 된다고 하였다. 저서로는 『자사子思』 23편이 있었으나 전하지 않고, 『예기禮記』에 편입된 『중용中庸』·『표기表記』·『방기坊記』 등이 그의 저작으로 전해지고 있다.

공리(孔鯉, B.C.531~481) : 백어伯魚

춘추시대春秋時代 유학자. 자는 백어伯魚. 공자孔子의 아들. 노魯나라 창평향昌平鄕 추읍陬邑 출신. 50세에 죽었는데 그 때 공자의 나이 70세였다. 『논어』 「계씨季氏」에서 시詩를 배우지 않으면 말을 할 수 없다는 공자의 말을 듣고 곧바로 시를 배웠으며, 예禮를 배우지 않고서는 입신을 할 수 없다는 말을 듣고 곧바로 예를 배웠다는 일화가 전해진다.

공부(孔鮒, B.C.246년경~208) : 자어子魚

진말秦末의 유학자. 자는 자어子魚. 이름을 갑甲이라고도 함. 공자의 후예이며 공천孔穿의 아들. 진 시황이 천하를 통일하자 노국魯國 문통군文通君에 임명되었으며, 후에 소부少傅로 옮겼다. 이사李斯가 분서할 것을 주장하자 그는 『논어』・『상서尙書』・『효경孝經』 등의 서적을 저택의 벽 속에 수장하고 숭산嵩山에 은거하였다고 한다.

 진말 진승陳勝이 전쟁을 일으켜 초왕楚王이라 일컫자 그는 진승에게로 가서 박사가 되었으며, 『공총자孔叢子』를 저술했다고 하였으나 송대宋代 주희朱熹는 한대漢代의 작품이 아니라고 의심하였다.

공서화(公西華, B.C.509~?) : 자화子華·공서적公西赤

 춘추시대春秋時代의 유학자. 성은 공서公西이며, 자는 자화子華, 공서적公西赤이라고도 함. 공자보다 42세 연하인 제자. 노魯나라 출신. 『논어』 「공야장公冶長」에서 공자가 "적赤은 예복을 입고 띠를 두르고서 조정에 서서 빈객들과 응대할 수 있는 사람"이라고 평하였다. 그가 대인교섭에 재주가 뛰어났음을 알 수 있다. 또한 그는 공자의 장례를 주재하였다고 한다. 하남성河南省 동명현東明縣에 묘墓가 있다.

공손교(公孫僑, ?~B.C.522) : 자산子産

 춘추시대春秋時代의 유학자. 자는 자산子産. 공자孔子의 제자. 정鄭나라 출신. 동리東里에 기거하여 동리자산

東里子産이라고도 하고 또 국교國僑라고도 칭해졌다. 목공穆公의 손자이며, 자국子國의 아들. 『논어』 「헌문憲問」에 공자는 "외교문서를 만들 때 마지막 윤색을 자산이 하였다"라 하였고, 또한 그를 평하여 "은혜로운 사람이다"라고 말했다. 춘추시대의 유명한 어진 대부大夫이자 재상宰相으로서 정치에 뛰어났다.

B.C.554년에 경卿이 되고, B.C.543년 백유伯有의 난이 진압된 후 자피子皮로부터 정권을 위임받았다. 집정執政하자 농지의 구획 정리를 행하여 조세의 증수增收를 도모하고, 일종의 병역세인 병부兵賦를 실시하여 국가 경제를 재건하였다. 또한 이 개혁의 불만 세력 및 귀족들의 항쟁을 억제하기 위하여 새로 법률인 형서刑書를 공포하였다. 유능한 정치가일 뿐 아니라 외교가로서도 뛰어나 그에 의해 진晉·초楚 양국이 화평하게 되었다.

공손추(公孫丑)

전국시대戰國時代의 유학자. 성은 공손公孫, 이름은 추丑. 맹자孟子의 제자. 제齊나라 출신. 맹자에게 왕도정치王道政治와 부동심不動心·호연지기浩然之氣 등에 관하여 질문하였다.

그는 정사에 뛰어났고 정치에 많은 관심을 보였으며, 『맹자』 「공손추公孫丑」·「이루離婁」·「등문공滕文公」에 그 내용이 전한다.

공손홍(公孫弘, B.C.200~121)

전한前漢의 경학자. 자는 계季. 치천菑川 설薛(지금의 山東省 壽光縣 南部) 출신. 빈한한 집안 출신으로 어려서 일찍 옥리獄吏가 되었지만 죄로 인하여 파면되었고 가축을 기르며 살았다. 나이 40세가 되어서야 호무생胡毋生에게서 『춘추공양전春秋公羊傳』 등 유가 경전을 배우기 시작하였고, 60세에 현량賢良이 되어 박사博士가 되었다. 그 후 승진하여 어사대부御史大夫에 임명되고 승상丞相을 거쳐 천진후天津侯에 봉해졌다. 평소에 매우 검소한 생활을 하였으며, 계모를 효도로 극진히 봉양하고 계모가 돌아가자 3년 복을 입었다고 한다. 후대에게는 유교의 경학을 '국학國學'의 지위에 올려놓았다고 평가받는다.

그는 백가百家를 축출하고 오로지 유가만을 존숭尊崇할 것을 주장하였다. 유가 이념을 실천하기 위한 여러 가지 구체적인 실천적 방안을 제시하였는데, 그 가운데 중요한 것은 B.C.124년에 제정한 오경박사五經博士와 제자원弟子員의 설치이다. 그는 관직에 있는 사람들의 승진 조건은 유가의 경학經學과 예의라고 생각하였으며, 동중서董仲舒에게 이론적 근거를 제공하였다.

저서로는 『한서漢書』 「예문지藝文志」에 『공손홍公孫弘』 10편이 기록되어 있으나 산일散佚되어 현재는 전해지지 않는다.

공안국(孔安國) : 자국子國

전한前漢의 경학자. 자는 자국子國. 공자孔子의 12세손. 『상서尚書』 고문학古文學의 개조開祖. 산동성山東省 곡부曲阜출신. 무제 때 박사博士·간의대부諫議大夫를 역임하고 임회臨淮 태수에 이르렀으나, 그 이후의 행적은 알려지지 않았다. 신공申公에게 『시경詩經』을 배우고, 복생伏生에게 『상서尚書』를 배웠다. 제자로는 사마천司馬遷·도위조都尉朝 등이 있다.

무제 말년에 노나라의 공왕共王 여餘가 궁전 확장을 위하여 공자의 옛 집을 헐었을 때, 벽 속에서 과두문자蝌蚪文字로 쓰여진 『상서尚書』·『예기禮記』·『논어』·『효경孝經』 등이 나왔다. 그가 이것을 입수하여 금문과 대조·고증하고 해독해서 그 책에 주석을 붙였다. 이때부터 고문학이 비롯되었다고 한다. 특히 여기서 나온 『상서尚書』는 당시 복생이 가르치고 있던 『상서尚書』보다 10편이 많았으며 이를 『고문상서古文尚書』라고 한다.

공야장(公冶長) : 자장子長

춘추시대春秋時代의 유학자. 성은 공야公冶, 이름은 장長, 자는 자장子長. 제齊나라 출신(노魯나라 출신이라고도 한다). 공자의 제자로 사위가 되었다.

의지가 굳건하여 공자는 그를 사위로 삼을 만한 인물이라고 칭찬하였으며, 한때 옥에 갇혔으나 그의 죄가 아니라고 두둔하였다. 또한 그는 새나 돼지의 말도 들을 줄 알았다고 한다. 그의 사적은 『사기史記』「중니제자열전仲尼弟子列傳」 등에 간단히 취급되어 있으며 「지리고地理攷」에도 그의 사묘祠墓에 관한 기술이 있는 것으로 보아 그에 관한 기록이 있었던 것으로 추측된다.

공양고(公羊高)

전국시대戰國時代의 경학자. 제齊나라 출신. 곡량적穀梁赤과 함께 자하子夏에게서 『춘추春秋』를 배우고 『춘추공양전春秋公羊傳』 및 『외전外傳』을 저술했다고 한다.

이후 현손玄孫인 공양수公羊壽에 이르러 종래 구전口傳되어 오던 『춘추공양전春秋公羊傳』을 호무생胡毋生과 함께 죽백竹帛에다 기록하였으며, 이것이 동중서董仲舒에게 전해졌다. 후한後漢에 와서 하휴何休가 『춘추공양해고春秋公羊解考』를 저술함으로써 이 책은 크게 성행하게 되었다. 『외전外傳』은 전하지 않는다.

공양수(公羊壽)

전한前漢의 경학자. 공양고公羊高의 현손. 당대唐代 서언徐彦의 『공양전소公羊傳疏』에 인용된 대굉戴宏의 서序에 『춘추공양전春秋公羊傳』은 전국시대戰國時代의 공양고가 전술傳述한 것을 공양수와 호무생이 죽백竹帛에다 기록한 것이라고 하였다.

공영달(孔穎達, 574~648)

당대唐代의 경학자. 자는 중달仲達, 시호는 헌공憲公. 하북성河北省 익주翼州 형수衡水 출신. 공자孔子의 32세 손. 어려서부터 오경五經을 수학修學하였으며, 재능을 널리 인정받았다. 그는 수隋나라 양제煬帝 때에 과거에 급제하였으나, 재능이 너무 뛰어나 암살의 대상이 되기도 하였다. 당대의 유명한 18학사學士 중의 한 사람으로 태종에게 중용되어 국자박사國子博士를 거쳐 국자좨주國子祭酒·동궁시강東宮侍講 등을 역임하였다.

후한後漢이래 분분하고 모순적이던 유가 경전의 학설을 체계적으로 통일시켰던 『오경정의五經正義』를 찬정撰正하는데 중심적인 역할을 하였다. 『수사隋史』·『대당의례大唐儀禮』의 편찬에 참가하고, 『효경장구孝經章句』를 선술選述하였다.

공원(龔原)

송대宋代의 유학자. 자는 심보深父. 수창遂昌 출신. 가우嘉祐 8년(1063)에 과거에 급제하여 국자직강國子直講·병공부시랑兵工部侍郎 등을 역임했다. 어린 시절에 왕안석을 사사師事했으므로, 왕안석의 글을 많이 인용했다. 저서로 『역전易傳』 10권, 『주역신강의周易新講義』 10권, 『편해역의編解易義』 17권, 『춘추해春秋解』 10권, 『논어해論語解』 10권, 『맹자해孟子解』 10권 등이 있다.

공융(孔融, 153~208) : 공북해孔北海

후한後漢 말의 유학자. 공북해孔北海라 불린다. 공자의 20대 손. 산동성山東省 출생. 어릴 때부터 민첩하고 학문에 정진하여 차츰 명성을 높였다. 헌제獻帝 때 북해北海(山東北部)의 재상宰相에 취임, 동탁의 횡포에 격분했고, 황건적의 평정에 힘썼으나 큰 성과를 얻지 못했다. 학교를 일으키고 유자儒者를 중시했으며 손을 대접하기를 좋아했다. 또 강직한 사람으로 한조漢朝의 세력 회복에 힘썼으나, 제후, 특히 조조曹操 등의 미움을 받아 일족과 함께 피살되었다. 저서로는 『공북해집孔北海集』 10권이 있다.

곽박(郭璞, 276~324)

진대晋代의 경학자. 자는 경순景純. 하동河東 문희聞喜(지금의 山西省 聞喜縣) 출신. 서진西晋이 망하자 진 왕실과 함께 남으로 이주하여 저작좌랑著作佐郎·상서랑尙書郎 등을 역임하였다.

그는 경술經術에 능통하였고, 고문古文과 기자奇字를 좋아하여 고서古書 수십 편을 주석하였으며, 복서점후卜筮占候의 대가로서 상묘술相墓術의 대종사大宗師로도 일컬어졌다. 저술에는 『이아주爾雅注』『방언주方言注』『산해경주山海經注』『초사주楚辭注』『유선시遊仙詩』 등이 있다.

곽상(郭象, 252~312)

  진대晉代의 현학자. 자는 자현子玄. 하남河南(지금의 洛陽) 출신. 만년에 황문시랑黃門侍郞을 역임하고 동해왕東海王 사마월司馬越의 태부주부太傅主簿로 발탁되었다. 그는 노장老莊을 좋아하고 청담淸談을 잘하였다.

  그는 "도는 무능無能하다. 도에서 어떤 것이 나온다고 말하는 것은 그것이 스스로 얻었다는 것을 말하는 것이다"라고 하였다. 이러한 관점에서 그는 자득自得을 강조하였다. 또 시대가 변화함에 따라 자연적으로 새로운 제도와 도덕이 자생한다고 하여 이것에 따르는 것을 긍정하였다. 저술로는 『논어체략論語體略』· 『논어은論語隱』· 『장자주莊子注』· 『장자음莊子音』· 『곽상집郭象集』 등이 있다고 전해지지만 그 중 『장자주莊子注』만이 전한다.

곽옹(郭雍, 1091~1187) : 백운곽씨白雲郭氏

  남송南宋의 역학자. 자는 자화子和, 곽충효郭忠孝의 아들. 은거해 살면서 호를 이정선생頤正先生이라고 하였고 백운곽씨白雲郭氏라 불린다. 낙양洛陽 출신이며, 그가 쓴 『곽씨가전역설郭氏家傳易說』 11권과 『괘사지요卦辭旨要』 6권 『시괘변의蓍卦辨疑』 2권 등이 전한다.

곽충효(郭忠孝, ?~1126) : 겸산곽씨兼山郭氏

  북송北宋의 유학자. 자는 입지立之. 곽옹郭雍의 아버지. 하남河南 출신. 정이程頤가 『주역』의 "간艮은 그치는 것이다"라는 대목을 풀이한 것을 보고 느낀 바 있어 자호自號를 겸산兼山이라 하였다. 『주역』과 『중용』을 정이에게서 배웠다. 영흥성永興城에서 금金나라 병사와 싸우다 전사했다. 『겸산역해兼山易解』 2권·『사학연원론四學淵源論』 3권 등을 지었다.

관랑(關朗)

남북조시대南北朝時代 북위北魏의 유학자. 자는 자명子明. 하동河東 해주解州 출신. 499년 진양왕晋陽王 때에 공부서기公府書記가 되었고 효문제孝文帝 때에도 벼슬했다. 주역에 정통했으며 양웅揚雄의 사상을 숭배했다. 저서로는 『동극진경洞極眞經』·『관씨역전關氏易傳』 등이 있다.

관중(管仲, ?~B.C.645)

제齊나라의 정치가. 자는 이오夷吾. 안휘성安徽省 출생. 제나라 희공僖公에게서 벼슬했으며, 희공이 죽은 후 희공의 둘째 아들 규糾를 왕위에 올리려다 실패하고, 친구인 포숙아鮑叔牙가 희공의 막내아들 환공桓公을 추대하자 함께 그를 섬겼다. 관중과 포숙아의 평생의 우정은 관포지교管鮑之交라 하여 오늘날까지 모범이 되고 있다. 고기·소금 등 자원을 이용하여 상공商工을 보호했고, 적절한 물가 정책을 시행하였으며, 상하의 권형權衡에 힘써 부국강병富國強兵의 기틀을 세워 환공의 패업霸業을 크게 도왔다. 저서로 『관자管子』가 알려져 있다.

관지도(管志道, 1536~1608)

명대明代의 유학자. 자는 등지登之, 호는 동명東溟. 누강婁江 출신. 목종穆宗 때 과거에 급제하여 남경형부주사南京刑部主事를 역임하였다. 그는 왕간王艮 계통의 태주학파泰州學派에 속하는 경정향景定向의 문인이었으나, 왕간의 학설에는 반대하였다. 양지설良知說의 자율적 반성만으로는 무력하다고 하고, 불교佛敎와 도교道敎의 이설을 도입하여 인심人心의 근본적 교정을 꾀하였다. 저서로는 『맹의정측孟義訂測』・『문변독問辨牘』・『종선유속의從先維俗議』 등이 있는데, 모두 『관동명집管東溟集』에 수록되어 있다.

광형(匡衡)

전한前漢의 유학자. 자는 치규稚圭. 동해東海 승承 출신. 태상장고太常掌故・평원문학平原文學을 역임하였으며 태자소부太子小傅를 지냈다.

그는 진에서 유래한 방사方士 등의 도술을 부정하고 아울러 유가의 고례古禮를 부흥시키고자 하였다. 전한 무제武帝 이래로 감천甘泉의 태치泰畤와 하동河東의 후토后土에서 천지에 제사지내던 관례를 바꾸어 장안長安

에 남교南郊·북교北郊를 설치하자고 상소하였다. 5년 후 왕망王莽의 건의에 따라 그의 계획이 실현되어 유가의 예제禮制는 삼국시대의 위魏나라에 이르기까지 습용襲用되었다. 그가 주장한 종묘예설宗廟禮說은 왕망王莽·유흠劉歆과 대립되기도 하였지만 그의 교사예설郊祀禮說은 왕망의 지지를 받았으며, 또한 위나라의 고문학자인 왕랑王郎의 교사예설郊祀禮說에도 영향을 주었다.

구부국(邱富國)

송말원초宋末元初의 역학자. 자는 행가行可. 건주建州 건안建安 출신. 주희의 문인으로 수업을 받았고, 순우淳祐년간에 벼슬에 나아갔다. 관직은 단양端陽 첨판을 지냈다. 송나라가 망하자 벼슬을 사직하였다. 저서로는 『주역집해周易輯解』10권, 『역학설약易學說約』5편이 있으나 전하지 않는다.

구양겸지(歐陽謙之)

송대宋代의 유학자. 자는 희손希遜. 려릉廬陵(지금의 江西省 吉安) 출신. 주희朱熹의 문인이다.

구양덕(歐陽德, 1496~1554)

명대明代의 양명학자. 자는 숭일崇一, 호는 남야南野, 시호는 문장文莊. 강서江西 길안부吉安府 태화현泰和縣 출신. 1523년에 과거에 급제하여 육안지주六安知州·남경국자사업南京國子司業·남경상보사경南京尙寶司卿·태상시경장좨주사太常侍卿掌祭酒事를 역임하고 한림원편수翰林院編修·예부상서禮部尙書 겸 한림원학사翰林院學士 등을 역임하였다. 죽은 다음에 태자소보太子少保에 추증追贈되었다.

그는 왕수인王守仁에게서 배웠으며, 추수익鄒守益과 함께 왕문정통파王門正統派의 영수領袖였으며, 당시 양지론자良知論者의 반은 그의 문인이라 일컬어졌다. 그는 왕수인의 치양지致良知를 정학正學이라 했다. 저서로는 『구양남야문집歐陽南野文集』이 있다.

구양생(歐陽生)

전한前漢의 경학자·금문상서학今文尙書學인 구양학歐陽學의 창시자. 자는 화백和伯. 천승千乘(지금의 山東省 高靑縣 東部) 출신. 복생伏生에게서 『상서尙書』를 배웠으며 이를 예관兒寬에게 전수하였는데, 진한秦漢의 상서학尙書學은 이로부터 융성하게 되었다. 상서학은 예관으로부터 구양생의 증손인 구양고歐陽高에 이르기까지 자손들에 의해 계속 연구되어 구양씨의 학문이 되었다. 그의 저술은 전하지 않으나, 청대淸代 진교종陳喬樅의 『상서구양하후유설고尙書歐陽夏侯遺說考』에 그의 유설遺說이 수집되어 있으며, 『황청경해속편黃淸經解續篇』에도 수록되어 있다.

구양현(歐陽玄, 1273~1357) : 구양씨歐陽氏

원대元代 학자. 자는 원공原功, 호는 규재圭齋. 호남湖南 출생. 국학박사國學博士·예문소감藝文少監·한림학사翰林學士 등을 역임하였다. 『경세대전經世大典』을 편찬하였으며, 요遼·금金·송宋나라의 삼사三史 찬수撰修 때 그 총재관總裁官이 되었다.

구양수(歐陽修, 1007~1072) : 구양영숙歐陽永叔·여릉구양씨廬陵歐陽氏

송대宋代의 유학자·문장가·사학자. 자는 영숙永叔, 호는 취옹醉翁·육일거사六一居士, 시호는 문충文忠. 여릉廬陵(지금의 江西省 吉安市) 출신. 가난한 집안에서 태어나 4세 때에 아버지를 여의었으며, 문구文具를 살 돈이 없어서 어머니가 모래 위에 갈대로 글씨를 써서 가르쳤다고 한다.

10세 때 당나라 한유韓愈의 전집을 읽은 것이 문학의 길로 들어가는 계기가 되었다. 1030년 과거에 합격하였으며, 한림원학사翰林院學士·추밀부사樞密副使·참정지사參政知事 등의 관직을 거쳐 태자소사太子少師가 되었다. 당송팔대가의 한 사람이며, 사학史學으로는 관찬官撰의 『신당서新唐書』 편집에 참가하는 동시에 『신오대사新五代史』를 지었으며, 『집고록圍古錄』을 편집하여 금석학金石學의 창시자가 되었다. 그는 사학의 관점에서도 유가적 명분名分과 염치廉恥를 강조하였다.

저서로는 『구양문충공집歐陽文忠公集』이 있는데, 개인의 문집으로서는 가장 오래된 것이다.

구준(丘濬, 1419~1495)

명대明代의 성리학자. 자는 중심仲深. 경산瓊山(지금의 廣東省 瓊山縣) 출신. 경태景泰 5년(1454) 과거에 합격하였으며, 후에 예부상서禮部尙書·태자태보太子太保·문연각학사文淵閣學士를 지냈다. 설선薛瑄과 함께 명대明代를 대표하는 2대 유학자로 칭송된다.

그는 경세지재經世之才를 가지고 시폐時弊를 직언直言하였으며, 주자학에 정통하고 전고典故에도 밝았다. 그는 치국평천하治國平天下의 구체적인 방안을 제시하고, 아울러 이단異端의 학문이나 이적夷狄에 대하여 변별의식辨別意識을 고취시키고자 하였다. 또한 당시 침체된 정주학程朱學을 활성화하기 위하여 『주자학적朱子學的』·『가례의절家禮儀節』 등을 편찬하기도 하였다. 그러나 성격이 편협했기 때문에 시류時流를 인도하는 역할까지는 해내지 못했으며 주장이 과격하여 비판을 받았다고 한다.

그는 필생의 작업으로 『대학연의보大學衍義補』를 저술하여 1487년 헌종憲宗에게 헌상하였는데, 이 책은 송대宋代의 진덕수眞德秀가 일신一身의 수양 문제에 치중하여 편찬한 『대학연의大學衍義』와는 달리 주자학 정신에 기초한 경륜經綸을 시대에 따라 집대성하고, 예악禮樂·제도制度·교육敎育·군사軍事 등 다방면에 걸쳐 서술한 명저名著로 평가된다. 이 외의 저서로는 그의 역사관을 보여 주는 『세사정강世史正綱』, 시문집으로 『구문장문집丘文莊文集』이 있다.

귀유광(歸有光, 1506~1571)

명대明代의 유학자. 자는 희보熙甫·개보開甫. 호는 진천震川. 곤산崑山(지금의 江蘇省 崑山) 출신. 1565년 과거에 합격하여 장흥현령長興縣令에 제수되었으며 뒤에 고공高拱 등의 추천으로 남경南京 태복시승太僕寺丞을 지냈다. 학문은 경학에 근본을 두면서도 사마천의 『사기』를 좋아하였다. 저서에 『역경연지易經淵旨』·『역도론易圖論』·『대연해大衍解』 등이 있다.

기관(祁寬)

송대宋代의 유학자. 자는 거지居之. 윤돈尹焞(和靖)의 문인.

김이상(金履祥, 1232~1303) : 인산김씨仁山金氏

원대元代의 성리학자. 자는 길부吉夫, 호는 차농次農. 시호는 문안文安. 인산김씨仁山金氏라 불린다. 절강성浙

江省 난계蘭溪 출신. 인산仁山 아래에 거처해서 학자들이 인산선생仁山先生이라 불렀다. 18세에 태학생太學生이 된 후 『시경詩經』·『서경書經』에 몰두하였다. 그는 박학다식하여 천문天文·전승田乘·지형地形·예악禮樂·병모兵謨·음양陰陽·율력律曆 등 여러 방면에서 폭넓은 연구를 하였다.

그는 스승 왕백의 의경정신疑經精神을 계승하였으며, 학문 연구가 비교적 독실하여 금화사선생金華四先生(何基·王伯·金履祥·許謙)중 경학經學과 사학史學에 업적이 뛰어났다. 소옹邵雍의 『황극경세서皇極經世書』와 호굉胡宏의 『황왕대기皇王大紀』의 체례體例를 본받아 30년에 걸쳐 『자치통감전편資治通鑑前篇』을 저술하였다. 이 책에서 그는 요순으로부터 사마광司馬光의 『자치통감資治通鑑』 전까지의 역사를 서술하면서, 의리를 강조하고 역사를 성리학의 사상체계에 귀납시키고자 하였다.

저서로는 『자치통감전편』20권·『상서주尙書注』·『상서표주尙書表注』4권·『대학장구소의大學章句疏義』2권·『논어맹자집주고증論語孟子集註考證』17권 등이 있다.

나대경(羅大經, 약 1195~?) : 여릉나씨廬陵羅氏

송대宋代의 역학자. 자는 경륜景綸. 길주吉州 려릉廬陵(지금의 江西省) 출신. 1227년 과거에 합격하여 1251년 무주군사추관撫州軍事推官이 되었다. 저서로는 『역해易解』 등이 있다.

나여방(羅汝芳, 1515~1588)

명대明代 양명학자. 자는 유덕維德, 호는 근계近溪. 강서성江西省 남성현南城縣 출신. 1553년 과거에 합격하여 태호지현太湖知縣·형부주사刑部主事·포정사참정布政使參政 등을 역임하였다.

박학한 그의 학문에는 불교와 도교의 사상이 스며들어 있으며, 그는 26세 때 안균顔鈞의 감화를 받아 왕학좌파王學左派의 사상을 흡수하였다. 그는 양지良知의 근원을 모든 사람들이 갖추고 있는 '적자지심赤子之心'에서 구하고, 이것은 배우지 않고 생각하지 않고도 저절로 아는 것이므로 그것으로써 치양지致良知해야 한다고 하였다. 그의 학설은 선종禪宗에 접근된 것으로써 왕기王畿와 왕간王艮의 설을 조화시킨 것이다.

또한 그는 공맹孔孟의 가르침인 효제孝悌로 돌아가야 한다고 주장하였으며, 또 이를 홍무제洪武帝의 육유六諭와 결부시켜 농촌교화에 힘썼다. 왕기와 더불어 2계溪라 칭해진다. 저서에 『근계자문집近溪子文集』·『효경종지孝經宗旨』·『명통보의明通寶義』·『광통보의廣通寶義』·『일관편一貫編』·『근계자명도록近溪子明道錄』·『회어속록會語續錄』·『식인편識仁編』 등이 있다.

나원(羅願, 1136~1184)

송대宋代의 유학자. 자는 단량端良, 혼는 존재存齋. 안휘성安徽省 휘주徽州 출신. 1166년 과거에 합격하여 공주통판贛州通判 등을 역임하였다. 저서로는 『이아익爾雅翼』이 있다.

나종언(羅從彦,1072~1135) : 예장나씨豫章羅氏·나중소羅仲素

송대宋代의 유학자. 자는 중소仲素, 시호는 문질文質. 복건성福建省 남검南劍 출신. 동향의 선배 양시楊時의 가르침을 받고, 두 정자程子의 학문을 동향의 후배 이연평李延平(李侗)에게 전하여 주자에 이르러서 남검南劍의 세 선생이라고 불렸다. 1130년 광동廣東 박나博羅의 주부主簿로 임명되었으나 관직에서 퇴직한 뒤에는 나부산羅浮山에 들어가 온종일 단정히 앉아 학문에 정진하여 마침내 구산龜山 문하의 제1인자가 되었다. 저서에 『예장문집豫章文集』 『준요록遵堯錄』 등이 있다.

나홍선(羅洪先, 1504~1564)

명대明代의 양명학자. 자는 달부達夫, 호는 염암念庵. 강서성江西省 길수吉水 출신. 1529년 과거에 1등으로 급제하여 한림원수찬翰林院修撰을 제수 받았고, 세자시강원 좌찬선을 지냈다. 강우왕문江右王門인 황홍강黃弘綱·하정인何廷仁을 스승으로 삼고, 스스로 왕수인王守仁의 후학이라고 칭하였다.

그는 왕수인의 치양지설致良知說을 학문의 종지宗旨로 삼아, 양지良知는 결코 자발적으로 작용하는 것이 아니라 반드시 주정主靜의 공부를 거쳐서 무욕無欲의 경계에 도달해야 한다고 주장하였다. 실천을 강조한 그의 학문은 주정主静·인체仁體·이단異端의 삼설三說이 가장 특징적이다. 그는 불교를 이단이라고 비판하였는데, 불교의 이론 가운데 유교 이론과 가장 비교되는 특징은 생사관의 문제라고 생각하였다. 저서로는 『염암집念庵集』·『광여도廣與圖』·『동유기冬遊記』 등이 있다.

나흠순(羅欽順, 1465~1547) : 정암整庵

명대明代 기철학자. 자는 윤승允升, 호는 정암整庵, 시호는 문장文莊. 강서성江西省 태화泰和 출신. 1493년 과거에 합격하여 한림원편수翰林院編修를 제수 받았다. 남경국자감사업南京國子監司業을 지냈고 1522년에 남경이부상서南京吏部尚書로 임명되었다. 후에 남경예부상서南京禮部尚書로 고쳐졌으나 부친이 죽자 취임하지 않았다.

그는 장재張載의 기일원론氣一元論을 계승하였는데, 장재의 우주관을 더욱 발전시켜 이理는 기氣에 의거한다는 기일원론氣一元論을 주장하였다. 즉 주희朱熹의 이기이원론理氣二元論에 반대하고 정호程顥의 혼륜일체설渾淪一體說에 따라 기氣의 취산聚散이 곧 이理의 취산이라 함으로써 기가 본체라고 역설하였다. 따라서 이의 초월성에 반대하고 이를 기의 이(氣之理)라 하여 기의 운동에 내재하는 법칙으로 파악하였다. 또 궁리窮理를 강조하여 심즉리설心卽理說을 반대하였다.

인성론人性論에서 천리天理와 인욕人欲의 관계를 별개로 보는 관점에서 탈피하여, 인욕도 천天에서 나온 것이라 하여 천리와 인욕을 대립적 관계로 보지 않았다. 이러한 과정에서 심과 성은 일체이고 본성本性은 천성으로서 초월적 존재를 가리키며 이것은 곧 기질지성氣質之性이라고 설명하였다. 그의 사상은 명대 중기 이후 기일원론으로 이어져 왕부지王夫之 등에게 계승되었다. 저서로는 『곤지기困知記』·『정암존고整庵存稿』·『정암속고整庵續稿』 등이 있다.

난정서(蘭廷瑞)

명대明代의 역학자. 운남雲南 출신. 저서로는 『어초역해漁樵易解』 12권이 있다.

내지덕(來知德, 1525~1604)

명대明代의 성리학자. 자는 의선矣鮮, 호는 구당瞿塘. 사천성四川省 양산梁山 출신. 1552년 향시에 급제하고, 1582년 한림원대제翰林院待制를 제수 받았으나 사양하였다. 30년간 『역易』의 상象을 구하는 데 잠심하여 『착종도錯綜圖』를 저술하였다. 그의 학문은 정이頤·주희朱熹·왕수인王守仁 등과 같은 점도 있고 다른 점도 있었는데 그 점을 비난하는 사람이 있자, 그는 이리란 천하의 공리公理이므로 유자儒者라면 반복하여 변론해야 한다고 했다. 저서에 『주역집주周易集注』·『이학변의理學

辨疑』·『심학회명선心學晦明鮮』·『성각록省覺錄』·『성사록省事錄』 등이 있다.

남궁괄(南宮适) : 남용南容·자용子容

춘추시대 노魯나라의 유학자. 자는 자용子容, 혹은 남궁자용을 줄여 남용南容이라고도 함. 공자의 제자.

『논어』「공야장公冶長」에 공자가 남용을 평하기를 "나라에 도가 있으면 버려지지 않을 것이고, 나라에 도가 없으면 형벌은 면할 것이다" 하시고, 형의 딸을 그에게 시집보냈다고 한다.

노순중(路純中)

송말宋末의 역학자.

뇌사(雷思)

송대宋代의 역학자. 금金의 혼원渾源 출신. 천덕天德 3년(1151)에 과거에 합격하였다. 『금사金史』에 전기가 보이며, 『역해易解』를 지었으나 전하지 않는다.

누량(婁諒, 1422~1491)

명대明代의 성리학자. 자는 극정克貞, 호는 일재一齋, 시호는 문숙文肅. 광신廣信 상요上饒(지금의 江西省 上饒縣) 출신. 숭인학파崇仁學派에 속한다. 오여필吳與弼에게 수학하여 그의 수제자가 되었다. 1453년 향시에 합격하여 43세 때 사천성四川省 성도成都에서 훈도訓導가 되었으나 곧 귀향하여 강학講學과 저술에만 전념하였다. 후에 황종희黃宗羲는 "요강학파姚江學派(陽明學派)는 누양 선생으로부터 시작되었다"고 하였다.

그는 기본적으로는 주희朱熹의 학설을 존숭하였지만 수양법修養法으로서 거경居敬을 중시하여 방심을 거두는 것(求放心)을 거경의 문門으로 삼고 '하사하려何思何慮'·'물망물조勿忘勿助'하여 자연에 순임純任하는 것을 거경의 요지로 보았다. 저서로는 『일록日錄』·『삼례정와三禮訂訛』·『춘추본의春秋本意』 등이 있었으나 산일되어 전하지 않는다.

능당좌(凌唐佐)

송대宋代의 역학자. 자는 공필公弼. 휴녕休寧 출신. 북송말기에 과거에 합격하여 남송초기에 경기京畿 일원의 형옥刑獄을 다스림.

단목사(端木賜, B.C.507~420) : 자공子貢

춘추시대春秋時代 위魏나라의 유학자. 성은 단목端木, 이름은 사賜, 자는 자공子貢, 하남성河南省 휘현輝縣 출신. 공문십철孔門十哲 가운데 한사람으로 언어에 뛰어났다. 그에 대한 기록은 『논어』에 38회 정도 있다. 그는 이재利財에 밝아 공자의 제자 가운데 가장 부유하였으며,

공자가 여러 나라를 돌아다니며 군주들에게 이상을 설파할 때 그 후원자역할을 하였다.

위나라와 노魯나라에서 재상을 지내고, 제나라가 노나라를 치려 할 때에는 공자의 사신이 되어 제·진晉·오吳·월越 등의 나라를 돌아다니며 유세遊說하였다. 그는 천성이 총명하고 언어 능력이 뛰어나 적극적인 질문과 정확한 문제 제기를 하였다. 그러나 경솔한 면도 있어서 다른 사람을 평론하거나 비교하는 것을 좋아하였지만 안회의 자질을 문일지십聞一知十에, 스스로를 문일지이聞一知二에 비유하고 있는 것(『논어』, 「공야장公冶長」)으로 미루어, 스스로를 굽히는 것에도 과감했음을 알 수 있다. 또한 고대로부터 내려온 곡삭告朔의 예가 허례로 격하되자 그 예에 사용하던 희생양을 없애려고 하는 등 현실적인 사고를 가지고 있었다. 공자는 그를 종묘의 제사 때에 쓰이는 호련瑚璉(黍稷을 담는 옥으로 만든 제기)에 비유하여 유능한 인재로 평가하였다. 또한 계강자季康子의 질문에 대해서는 그가 사리에 통달하여 정사에 종사하게 할 수 있다고 칭찬하였다.

『맹자』, 「등문공상滕文公上」에는 공자가 죽은 뒤 다른 제자는 심상 3년을 지낸 뒤 돌아 갔으나 혼자 여막廬幕에서 3년을 더 지냈다고 하였다. 그는 공자가 죽은 뒤 공자의 인사상의 요점을 집약적으로 해명하고 인의 정치적 의의意義를 확대시키는 데에 주력하였다.

단풍(單渢)

원대元代의 역학자. 평원平原 출신. 『삼십가역해三十家易解』를 지었다.

담대멸명(澹臺滅明, B.C.522~?) : 자우子羽

춘추시대春秋時代의 유학자. 담대澹臺는 성, 멸명滅明이 이름. 자는 자우子羽. 무성武城출신. 공자보다 39세 어린 제자. 용모가 너무 못생겨서 그가 공자를 섬기고자 할 때, 공자께서 그의 재주를 박하게 생각하였다. 그러나 이미 수업을 마치고 물러가 덕행을 닦으니, 『논어』「옹야雍也」에서 자유子游가 그에 대해서 공자에게 대답하기를 "다닐 때에도 지름길로 가지 아니하며 공사公事가 아니면 경대부를 만나보지 않았습니다."라고 하였다.

그가 남쪽으로 내려가 강수땅에 이르니 따라간 제자가 3백명이나 되었다. 취하는 것과 주는 것, 물러가는 것과 취하는 도리를 베풀어 그 이름이 제후들에게 널리 알려져 있었다. 공자께서 그런 사실을 들으시고 말씀하시기를 "내가 말 잘하는 것으로 사람을 고르다가 재여에게 실수했고, 얼굴 생김새로 사람을 고르다가 자우에게 실수 했느니라."고 하셨다.(『사기』「중니제자열전」)

담약수(湛若水, 1466~1560)

명대明代의 유학자. 초명初名은 노로, 자는 원명元明, 호는 감천甘泉. 광동성廣東省 증성增城 출신. 한림원편수翰林院編修·국자감좨주國子監祭酒·남경南京·예부禮部·이부吏部·병부상서兵部尚書 등을 역임하였다.

처음에는 진헌장陳憲章에게서 배웠으며, 1505년 왕수인王守仁을 만난 이후 왕수인이 죽을 때까지 친교를 맺었고, 왕수인이 죽은 뒤에는 묘지명墓誌銘을 쓰기도 하였다. 만년에는 서초학사西樵學舍를 세우고 강학講學에 몰두하였다.

그는 진헌장의 "수처체인천리隨處體認天理(곳에 따라 천리天理를 체인體認한다)"라는 명제를 연구하여 이것을 기반으로 독창적인 학설을 세웠다. 우주론에서 그는 우주의 본체를 허虛라고 하여 일원론一元論을 견지하고, 심心을 우주일태허宇宙一太虛의 개체화로 보아 우주와 심이 하나라고 하였다. 이는 도심道心과 인심人心을 구별한 정주학程朱學의 견해와 상치되는 것이다.

그는 태허太虛의 덕德은 인仁하지만 일반 사람들은 물욕에 가려져 있으므로 태허의 덕을 회복하기 위해서는 입지立志와 전소습심翦鋪習心의 두 가지 방법을 따라야 한다고 하였다. 또한 "수처체인천리"의 경지에 도달하는 방법으로 지경持敬과 수인修仁을 들었다. 격물론格物論에서 그는 격格을 지至로, 물物을 천리天理라 하여 천리를 체인·보존하는 것이 격물이라고 설명하였다.

저서에 『감천문집甘泉文集』・『고악경전古樂經傳』・『이례경전측二禮經傳測』・『춘추정전春秋正傳』・『심성서心性書』・『감천신론甘泉新論』 등이 있다.

담유인(譚惟寅)

송대宋代의 유학자. 자는 자흠子欽. 호는 태재蛻齋. 고요高要 출신. 책을 한 번 읽으면 죽을 때까지 다시 잊지 않았다고 한다. 한 번은 밤에 구주에 있는 상부사라는 절에 이르러서 손으로 옛 비석의 글자를 읽고는 돌아와서 글로 기록했는데, 한 글자도 틀리지 않았다고 한다. 벼슬은 태학박사 강서제형에 이르렀다. 저서로는 『태재강학蛻齋講學』・『사서본지四書本旨』 등이 있다.

담조(啖助, 724~770)

당대唐代의 경학자. 자는 숙좌叔佐. 조주趙州(지금의 河北省 趙縣) 출신. 임해현위臨海縣尉・단양현주부丹陽縣主簿를 지냈다. 경학에 해박하였으며, 특히 춘추학春秋學에 정통하였다. 그는 『춘추』를 『공양전公羊傳』・『곡량전穀梁傳』・『좌씨전左氏傳』 중 어느 하나에 의해 해석하는 태도를 비판하고, 삼전三傳의 해석을 병렬적으로 비교 검토하였으며, 합리적인 해석을 얻지 못하는 경우에는 독자적인 해석 방법을 사용하였다. 전통적인 주석을 버리고 독자적인 판단으로 새롭게 해석하는 이러한 태도는, 당나라 중기 이후의 새로운 유학 연구에 커다란 영향을 주었다. 저서로는 『춘추집전春秋集傳』·『춘추통례春秋統例』가 있는데, 후에 그의 『춘추』 연구 학통의 계승자라고 할 수 있는 조광趙匡·육순陸淳이 이것을 보정補訂하여 편찬함으로써 송유宋儒로 하여금 경전을 회의하게 하는 풍조를 열었다. 그의 저작은 육순의 『춘추집전찬례春秋集傳纂例』에 보존되어 있으며, 마국한의 『옥함산방집일서』에 『춘추집전』이 실려 있다.

대진(戴震, 1724~1778)

청대淸代의 고증학자. 자는 동원東原. 안휘성安徽省 휴령현休寧縣 출신. 주자학 비판을 통한 기氣 철학의 완성자로 불린다. 가정이 빈곤하였다.

17세부터 『설문해자說文解字』·『이아방언爾雅方言』 등 한대漢代의 훈고학을 공부하였다. 고증학을 통해 의리학義理學을 밝힌다고 하여 송나라의 경학을 중시하였다. 20세에 『근사록집주近思錄集注』로 유명한 강영江永에게 율력律曆, 성운聲韻 등을 배우고, 27세에 『이아문자고爾雅文字考』 10권을 저술하였다. 41세부터 53세까지 회시會試에 5번이나 도전했으나 모두 실패했다. 44세에 『맹자자의소증孟子字意疎證』을 저술했다. 51세에 사고관四庫館이 설치되면서 찬수관纂修官으로 천거되어 여러 서적을 교정하였다. 53세에 한림원의 서길사庶吉士가 되었으나, 55세에 과로로 사망했다.

그 외에 『원선原善』 3권이 있으며, 그의 글을 모은 『대씨유서戴氏遺書』가 있다. 『맹자자의소증』과 『원선』은 번역집(임옥균 번역, 홍익출판사, 1998)이 있다.

대표원(戴表元, 1244~1310)

원대元代의 유학자. 자는 사초師初·증백曾伯, 호는 섬원剡源·질야옹質野翁·충안노인充安老人이며, 절강성浙江省 봉화奉化 출신. 1265년 과거에 합격하여 임안교수臨安教授·신주교수信州教授 등을 지냈다. 일찍이 왕응린王應麟·서악상舒岳祥에게 수학하였다. 정주程朱의 이학理學을 주종으로 삼으면서도 도가사상을 취하여 유가를 해석하기도 했다.

저서로는 『논어강의論語講義』·『급취편주소보유急就篇注疏補遺』 등이 있다.

도결(都潔)

남송南宋의 역학자. 자는 경여經輿, 도욱都郁의 아들. 1124년 벼슬에 나아가서 회서총령淮西總領 등 역임. 아버지에게서 주역을 배웠다. 저서로는 『역변체의易變體義』 12권. 『주역설의周易說義』 14권이 있다.

도목(都穆, 1459~1525)

명대明代의 유학자. 자는 현경玄敬, 호는 남호南濠. 오현吳縣(지금의 江蘇省 蘇州) 출신. 1499년 과거에 합격하여 예부랑중禮部郞中·태복경太僕卿 등을 역임하였다. 저서로는 『주역고이周易考異』·『사외류초史外類抄』 등이 있다.

도운(塗惲)

한대漢代의 유학자. 자는 자진子眞, 평릉平陵 출신. 서오徐敖에게 『고문상서古文尙書』를 배움.

도잠(陶潛, 365~427) : 오류선생五柳先生

동진東晋의 시인·문학자. 자는 연명淵明·원량元亮, 호는 오류선생五柳先生. 심양沈陽 시상柴桑(지금의 江西省 九江) 출신. 주좨주州祭酒·진군鎭軍·건위참군建威參軍을 역임하고 후에 팽택령彭澤令을 지냈다. 그러나 관직을 위해 지조를 굽힐 수 없다고 하여 벼슬을 그만두고 시와 술을 벗 삼아 살았다. 안제安帝 때 저작랑著作郞에 임명되었으나 역시 나아가지 않아 정절선생靖節先生이라고 일컬어졌다.

대체로 산수山水와 자연의 미를 묘사한 그의 시문에는, 유가의 경전을 존중하고 공자를 칭송하는 내용이 자주 보이는데, 이 때문에 후세의 학자들은 대부분 그를 유가로 평가한다. 그의 사상은 지식계층에 광범한 영향을 주었다. 저서로는 『도연명집陶淵明集』이 전한다.

도종의(陶宗儀)

　명대明代의 고증학자. 자는 구성九成, 호는 남촌南村·왕소진일王霄眞逸. 절강성浙江省 황암黃巖 출신. 원말元末에 과거에 합격하였으나 벼슬길에 나아가지 않고 학문에만 전념하였다. 태조 때 교관敎官이 되었다. 고학古學에 능통하였으며 시와 문장에도 뛰어났다. 저서에『철경록輟耕錄』과, 고증학의 중요한 참고서인『설부說郛』·『국풍존경國風尊經』·『서사회요書史會要』·『사서비유四書備遺』·『초망사승草莽私乘』·『고각총초古刻叢鈔』·『남촌시집南村詩集』·『창랑도가滄浪櫂家』등이 있다.

동몽정(董夢程)

　남송南宋의 성리학자. 자는 만리萬里, 호는 개헌介軒. 파양鄱陽(지금의 江西省 波陽) 출신. 1205년 과거에 합격하여 벼슬이 조산랑朝散郞·통판흠주通判欽州에 이르렀다. 주희의 문인 황간黃幹에게 수학하였으며, 훈고학訓詁學에 치중하였다.

　저서로는 『상서모시훈석上書毛詩訓釋』·『대이아통석大爾雅通釋』·『시서통석詩書通釋』등이 있다.

동비경(董蜚卿/董飛卿, 1144~1190)

　남송南宋의 성리학자. 자는 백우伯羽. 건령부建寧府 복건福建 출신. 주자가 '경의당敬義堂'이라는 재호齋號를 써 주었다.

동수(董銖, 1152~1214) : 반간동씨槃澗董氏

남송南宋의 성리학자. 자는 숙중叔重, 호는 반간槃澗. 강서성江西省 덕흥德興 출신. 과거에 합격하여 금화위쯤華尉를 지냈다. 주희朱熹의 제자로서, 토론을 좋아하여 주희의 문하에 처음 들어오는 학자는 반드시 그의 변론을 거쳤다고 한다.

정단몽程端蒙과 주희의 설법을 근거로 하여 『정동이선생학칙程董二先生學則』을 편찬하여, 이학理學교육 가운데 소학 단계의 배양목표를 제시했다. 저서로는 『성리주해性理註解』· 『역서주易書註』 등이 있다.

동우(董遇)

삼국시대三國時代 유학자. 자는 계직季直. 위魏나라 사람. 『노자老子』와 『좌씨전左氏傳』에 정통하고 『주역장구십이권周易章句十二卷』을 저술하였으나 전하지 않고 청나라 유생들이 집본輯本한 것이 있다.

동정(董鼎)

원대元代의 유학자. 자는 계형季亨, 호는 심산深山. 파양鄱陽(지금의 江西省 德興) 출신. 동몽정董夢程의 족제族弟이며 주희의 재전제자再傳弟子이다. 황간黃幹·동수董銖를 사숙하였다.

저서로는 『서전집록찬소書傳集錄纂疎』· 『효경대의孝經大義』 등이 있다.

동종(董琮)

남송南宋의 성리학자. 자는 옥진玉振, 호는 복재復齋. 강서성江西省 덕흥德興 출신. 1195년경 과거에 합격하여 용양부龍陽簿를 지냈다. 동수董銖를 사사하였고 주희朱熹의 재전제자再傳弟子이다. 저서로는 『서전소의書傳疎義』 등이 있다.

동중서(董仲舒, B.C.179~104) : 동자董子

전한前漢의 유학자. 호는 계암자桂巖子. 하북성河北省 광천廣川 출신. 일찍부터 『춘추공양전』을 공부하여 경제景帝 때 박사가 되었다. 무제武帝 때 강도왕江都王의 재상으로 있으면서 유교의 관학화에 결정적 기여하였다. 후에 파면되어 중대부中大夫가 되고, 『재이기災異記』에 관계  된 필화筆禍까지 겹쳐 사형 직전까지 몰렸으나 천자天子의 조칙詔勅으로 방면되었다.

그 후 당시의 실력자이던 공손홍公孫弘과의 불화로 인해 포악하기로 이름난 교서왕膠西王의 재상으로 좌천되었다. 그러자 연로함을 이유로 곧 사임하고, 여생을 계암산桂巖山 밑에 은거하면서 연구와 저술에만 몰두하였다. 그러나 은거할 때에도 조정에 큰문제가 있으면 사신이 와서 의견을 구했다고 한다. 장막帳幕을 치고 제자를 가르쳤기 때문에 그의 얼굴을 모르는 제자도 있었다. 3

년 동안이나 정원에 나가지 않았을 정도로 그는 학문에 정진하였다고 한다.

그는 인간이 천天의 운행에서 발견되어야만 한다고 여겼다. 따라서 음양가陰陽家들처럼 천인天人간에는 일정한 연관이 있어서 서로 감응하며 그 의지가 전달된다고 생각하였다(天人感應說). 그는 음양을 각각 천天의 형刑과 덕德으로 이해하였기 때문에, 그 반영으로써 인간의 윤리 규범에 대해서도 중추적인 것과 부수적인 것을 구별했던 것이다. 그는 하늘은 왕을 세워 백성을 선하게 하였으니 그것이 하늘의 뜻(天意)이라 하고, 정치가 잘못될 때는 하늘의 분노를 야기시키고 그것은 또 자연의 재해나 이변으로 표현된다고 하였다(災異說). 그는 왕조의 전승이 삼통三統(黑統·白統·赤統)의 교체와 관련이 있는 것으로 보았다(三統說). 춘추학春秋學에 근거하여 이러한 천인감응설·재이설·삼통설을 주장하고, 이를 근거로 다시 덕치德治를 설득하였다. 저서로는 『춘추번로春秋繁露』·『동자문집董子文集』 등이 있다.

동진경(董眞卿) : 파양동씨鄱陽董氏

송말원초宋末元初의 유학자. 자는 계진季眞. 동정董鼎의 아들. 호일계胡一桂에게서 학문을 배웠다. 『주역』에 능통하여 호일계가 쓴 『주역본의부록찬소周易本義附錄纂疏』에 근거하여 제가諸家를 널리 논급한 『주역회통周易會通』을 저술했다.

동해(董楷, 1226~?) : 천태동씨天台董氏

남송南宋의 역학자. 자는 정숙正叔·정옹正翁, 또는 극재克齋. 보우寶祐 4년(1256)에 벼슬에 나아갔다. 『주역전의부록周易傳義附錄』 14권을 지었다. 이외에 『정주역해程朱易解』·『극재집克齋集』 등의 저서가 있다.

두예(杜預, 222~284)

진晉나라 유학자·정치가. 자는 원개元凱. 경조京兆 두릉杜稜의 명가名家에서 태어나, 문제文帝 사마소司馬昭의 여동생과 결혼하여 부조父祖의 봉작을 이어받았다. 위魏나라 말년 종회鐘會와 함께 촉蜀나라를 멸망시켰고, 264년 문제의 명을 받아 가충賈充과 함께 율령律令 제정에 참여하여 267년에 이를 완성하였는데, 뒷날 당唐율령의 원형이 되었다. 뒤에 진晉나라가 오吳나라를 침공할 때 대장군도독大將軍都督이 되어 중앙군을 이끌고 양양襄陽에서 강릉江陵을 거쳐 건업建業(지금의 난징)에 이르러, 280년 5월 오나라를 멸망시켜 당양현후當陽縣侯의 봉작을 받았다. 장군으로써도 뛰어나 두정남杜征南·두무고杜武庫라는 호칭을 받았다.

두예는 『춘추좌씨전春秋左氏傳』을 무척 좋아하여 좌전벽左傳癖으로 불렸는데, 저서로는 『춘추좌씨전春秋左氏傳』의 가장 오래된 주석서인 『춘추좌씨경전집해春秋左氏經傳集解』와 『춘추석례春秋釋例』 등이 있다.

두우(杜佑, 735~812)

당대唐代의 정치가·역사학자. 자는 군경君卿, 시호는 안간安簡. 경조부京兆府 만년현萬年縣(지금의 陕西省 西安市)의 고관 집안에 태어나 음보蔭補로 관직에 등용되어, 호부시랑戶部侍郎·주자사州刺史·절도사節度使 등을 거쳐 헌종憲宗 때 형부상서刑部尙書로 있다가 재상宰相이 되어 헌종의 신임을 받았다. 성격이 돈후敦厚하고 이직吏職에 정통하며 부국안민을 소임으로 하였으나, 학문에서는 그 시대에 가장 뛰어난 진보적인 학자였다.

유질劉秩의 『주례周禮』를 본떠서 편찬한 『정전政典』 35권을 보완했다는 그의 저서 『통전通典』 200권은 대력大曆 초년부터 30년이나 걸려 만들어진 것으로, 고대로부터 현종玄宗 시대까지의 제도를 기술하였으며 특히 그 시대의 사회경제 연구에 매우 귀중한 자료이다. 이 밖에 『통전』을 요약한 것으로 여겨지는 『이도요결理道要訣』이 있으나, 오늘날에는 전해지지 않는다.

두자춘(杜子春, B.C.30~A.D.58년경)

후한後漢의 경학자. 하남河南(지금의 河南省 偃師) 출신. 유흠劉歆에게서 『주례』를 배우고 정중鄭衆·가규賈逵에게 전수했는데 이로써 주례학이 전해지게 되었다. 그가 주석한 『주례』는 정현에 의해서 흡수 되었으나 현재는 전하지 않는다. 청대 마국한의 『옥함산방집일서』에 『주례두씨주周禮杜氏注』가 수집되어 있다.

등명세(鄧名世)

송대宋代의 유학자. 자는 원아元亞. 강서성江西省 임천臨川 출신. 당시 『춘추春秋』 및 역사에 대한 학문을 금하였는데, 그는 유독 역사 연구에 심혈을 기울였다.

과거시험을 보면서도 『춘추』를 인용하여 여러 차례 낙방하였다. 뒤에 조여우趙汝愚의 천거로 칙령소산정관勅令所刪定官에 제수 되고, 사관교감史館校勘을 겸하였다. 『춘추』 3전의 동이同異를 연구하여 발명한 것이 많다.

저서에 『춘추논설春秋論說』·『춘추류사春秋類史』·『춘추공자보春秋孔子譜』·『열국제신도列國諸臣圖』·『좌씨운어左氏韻語』 등이 있다.

등림(鄧林)

명대明代의 유학자. 자는 사재士齋, 호는 퇴암退菴. 오동奧東 신회新會출신. 어렸을 때 이름은 이彛 또는 관선觀善이고, 명나라 태조(1368~1398, 洪武)때 벼슬길에 올라서 3대 임금인 성조 때 『영락대전永樂大典』의 편수에 기여했다. 5대 임금인 선종 때 임금의 뜻을 거슬려 항주杭州로 유배가서 죽었다.

시와 고문사古文辭에 밝았으며, 저서로는 『퇴암집退菴集』·『호산유영록湖山游詠錄』 등이 전한다. 일반적으로 알려진 『비지備旨』는 '비지 중에서 구해서 갖추지 못함이 없다(備旨中求無不備之意)'는 뜻으로, 퇴암선생의 사서삼경 등에 대한 강의를 기록한 강의록이다.

등원석(鄧元錫, 1529~1593)

명대明代의 경학자. 자는 여극汝極, 호는 잠곡潛谷, 시호는 문통文統. 강서성江西省 남성南城 출신. 젊어서 나여방羅汝芳의 문하에서 수학하였으며, 뒤에 추수익鄒守益에게 심학心學을 배웠지만 만년에는 심학을 배척하였다. 그의 학문은 왕수인王守仁에게 연원하였으나 그 설을 모두 따르지는 않았다. 저술로 『오경역五經繹』·『삼례편역三禮編繹』·『춘추통春秋通』·『잠학고潛學稿』 등이 있다.

마단림(馬端臨, 1254~1323)

남송南宋의 유학자. 자는 귀여貴與, 호는 죽주竹洲. 마정란馬廷鸞의 아들. 요주饒州 악평樂平(지금의 강서성江西省 악평현樂平縣) 출신. 조경曹涇에게서 배웠다. 1272년 음보蔭補로 승사랑承事郞이 되고 20세 때 조시漕試에 급제하였다.

남송이 멸망하자 원나라 조정에서는 벼슬을 하지 않기로 결심하였다. 이후로 학문 연구와 강학講學에만 힘썼으며 만년에는 향리鄕里의 자호서원慈湖書院과 절강浙江의 가산서원柯山書院에서 산장山長으로 봉직하였다.

그는 남송이 멸망하는 과정에서 승상의 아들 신분으로 이러한 역사의 변화에 관심이 깊었고, 아울러 두우杜

佑의 『통전通典』에 미흡한 점이 있다고 인식하여 23년에 걸쳐 『문헌통고文獻通考』를 저술하였다. 이 책은 풍부한 사료와 상세한 분류로 백과사전적인 성격을 띠고 있으며, 사학에서 중요한 위치를 차지한다. 이외에 『다식록多識錄』·『의근수묵義根守墨』·『대학집전大學集傳』 등의 저작이 있었다고 하나 모두 전하지 않는다.

마명형(馬明衡)

명대明代의 경학자. 자는 자췌子萃. 복건성福建省 보전莆田 출신. 1517년 과거에 합격하여 세종 때 벼슬이 어사御使에까지 이르렀다. 왕수인王守仁에게 수업하여 양명학을 복건성 지역에 널리 전파하였다 저서로는 『상서의의尙書疑義』 등이 있다.

마융(馬融, 79~166) : 마씨馬氏

후한後漢의 경학자. 자는 계장季長. 마속馬續의 동생. 우부풍右扶風 무릉武陵(지금의 陝西省 興平縣 東南)출생. 무도武都와 남군南郡의 태수太守를 역임하고 의랑議郞이 되었으며, 동관東觀에서 교서校書를 지냈다.

고문경학古文經學을 연구하였고 제가 제가諸家의 학설에도 능통하였다. 『주역』·『상서』·『모시』·『논어』·『효경』 등을 두루 주석하고, 『노자老子』·『회남자淮南子』 등도 주석하였다고 하지만 현재는 모두 전하지 않는다. 청대 마국한의 『옥함산방집일서』·황석의 『한학당총서』에 집록이 있으며, 『마계장집馬季長集』에는 그의 부賦·송頌 등 21편이 수록되어 있다.

마정란(馬廷鸞, 1222~1289)

송대宋代의 성리학자. 자는 상중翔仲, 호는 벽오碧梧·완방병수玩芳病叟. 강서성江西省 악평樂平 출신. 1271년 과거에 합격하여 비서성정자秘書省正字·우승상右丞相 등을 지냈다. 저서로는 『육경집전六經集傳』·『어맹회편語孟會編』·『초사보기楚辭補記』 등이 있다.

매작(梅鷟, 1483~1553년경)

명대明代의 경학자. 자는 치재致齋. 정덕旌德(지금의 安徽省) 출신. 남경국자감조교南京国子監助教·염과사제거鹽課司提擧 등을 역임하였다.

그는 송대의 오역吳棫·주희朱熹 및 오징吳澄의 『상서尙書』에 대한 학설을 부연 발전시키고, 공벽孔壁에서 나온 고문古文과 『위고문상서僞古文尙書』에 대하여 의심을 품고 황보밀黃甫謐의 위작偽作이라고 주장하였다. 아울러 공안국孔安國의 서書 및 추가한 25편이 모두 전기 가운데에서 추측하여 문장을 꾸민 것이라고 하였는데, 그의 이러한 지적은 타당성이 있어 청대淸代 염약거閻若璩의 『상서고문소증尙書古文疏證』과 혜동惠棟의 『고문상서고古文尚書考』에 대하여 선구자적 역할을 하였다. 저서로는 『상서고이尚書考異』·『상서보尚書譜』·『고역고원古易考原』·『춘추지요春秋指要』·『의례익경儀禮翼經』·『태현환주太玄圜注』 등이 있다.

맹가(孟軻, 대략 B.C.372~289) : 맹자孟子

전국시대戰國時代의 대유학자大儒學者이자 교육가. 성은 맹孟, 이름은 가軻, 자는 자여子輿 혹은 자거子居(子車)라고도 한다. 추鄒(혹은 郑國. 지금의 山東省 兗州府 鄒縣) 출신.

어려서 아버지를 여의고 어머니 급씨仮氏로부터 교육을 받았다. 자라서는 자사子思의 문인에게서 수업하면서 공자孔子를 계승할 것을 자신의 사명으로 여겼고, 학문을 성취한 후에는 제세구민濟世救民의 뜻을 품고 여러 나라를 유세遊說하였다. 처음에는 추에서 벼슬하여 사士가 되었다가, 추에서 나와 제齊로 가서 선왕宣王의 객경客卿이 되었으며, 후에 사퇴하여 추로 돌아왔다.

그 후 송宋·설薛을 거쳐 등滕에 갔는데, 등의 문공文公은 자기 동생으로 하여금 문하에 들어가 수업하게 하는 등 경례敬禮를 베풀고 의견을 듣고자 하였다. 그러나 등나라는 협소하고 강국 사이에 끼어 있어 맹자가 자신의 포부를 실행할 만한 여건이 되지 못했다.

따라서 그는 양梁나라의 혜왕惠王이 현사賢士를 초빙

하여 자국의 패전敗戰에 대한 설욕을 기도한다는 소식을 듣고 양나라로 갔다. 그러나 혜왕과 서로 의견의 합치를 보지 못했으며, 더구나 얼마 되지 않아 혜왕이 죽고 양왕襄王이 즉위하자 그의 용렬함을 보고는 다시 양을 떠났다. 뒤에 그의 제자 악정자樂正子가 노魯나라에서 벼슬하여 평공平公의 신임을 얻었는데, 그가 맹자를 평공에게 천거하였으며, 평공 역시 초빙할 뜻이 있었으나, 평공이 총애하던 장창臧倉의 저지로 맹자 초빙 의론은 그치고 말았다. 부국강병만을 추구했던 군주들에게 맹자의 말은 공론空論으로 여겨져 받아들여지지 않았다.

맹자는 공자가 '성은 서로 비슷하다(性相近)'는 말에 중점을 두어 성선설性善說을 제창하게 되었다. 그는 모든 사람의 마음(心)에는 하늘이 부여한 공통점이 있는데, 이 공통점이 바로 인성의 선함이라고 하였다. 즉 사람의 이목구비耳目口鼻 감각이 공통적으로 좋아하고 아름답게 여기는 것이 있듯이, 마음도 그러한 공통적인 성향이 있으며 그것이 바로 성선性善이라고 주장하였다. 또 "사람은 모두 차마 하지 못하는 마음(남의 불행을 보고 차마 견디지 못하는 마음)을 가졌다"라고 하고, 또 어린아이가 우물에 빠지려고 할 때 놀라고 측은해 하는 마음이 생기지 않을 수 없다는 것을 역설하면서, 인성에는 근본적으로 선함을 행할 수 있는 마음이 있다고 하였다(惻隱之心).

이 성선설은 맹자 학설의 출발점으로써 순자荀子의 성악설性惡說이나 고자告子의 성무선무불선설性無善無

不善說과 대립되는 것이었다. 후에 한대漢代의 동중서董仲舒는 맹자의 사덕에 신信을 보태어 인의예지신仁義禮智信의 오상지덕五常之德으로써 이를 계승하였으며, 명대明代의 왕수인王守仁은 맹자의 양지설을 취하여 자신의 양지설을 제창하였다.

맹자는 공자의 바른 도를 얻음으로써 후세에 존칭으로 아성亞聖의 칭호를 받아 공자 다음의 위치에 있게 되었고, 유교의 도를 일러 '공맹의 도'라고 병칭하게까지 되었으며, 문묘文廟에 배향되었다. 저서로는 『맹자孟子』가 있다.

모박(毛璞)

남송南宋의 역학자. 호는 방산자方山子. 이주로제점형옥利州路提點刑獄 등을 역임했다. 『역전易傳』 11권을 지었다.

모장(毛萇/毛長)

전한前漢의 경학자. 조趙(지금의 河北省 邯鄲 서남) 출신. 고문시학古文詩學인 모시학毛詩學의 전수자. 모장毛長이라고도 한다. 그의 저작은 일반적으로 『시경詩經』의 권위 있는 주석으로 인정받고 있다.

진대秦代의 분서갱유焚書坑儒 이후로 한나라가 들어서면서 고전들을 되찾자는 운동이 대대적으로 일어났다. 이 운동은 고전의 내용을 기억하던 늙은 학자들에게 전적으로 의존하고 있었으며 이들이 제공한 경전 본은 서로 어긋나는 내용이 많았다.

이 혼란 중에 모장의 아버지 모형毛亨이 『모시고훈전毛詩詁訓傳』을 지어 그에게 전하였다고 한다. 『모시』에 정통하여, 하간헌왕河間獻王의 박사가 되고 후에 벼슬이 북해태수北海太守에 이르렀다. 모형毛亨을 대모공大毛公으로, 그를 소모공小毛公으로 일컫는다. 현재의 『모시毛詩』는 모형·모장에 의해서 전해진 것이다.

모형(毛亨)

전한前漢 시대의 경학자. 고문시학古文詩學인 모시학毛詩學의 창시자. 대모공大毛公이라고도 한다. 노魯(지금의 山東 曲阜) 출신. 일설에는 하간河間(지금의 河南 獻縣 東南) 출신이라고도 한다.

후한 정현鄭玄의 『시보詩補』에는 "대모공이 그 집안에서 『모시고훈전毛詩詁訓傳』을 지었으며, 하간헌왕河間獻王은 소모공小毛公을 박사로 삼았다."라고 하였으나 『한서漢書』에는 모공毛公이라고만 말했을 뿐 이름을 기재하지 않았다. 그는 자하子夏로부터 시학을 전수받고 『모시고훈전毛詩詁訓傳』을 저술하여 아들 모장에게 전수했다고 한다.

민손(閔損, B.C.536~?) : 민자건閔子騫

춘추시대春秋時代의 유학자. 자는 자건子騫. 공자보다 15세 어린 제자. 노魯나라 출신. 『논어』「선진先進」에서 공자께서 말씀하시기를 "효자구나, 민자건이여! 사람들도 그 부모와 형제의 칭찬하는 말에 간격間隔함이 없도다."라고 하여 부모형제가 민자건의 효행을 칭찬하는 말에 남들도 이의가 없다고 평하였다. 그는 대부에게 벼슬하지 않았으며, 무도한 임금의 녹祿을 먹지 않았다.

『논어』「옹야雍也」에서 계씨가 그에게 벼슬을 주려고 하자 "만일 다시 나를 부른다면, 그 즉시 나는 저 문수汶水가에 가서 살 것이다"고 말하였다. 문수汶水는 제齊나라에 있는 강이름이니 노魯나라를 떠나겠다는 의지를 표현한 것이다.

반고(班固, 32~92)

후한後漢 초기의 역사가·문학자. 자는 맹견孟堅. 섬서성陝西省 함양咸陽 동북東北 출신. 반표班彪의 아들. 백부伯父는 반사班嗣. 명제明帝 때 낭전교비서郞典校秘書가 되었으며, 난대령蘭臺令에 임명된 후 현무사마玄武司馬로 옮겼다.

아버지의 유지를 이어 고향에서 『한서漢書』 편집에

종사하였으나, 62년경 국사를 사사로이 고치려 했다는 중상모략으로 투옥되었다. 동생 반초班超의 노력으로 명제明帝의 용서를 받고, 20여 년 걸려서 기전체紀傳體 사서史書 형식을 체계적으로 정리한 『한서』를 완성하였다.

저서로는 『전인典引』 등과 시詩·부賦·기記 등 40여 편이 있다. 그 가운데 「양도부兩都賦」가 가장 유명하다. 그의 많은 저작들은 유실되었으나, 명대明代 장보張溥에 의해 집록된 『반란대집班蘭臺集』이 있으며, 현대에 정복보鄭福保에 의해 집록된 『반맹견집班孟堅集』이 있다.

반몽기(潘夢旂)

남송南宋의 역학자. 자는 천석天錫. 『대역약해因易約解』 9권을 지었다.

반백(班伯)

한대漢代의 유학자. 반표班彪의 숙부. 그가 한 나라 성제成帝에게 간하는 내용이 『심경부주心經附註』에 나온다.

반병(潘柄) : 삼산반씨三山潘氏

남송南宋의 역학자. 자는 겸지謙之. 과산선생瓜山先生. 반식潘植의 아우. 주희의 문인. 저서에 『주역집의周易集義』 64권이 있다.

반자선(潘子善) : 천태반씨天台潘氏

송대宋代의 유학자. 자는 시거時擧. 주희朱熹의 문인. 『주자어록朱子語錄』에 주희와 문답한 내용이 보인다.

방봉진(方逢辰, 1221~1291) : 교봉방씨蛟峯方氏

송말원초宋末元初의 역학자. 자는 군석君錫. 방봉직方奉直의 아들로, 벼슬은 병부시랑兵部侍郞에 이르렀다. 원래 이름은 범괴梵魁였는데, 1249년 장원으로 벼슬길에 오를 때 임금이 친필로 이름을 바꿔주었다. 원元에 이르러 벼슬을 버리고 학문연구에 전념.

『역외전易外傳』 5권과 『상서석전尙書釋傳』·『격물입문格物入門』·『효경해孝經解』·『학용주석學庸註釋』·『교봉문집蛟峯文集』 등을 지었다.

반사린(潘士遴)

명대明代의 경학자. 자는 숙헌叔獻. 조정烏程(浙江省 吳興) 출신. 1622년 과거에 합격하여 대리시부大理寺副를 역임하였다. 저서에 『상서위약尙書葦籥』 등이 있다.

방심권(房審權)

송대宋代의 역학자.

방효유(方孝孺, 1357~1402)

명대明代 유학자. 자는 희직希直·희고希古, 호는 손지

 遜志·정학正學, 시호는 문정文正. 절강성浙江省 영해현寧海縣(지금의 象山縣) 출신. 대대로 관료를 배출한 집안의 자제로 10세 때 당대의 석학인 송렴宋濂에게 배우고 그 문하에서 제1인자라는 칭송을 받았다. 한림원시강翰林院侍講·시강학사侍講學士(후에 문학박사)에 추천되어 국정에 간여하게 되었다. 연왕燕王 주체朱棣(永樂帝)가 거병하여 제위를 찬탈하고, 방효유에게 등극登極의 조서詔書를 작성하라고 강요했다. 그러나 그는 그 명령을 거절하고 "비록 열족이 주살되더라도 반란에 가담하지 않겠다"는 뜻을 밝혔다. 요광효姚廣孝는 방효유를 죽이면 천하의 학문이 씨가 말라버린다고 영락제에게 충고했으나, 결국 영락제는 그를 책형磔刑(사지를 찢어 죽이는 형벌)에 처하고 처자를 비롯하여 일족 800여 명을 살해하였다.

방효유의 학문은 송학宋學을 계승하였다. 영락제 시대에는 그의 문집을 들고 다니는 것만으로도 사형에 처해졌다고 한다. 『손지재집遜志齋集』 24권, 『방정학선생집方正學先生集』 등이 있다.

범념덕(范念德)

송대宋代의 유학자. 자는 백숭伯崇. 여규如圭의 아들. 건양健陽 출신. 벼슬은 길주녹참吉州錄參을 역임했다. 주희의 문인門人이다.

범녕(范寧, 339~401)

동진東晉의 경학자. 자는 무자武子. 하남성河南省 순양順陽(지금의 浙川縣 東部) 출신. 효무제孝武帝 때 중서시랑中書侍郎이 되었으며, 관리의 신분이 불안정한 시대여서 지방관청으로 좌천되었다. 지방장관을 지내면서 학교(庠序)를 세우고 경학經學에 힘써, 청담清談의 풍조를 바로잡고자 노력하였다.

위魏의 현학자 왕필王弼·하안何晏 등을 예교禮教의 파괴자로 보고 「왕필하안론王弼何晏論」을 써서 극력 배척하였으며 유학을 고취하고자 노력하였다. 경학에서는 특히 정현鄭玄의 학설에 영향을 받아 그의 『기폐질起廢疾』을 자주 거론하였으며, 불교에도 관심을 가졌다. 그의 저서로는 『춘추곡량전집해春秋穀梁傳集解』가 있으며, 황간皇侃의 『논어의소論語義疏』 안에 그의 주석이 실려 있다. 그리고 두우杜佑의 『통전通典』에 예학禮學에 관한 설들이 실려 있다.

범왕손(范王孫)

명대明代의 경학자. 자는 사문士文. 안휘성安徽省 휴녕休寧 출신. 저서는 『시지詩志』 등이 있다.

범조우(范祖禹, 1041~1098) : 화양범씨華陽范氏·성도범씨成都范氏

북송北宋의 유학자. 자는 순보淳甫·몽득夢得. 화양華

陽(지금의 四川省 成都) 출신. 과거에 합격하여 사마광司馬光 밑에서 『자치통감資治通鑑』을 편수하였으며, 한림학사시강翰林學士侍講 등을 역임하였다. 젊어서 정이程頤·정호程顥를 사사하였으며, 사마광의 학문을 추종하였다. 그는 『중용中庸』을 중시하여 성誠에 이르는 구체적인 방법인 충서忠恕를 강조하였다. 또한 노장학老莊學은 충서의 도에 위배된다고 하여 배척하였다. 저술로는 『논어설論語說』·『당감唐鑑』·『중용론中庸論』 등이 있다.

범준(范浚, 약 1147년 전후) : 난계범씨蘭溪范氏

남송南宋의 성리학자. 자는 무명茂明, 호는 향계香溪. 절강성浙江省 난계蘭溪 출신. 현량賢良·방정方正으로 천거되었으나 나아가지 않았다. 양시楊時의 문인 반묵성潘黙成과 교유하였다. 그의 학문적 성향은 심학心學이 중심이었는데, 존심양성存心養性·신독慎獨·지치지회知恥知悔를 강조하였다. 저서에 『향계집香溪集』이 있는데, 그 가운데 「심잠心箴」을 주희朱熹가 존중하였다.

범중엄(范仲淹, 989~1052) : 범문정공范文正公

북송北宋의 유학자·유학운동의 선구자. 자는 희문希文, 시호는 문정文正. 태주泰州 오현吳縣(지금의 蘇州市) 출신. 2세 때 부친을 여의고 모친이 주씨朱氏에게 개가하여 성이 주씨朱氏로 바뀌었음. 추밀부사樞密副使·참지정사參知政事를 역임하다 만년에 다시 좌천되어 지방관을 역임. 1040년 서하西夏에서 이원호李元昊가 반란을 일으키자 섬서陝西를 다스렸다. 이후 강족羌族은 그를 높여 '용도노자龍圖老子'라고 일컬었다.

관직에 있을 때는 항상 인의, 효제, 충신을 근본으로 정론을 일으켜 사대부의 기를 진작시켰으며, 인종仁宗(1022~1063)에게 재정과 인재 등용에 관한 10개항의 개혁조치를 제출하였다. 그의 개혁론은 왕안석王安石의 변법에 선도적인 역할을 하였다. 그는 육경六經에 통달하였으며 특히 『주역周易』에 뛰어났다. 저서로 『범문정공집范文正公集』 또는 『단양집丹陽集』이라고도 한다. 그 외에 『주의奏議』 등이 있다.

보광(輔廣) : 경원보씨慶源輔氏

남송南宋의 성리학자. 자는 한경漢卿, 호는 잠암潛庵·전이傳貽. 하남성河南省 경원慶源 출신. 처음에는 여조겸呂祖謙에게 수학하였으며 뒤에 주희에게서 배웠다. 영종寧宗 때 정주학程朱學이 위학僞學으로 금지되자 주희朱熹의 문인들 대부분이 떠나갔으나 이에 동요하지 않아 주희에게서 인정을 받았다. 후에 전이서원傳貽書院을 세우고 강학에 몰두하였다. 당시 사람들이 전이선생傳貽先生이라고 불렀다. 저서로는 『어맹학용답문語孟學庸答問』·『사서찬소四書纂疏』·『육경집해六經集解』·『통감집의通鑑集義』·『잠암일지록潛庵日知錄』·『사훈편師訓篇』 등이 있었으나 전하지 않고 『시동자문詩童子問』만이 『통지당경해通志堂經解』에 수록되어 있다.

복건(服虔)

후한後漢의 고문경학자古文經學者. 초명初名은 중重·기기祇, 자는 자신子愼. 하남성河南省 형양滎陽 출신. 영제靈帝 때 구강태수九江太守에 임명되었다. 고문경학古文經學을 신봉하여 『춘추좌씨전해의春秋左氏傳解誼』를 저술하였으며, 『춘추』를 이용하여 금문경학자今文經學者인 하휴何休를 논박하였다. 특히 남북조南北朝 때에는 북방에서 복건의 주석본이 성행하였으나, 당대唐代 공영달孔穎達의 『오경정의五經正義』를 찬정할 때 두예杜預의 『춘추좌씨경전집해春秋左氏經傳集解』를 『춘추좌씨전春秋左傳』의 전적으로 인용하였기 때문에 그의 주석본은 마침내 사라졌다. 그 후 청대 마국한의 『옥함산방집일서』에 수록되었으며 이이덕李貽德의 『좌전가복주집술左傳賈服注輯述』에도 일부 기록되었다.

복상(卜商, B.C.507~400) : 자하子夏

춘추시대春秋時代 위衛나라의 유학자. 자는 자하子夏. 공자孔子보다 44세가 어린 제자. 노나라 거보莒父(지금의 山東省 莒縣) 출신. 공문십철孔門十哲의 한 사람으로 언언言偃과 함께 문학文學에 뛰어났다. 거보의 재宰를 지냈

으며, 만년에는 서하西河(지금의 河南 安陽縣)에 살면서 위문후魏文侯의 스승이 되었다. 태사太師가 되기 전부터 이미 현자賢者로 존경을 받았으며 당시 서하의 사람들은 그를 공자와 흡사하다고 하였다.

『논어』에는 그의 언동이 19차례 보이는데, 그가 배움을 좋아하며, 뜻이 독실하고 힘써 행하였음을 알 수 있다. 또 언언言偃이 그의 문인소자門人小子가 물 뿌리고 쓸며 응답하는 말단의 일에 힘쓰고 근본을 게을리 한다고 지적했을 때, 처음과 끝을 한결같이 하여 차례로 교육하는 것이 중요하다고 주장하면서 이론과 실천을 겸비할 것을 강조하였다. 그는 유학의 전수에 있어, 공자의 일관지도一貫之道를 전하여 추노鄒魯 유학의 대종大宗이 되었던 증삼에 비교되는 공을 이루었다. 즉 외적인 교화敎化를 중시하고 경전經典과 함께 공자의 예禮 사상을 전수하여 삼진三晉 유학의 대종大宗이 되었다. 그의 사상은 순자荀子에 이르러 창성하였다. 저서로는 『자하역전子夏易傳』이 전해진다.

복승(伏勝) : 복생伏生

전한前漢의 유학자·금문상서今文尙書의 전수자. 자는 자천子賤. 복생伏生이라 불린다. 산동성山東省 제남濟南 출신. 진시황이 분서焚書를 단행할 때 벽 속에 『상서尙

書』를 숨겼다가 한나라 초기에 꺼냈는데, 수십편을 잃어버리고 28편만 보존하였다. 이것을 금문상서今文尚書라고 한다. 한漢 문제文帝는 그가 『상서』에 능하다는 소문을 듣고 조조晁錯를 보내 배우게 하였다. 장생張生·구양생歐陽生 등이 그에게 배웠으며, 여러 번 전해져 구양씨歐陽氏·대하후씨大夏侯氏·소하후씨小夏侯氏의 상서학파가 형성되어 모두 학관學官에 서게 되었다. 지금 전하는 『십삼경주소十三經注疏』의 『상서주소尚書注疏』에 그가 전한 금문상서가 들어 있다. 저서로는 『상서대전尚書大傳』이 있는데, 그의 제자인 장생·구양생 등이 전해들은 것을 기록한 것이라는 설도 있다.

부구백(浮丘伯) : 포구자包丘子

중국 전한前漢의 유학자. 포구자包丘子라고 불린다. 제齊나라 출신. 순경荀卿의 제자. 진시황秦始皇 때 시학詩學을 강학하였으며 전한 초에도 장안長安에서 강학하였다. 그는 구전되어 오던 『춘추곡량전春秋穀梁傳』을 죽백에다 기록하였다고 전해진다.

부인(傅寅)

송대宋代의 경학자. 자는 동숙同叔, 호는 행계杏溪. 절강성浙江省 의조義烏 출신. 당중우唐仲友에게 수학하였다. 그는 천문天文·지리地理·율력律曆 등을 두루 연구하였으며, 저서로는 『우공설단禹貢說斷』 등이 있다.

비직(費直)

　전한前漢의 경학자, 고문역학古文易學인 비씨학費氏學의 창시자. 자는 장옹張翁. 동래東萊(山東省 掖縣) 출신. 벼슬이 단보령單父令에 이르렀다. 고문역학古文易學을 연구하였으며 괘서卦筮에 능통하였다. 장구없이 전적으로 「단전彖傳」·「상전象傳」·「계사전繫辭傳」·「문언전文言傳」을 이용하여 경문을 해석하였다. 그의 학설은 처음에는 민간에서 유전되다가 후한에 이르러 정중鄭衆·마융馬融·정현鄭玄 등에 의해 연구되었다.

　삼국시대 왕필王弼은 『주역周易』을 주석할 때 그의 학설을 채용하였다. 현재 통행되는 『주역』은 이것과 깊은 관련성을 갖고 있다. 마국한馬國翰의 『옥함산방집일서玉函山房輯佚書』에 『비씨역費氏易』·『비씨역림費氏易林』·『주역분야周易分野』가 수록되어 있다.

사량좌(謝良佐, 1050~1103) : 상채사씨上蔡謝氏
> 상채학안 참조(297쪽)

　북송北宋의 성리학자. 자는 현도顯道, 호는 상채上蔡. 하남성河南省 출신. 유초游酢·여대림呂大臨·양시楊時와 함께 정문사대제자程門四大弟子로 불린다. 북송 말 채경蔡京 등에 의해 행해진 구법당舊法黨에 대한 대규모의 탄압 사건에 연좌되어 하옥되고 평민으로 폐해지는 등 불우한 생애를 보냈다.

　인仁이 곧 마음이고 천리이며 선천적인 양심이라고

주장함으로써, 사상의 근본을 인에다 놓았다. 인욕을 제거하는 방법으로는 불교의 견성見性과 유교의 궁리窮理를 들었다. 따라서 지식知識이 없으면 양심 역시 진실이 될 수 없다고 하였다. 그의 학문은 정호의 학문에다 선의禪意를 더한 것이라고 지적되는데, 이것은 육구연陸九淵의 철학 체계에 영향을 주었다. 저서로는 『논어설論語說』·『상채어록上蔡語錄』 등이 있다.

사마광(司馬光, 1019~1086) : 사마온공司馬溫公·속수사마씨涑水司馬氏 → 속수학안 참조(293쪽)

북송北宋의 유학자·정치가며 사학자. 성이 사마司馬, 자는 군실君實, 호는 우부迂夫·우수迂叟, 시호는 문정文正. 산서성山西省 하현夏縣 속수향涑水鄉 출신. 죽은 뒤 온국공溫國公에 봉해졌으므로 사마온공司馬溫公이라고도 한다. 20세에 과거에 합격하여 지방관을 역임했으며, 인종仁宗·영종英宗·신종神宗의 삼대에 걸쳐 한림학사翰林學士·간관諫官 등을 지냈다. 그의 사상은 천도관天道觀에 집약되는데, 그는 천天을 인격人格과 의지意志가 있는 전지전능한 존재이며 우주의 주재자이고 최고의 통치자라고 하였다. 군명신충君明臣忠·부애자효父愛子孝가 '인분人分(사람의 분수)'이라고 하여 이것을 거스르면 반드시 천재天災와 인앙人殃이 생긴다고 주장하였다. 한의 양웅의 『

태현太玄』을 본떠 『잠허潛虛』를 지어 상수학象數學을 중심으로 하는 천인상관天人相關의 철학을 제시했다. 주희朱熹는 그를 북송육선생北宋六先生의 하나로 꼽았다. 저서로는 『자치통감資治通鑑』·『속수기문涑水紀聞』·『사마문정공집司馬文正公集』 등이 있다.

사마담(司馬談, ?~B.C.110)

전한前漢의 사학자·유학자. 섬서성陝西省 하양夏陽 출신. 사마천司馬遷의 아버지. 당도唐都에게서 천문天文을, 양하楊何에게서 『주역周易』을, 황생黃生에게서 황로학黃老學을 배웠다. 무제武帝 때 태사령太史令이 되어 역력과 문서文書를 관장하였다.

어려서부터 공자의 『춘추春秋』를 뒤이은 역사서를 저술하겠다는 뜻을 품고 있었는데, B.C.110년 무제가 태산泰山에서 천하의 통일을 신지神祇에게 고하는 봉선封禪 의식을 거행할 때 이를 수행하지 못한 것을 괴로워하다가 병을 얻어 사마천에게 후사를 부탁하고 죽었다. 그가 『국어國語』·『세본世本』·『전국책戰國策』·『초한춘추楚漢春秋』 등에 근거하여 서술한 역사서는 죽은 후 사마천에 의해서 『사기史記』로 완성되었다.

사마리경(司馬犁耕) : 사마려경司馬黎耕·사마리司馬犁·사마경司馬耕

춘추시대 송나라의 유학자. 자는 자우子牛. 환퇴桓魋

의 동생. 공자의 제자.『논어』「안연顔淵」에서 그는 공자에게 인仁, 군자君子 등에 대해 질문을 했고, 환퇴가 악한 행위를 자행하자 자신에게는 형제가 없다고 탄식하였는데, 자하子夏는 이에 대하여 "군자로서 공경하고 과실이 없으며 남에게 공손하여 예의를 지키면 세상사람 모두가 형제니 걱정말라"고 일러 준 내용이 보인다.

사마상여(司馬相如)

한대漢代의 문장가. 성이 사마司馬, 자는 장경長卿. 그가 촉蜀의 승선교昇仙橋 기둥에 "대장부가 사두四頭 마차를 타지 않으면 다시는 이 다리를 건너지 않을 것이다"라고 기록하였다는 내용이『심경부주心經附註』에 나온다.

사마승정(司馬承禎, 685~757) : 사마자미司馬子微

당대唐代 현종玄宗 때의 은사隱士. 자는 자미子微.
연단술煉丹術을 공부하여 신선이 되었으며,「좌망론坐忘論」을 지었다는 내용이『심경부주心經附註』에 나온다.(『心經附註』卷3,「牛山之木章」)

사마정(司馬貞)

당대唐代의 사학자. 자는 자정子正. 하내河內(지금의 河南省) 출신. 현종 때 국자박사國子博士·홍문관학사弘文館學士 등을 역임하였다. 장가회張嘉會에게서 학문을 배웠다. 『사기』를 연구하여 『사기색은史記索隱』을 저술하였는데, 훈고訓詁가 엄밀하고 자료가 풍부하여 『한서漢書』 안사고顏師古의 주注와 병칭된다. 사마천司馬遷을 대사마大司馬로 일컫는데 대하여, 그는 소사마小司馬로 불린다.

사마천(司馬遷, B.C.145경~8)

전한前漢의 사학자·유학자. 자는 자장子長. 사마담司馬談의 아들. 하양夏陽 출신. 동중서董仲舒에게서 공양학公羊學을, 공안국孔安國에게서 『고문상서古文尚書』를 배워 금고문今古文의 학문에 뛰어났다. 20세 때에 호남湖南·강남江南의 각지를 여행하면서 고대의 유문遺文을 고찰하고 풍토와 민정民情을 익혔다.

아버지가 죽으면서 자신이 시작한 『사기史記』의 완성을 부탁하였고, 그 유지를 받들어 태사령이 되면서 황실 도서에서 자료 수집을 시작하였다. 그는 흉노의 포위 속에서 부득이 투항하지 않을 수 없었던 벗 이릉李陵 장군을 변호하다 황제의 노여움을 사서, 남자로서 가장 치욕스러운 궁형宮刑을 받았다. 형벌을 받은 이후에는 발분發奮하여 20년에 걸쳐 황제씨黃帝氏로부터 한무제漢武帝에 이르기까지의 본기本紀·연표年表·서書·세가世家·열전列傳 등 130편 526,000여 자를 기록하여 『사기』를 완성하였다.

사방득(謝枋得, 1226~1289) : 첩산사씨疊山謝氏

송대宋代의 역학자. 자는 군직君直, 호는 첩산疊山. 익양弋陽 출신. 보우保佑(1253~1258)년간 과거에 합격하였다. 직언을 잘하여 귀양 갔으며, 당시 송나라는 이미 국운이 기울어 원군元軍의 침공을 받았다. 그는 송조宋朝 회복에 힘썼으나 성공하지 못하고, 복건성福建省 건양建陽으로 망명하였다. 뒷날 원조元朝의 부름을 받고 억지로 북경北京으로 끌려갔으나 두 조정을 섬길 수 없다며 거절하고 단식하여 죽었다. 저서로는 『문장궤범文章軌範』 · 『첩산집疊山集』 등이 있다.

사백준(史伯璿) : 동가사씨東嘉史氏

원대元代의 유학자. 자는 문기文璣, 호는 동가東嘉. 동가사씨東嘉史氏로 불린다. 저서로는 『사서관규四書官規』 · 『관규외편官規外篇』 등이 있다.

사영(史詠)

송말宋末의 역학자.

서기(徐幾)

남송南宋의 역학자. 자는 자여子輿, 호는 진재進齋. 경사經史에 널리 통달했으며, 『역집易輯』을 지었으나 전하지 않는다.

서광계(徐光啓, 1562~1633)

명대明代의 경학자. 자는 자선子先, 호는 현호玄扈, 시호는 문정文定. 상해上海 서가회徐家匯 출신. 1604년 과거에 합격하여 예부상서禮部尚書·문연각대학사文淵閣大學士 등을 지냈다. 이탈리아인에게 천문天文·산법算法 등을 배웠으며, 서양인과 역법을 수정하여 『서양신법역서西洋新法曆書』를 편찬하였다. 그는 현실을 경시하면서 심성이나 논하는 학풍을 반대하고 실용을 중시하였으며, 물질적 기초 위에 부국강병 할 것을 주장하였다. 저서로는 『모시육첩강의毛詩六帖講義』·『시경육첩중정詩經六帖重訂』·『농정전서農政全書』·『숭정역서崇禎曆書』 등이 있다.

서상길(徐常吉)

명대明代의 유학자. 자는 사창士彰. 강소성江蘇省 무진武進 출신. 1583년 과거에 합격하여 호부급사중戶部給事中을 지냈다. 저서에 『육경류아六經類雅』·『사서원지四書原旨』·『모시익설毛詩翼說』·『유경사해遺經四解』·『사사유기事詞類奇』 등이 있다.

사신(史晨)

후한後漢의 학자. 자는 백시伯時. 하남河南 출신. 건녕建寧(168~171)년간에 노나라 재상에 임명되었다. 글씨를 잘 써서 공자묘비에 글을 썼다. 이 비는 한나라 영제 靈帝(168~188) 건녕 2년 3월에 세웠다.

앞의 비문에는 주청奏請의 글을 실었으며, 뒤의 비문에는 향례지성饗禮之盛을 서술하였다. 비 가운데 참위설을 인용하여 공자를 찬술하였으니, 이는 당시의 시류에 따른 것이다.

서적(徐積, 약 1036~1111) : 절효서씨節孝徐氏

북송北宋의 유학자. 자는 중거仲車, 호는 절효처사節孝處士. 절효서씨節孝徐氏라 불렸다. 초주楚州 산양山陽(지금의 江蘇省 淮安) 출신. 호원胡瑗을 사사 했다. 과거에 합격하여 1086년에 양주사호참군楊洲司戶參軍에 제수되었다.

『시경』・『춘추』・『예기』를 고증하고 주석하였으며, 천도天道와 인도人道의 합일을 주장하였다. 저서로는 『절효집節孝集』・『절효어록節孝語錄』 등이 있다.

서지상(徐之祥)

원대元代의 역학자. 자는 기보麒父, 호는 방당方塘. 벼슬은 상림현위上林縣尉에 이름. 『신원사新元史』 등에 전기가 보임. 『독역려측讀易蠡測』을 지었다.

서직방(徐直方)

남송南宋의 역학자. 자는 충민忠敏. 『역설易說』을 지

었으나 전하지 않는다.

석개(石介, 1005~1045) : 조래석씨徂徠石氏

북송北宋의 유학자·고문운동古文運動의 선구자. 자는 수도守道. 산동성山東省 봉부奉符(지금의 泰安縣 東南) 출신. 범중엄范仲淹·부필富弼과 교유했으며, 손복孫復의 수제자로서 「경력성덕시慶曆聖德詩」를 짓기도 했다. 국자감강학國子監講學·태자중윤太子中允 등을 지냈다. 부모의 상喪을 당하여 관직에서 물러난 후 조래산徂徠山에서 농사를 지으며 사람들에게 『주역』을 가르쳤다. 그래서 사람들은 그를 '조래선생徂徠先生'이라 불렀다.

그는 삼황오제三皇五帝에서 공자로 이어지는 도道는 만세萬世가 지나도록 바뀔 수 없는 도라고 주장하면서 불교·노장老莊을 배척하였다. 이러한 주장은 송초宋初에 왕권王權을 표방하여 중앙 집권을 강화하는 근거를 제공하게 되었다. 저서로는 『조래집徂徠集』·『괴설怪說』·『당감唐鑑』 등이 있다.

석돈(石墩) : 석자중石子重

송宋의 유학자. 자는 자중子重, 호는 극재克齋. 석자중石子重이라 불린다. 절강성浙江省 신창新昌 출신. 1145년에 과거에 합격하였다. 주자의 벗이자 문인이며, 「중용장구서문中庸章句序文」에 나온다. 저서로는 『주역해周易解』·『대학해大學解』·『중용집록中庸輯錄』 등이 있다.

설경지(薛敬之, 1433~1508)

명대明代의 성리학자. 자는 현사顯思, 호는 사암思庵. 위남渭南 출신. 1466년 태학太學에 입학하여 진헌장陳獻章과 교유하였으며 그와 함께 명성을 떨쳤다. 이후에 응주지주應州知州·금화동지金華同知를 역임하였다. 주혜周蕙에게서 수학하였다. 그는 성리설에 있어서 특히 이기理氣의 분변分辨을 중시하였다. 즉 일신一身은 모두 기氣로 되어 있으며 기 가운데 영靈한 것이 심心이라고 하면서, 심은 기를 타고 만물을 관섭管攝한다고 하였다. 또한 성쇠강약盛衰强弱이 있는 것은 기氣이며 이理에는 성쇠강약盛衰强弱이 없으나, 이理는 기氣를 제어할 수 있다고 하였다.

저서에 『도학기통道學基統』·『수사언학록洙泗言學錄』·『사암야록思庵野錄』·『이아편음爾雅便音』 등이 있다.

설계선(薛季宣, 1134~1174) : 영가설씨永嘉薛氏

남송南宋의 유학자. 자는 토룡土龍, 호는 간재艮齋. 온주溫州 영가永嘉(지금의 浙江省) 출신. 어려서 고아가 되어 백부伯父인 설필薛弼에게서 자랐다. 대리정大理正·호주지사湖州知事 등을 역임하였다. 정이程頤의 문하인 원개袁溉의 제자로서 정이의 학풍을 계승하였다.

그는 예악제도禮樂制度를 배워 실효實效를 기하는 것이 학문의 진정한 목적이라고 강조하였다. 또 고학古學의 부활에도 뜻을 두었으며, 나라를 다스리는 제도로서 사공事功을 말하였다. 이러한 주장은 당시 비판을 받았으나 남송南宋의 위기적 상황에 대응한 실학實學의 주장과 그 실천은 학자들에게 영향을 끼쳤으며, 진부량陳傳良·섭적葉適·제원덕除元德·심유개沈有開 등 많은 제자를 배출하여 간재학파艮齋學派를 형성하였다. 저서에 『서고문훈의書古文訓義』·『춘추경해지요春秋經解指要』·『대학설大學說』·『시성정설詩性情說』 등이 있었으나 전하지 않고 현재는 『낭어집浪語集』만이 전해진다.

설등(薛登)

당대唐代의 유학자. 본명은 겸광謙光이었으나, 황태자의 이름과 같아서 등登이라는 이름을 하사 받았다. 상주常州 의흥義興 출신. 설사통薛士通의 아들. 예종睿宗 경운景雲(710~741) 때 어사대부御史大夫가 되었고, 현종玄宗 때 태자빈객太子賓客이 되었으며, 진주자사晉州刺史 등을 역임하였다. 주로 외적의 침입을 방어하면서 그 대비책을 강구하였다. 저서로 『사시기四時記』 등이 있다. 『주자어류』에 그의 「구역도九域圖」에 대한 내용이 있다.

설선(薛瑄, 1389~1464)

명대明代의 성리학자. 자는 덕온德溫, 호는 경선敬瑄,

 시호는 문청文清. 산서성山西省 하진河津 출신. 감찰어사監察御史를 제수 받았으며, 산동제학첨사山東提學僉事·대리시경大理侍卿 등을 역임하였고 70세에 예부우시랑禮部右侍郎 겸 한림원학사翰林院學士에 올랐다.

인성론人性論에 있어서는 이기무선후설理氣無先後說에 입각하여 인성人性과 기氣는 동시에 갖추어져 선후先後가 없으며, 본연지성本然之性과 기질지성氣質之性 또한 한가지라고 주장하였다. 청나라의 학자들은 그를 주자의 학문을 전한 종주로 여겨 "명초 이학理學의 으뜸이다", "명대 도학道學의 기초를 열었다"라고 평가하였다. 저서로는 『독서록讀書錄』 등이 있고, 총 46권에 이르는 『설문청공전집薛文清公全集』이 전해진다.

설응기(薛應旂)

명대의 유학자. 자는 중상仲常, 호는 방산方山. 강서성江西省 무진武進 출신. 1535년 과거에 합격하여 고공랑중考功郎中·협서안찰사부사陝西按察司副使을 지냈다.

왕수인에게 배워 육왕학陸王學을 강학하였으나, 만년에는 정주학程朱學을 아울러 취하였다. 저서에 『송원자치통감宋元資治通鑑』·『고정연원록考亭淵源錄』·『고사전高士傳』·『사서인물고四書人物考』·『설방산기술薛方山記述』·『설자용어薛子庸語』·『방산문집方山文集』이 있다.

설한(薛漢)

후한後漢의 유학자. 자는 자공子公. 하남성河南省 회양淮陽 출신. 25년에 경학박사經學博士가 되었고, 아버지로부터 재이설과 참위·한시 등을 배워서 참위설을 정리한 공으로 천승태수千乘太守 등을 역임하였다. 저서로는 『한시설군장구韓詩薛君章句』 등이 있다.

섭도(葉濤, 1050~1110) : 용천섭씨龍泉葉氏

송대宋代의 유학자. 자는 치원致遠. 처주處州 용천龍泉 출신. 희녕熙寧 때 과거에 합격하였다. 국자직강國子直講일 때 우번虞蕃이 송사를 벌여서 다른 사람들과 함께 면직되었다.

그가 왕안석王安石의 사위였기 때문에 왕안석을 따라 금릉에 가서 문사文詞 짓는 법을 배웠다. 철종哲宗 때 글을 올려 박사博士가 되고, 신종 때는 교서랑校書郞을 거쳐 중서사인中書舍人을 역임했다.

섭몽득(葉夢得, 1077~1148) : 소온섭씨少蘊葉氏·섭소온葉少蘊

북송北宋의 경학자. 자는 소온少蘊, 호는 석림石林. 오현吳縣 출신. 춘추春秋에 밝아 『춘추전春秋傳』·『춘추고春秋考』·『춘추언春秋讞』·『춘추지요총례春秋指要總例』·『석림춘추石林春秋』·『피서녹화避暑錄話』 등을 저술하였다.

섭미도(葉味道) : 괄창섭씨괄창葉氏·섭하손葉賀孫·서산선생西山先生

송대宋代의 유학자. 어려서의 이름은 하손賀孫, 자는 지도知道, 시호는 문수文修. 온주溫州 출신. 주희를 사사하였고, 『주자어록朱子語錄』을 모아 편집하였다. 저서에 『사서설四書說』·『대학강의大學講義』·『제법종묘묘향교사외전祭法宗廟廟享郊祀外傳』·『경연구주經筵口奏』·『고사강의故事講義』 등이 있다.

섭숭의(聶崇義)

북송北宋의 경학자. 하남성河南省 낙양洛陽 출신. 삼례三禮에 밝아 후한 950년경에 국자예기박사國子禮記博士가 되어 『춘추공양전春秋公羊傳』을 교정하였다. 그 뒤 벼슬이 태상박사太常博士 등에 이르렀다. 삼례三禮에 관한 정현鄭玄·원심阮諶·하후복랑夏侯伏朗·장일張鎰·양정梁政·개황開皇 등의 구도舊圖를 얻어 상세히 고증하고 시비를 바로잡아 『삼례도三禮圖』를 완성하였다.

이 『삼례도三禮圖』는 『사고전서四庫全書』·『통지당경해通志堂經解』에 실려 있다.

섭자기(葉子奇) : 초목자草木子

명대明代의 기학자氣學者. 자는 세걸世傑, 호는 정재靜齋·초목자草木子. 절강성浙江省 용천龍泉 출신. 태조太祖 때에 파릉주부巴陵主簿를 지냈다. 왕의王毅에게서 배웠다. 그는 천天의 시작은 오직 일기一氣일 뿐이며 이는 장자莊子가 말한 명행溟涬과 같다고 하여 기일원론氣一元論을 제창하였다. 저서로는 『초목자草木子』·『태현본현太玄本玄』·『정재집靜齋集』 등이 있다.

섭적(葉適, 1150~1223) : 영가섭씨永嘉葉氏

남송南宋의 유학자. 자는 정칙正則, 호는 수심水心. 온주溫州 출신. 1178년에 과거에 합격하여 평강절도추관平江節度推官을 제수 받았다. 후에 태상박사太常博士·실록원검토관實錄院檢討官을 지내고, 연강제치사沿江制置使가 됨. 그는 영가학파永嘉學派의 집대성자로, 정경망鄭景望에게서 학문을 배웠고, 설계선薛季宣·진부량陳傅良 등과 교유하며 학문에 힘썼다.

그는 심학心學이나 이학理學 모두를 비판하면서 천지 간에 존재하는 것은 물物이며, 그것이 그럴수 있는 것은 사물의 이치(物之理)가 있기 때문이라고 하였다. 그의 학문은 진량陳亮과 더불어 사공학事功學이라고 칭하며, 그의 영가사공학永嘉事功學은 주희朱熹의 이학理學 및 육구연陸九淵의 심학心學과 더불어 당시의 대표적인 학파를 형성하였다. 저서로는 『수심집水心集』·『수심별집水心別集』·『습학기언習學記言』 등이 있다.

섭채(葉采, ?~1260) : 평암섭씨平巖葉氏

송대宋代의 유학자. 자는 중규仲圭, 호는 평암平巖. 건양建陽(지금의 屬福建) 출신. 1241년에 과거에 합격하여 경헌부교수景獻府教授·비서감秘書監·추밀원검토樞密院檢討 등을 역임했다. 주자의 제자인 진순陳淳에게서 배웠다. 저서로는 『근사록집해近思錄集解』 등이 있다.

소갑(邵甲) : 신정소씨新定邵氏

송나라 유학자. 자는 인중仁仲. 수창壽昌출신, 양간楊簡의 제자. 일찍이 진순陳淳과 귀신에 대해 논했는데 뜻이 맞지 않았고, 그의 학문을 아들인 대춘大椿(顧齋)이 이었다.

소망지(蕭望之)

전한前漢의 유학자. 자는 장천長倩. 산동성山東省 난릉蘭陵 출신. 후창后蒼에게서 배우는 한편, 하후승夏侯勝에게서 『논어』와 예복禮服에 관해서 배웠다. 선제宣帝 때 낭郎이 되고 간대부諫大夫·승상사직丞相司直을 거쳐 어사대부御史大夫에 이르렀다.

B.C.51년 궁중의 석거각石渠閣에서 오경五經의 동이同異를 강론하는 제 1차 석거회의石渠會議를 주관하였다. 이 회의에서 특히 경학의 주요 문제로 『춘추공양전春秋公羊傳』과 『춘추곡량전春秋穀梁傳』 등의 문제가 제기되었는데, 곡량파가 승리를 거두어 이후에는 곡량학이 대성하게 되었다.

소백온(邵伯溫, 1057~1134)

송대宋代의 유학자. 자는 자문子文. 낙양洛陽 출신. 소옹(邵康節)의 아들. 대명부조교大名府助教·영흥군주전감永興軍鑄錢監 등을 지냈다. 사마광司馬光을 사사하였으며, 정이·정호·여공저呂公著와 절친하였다. 그는 역학에 뛰어났는데, 특히 부친의 상수학을 계승해 발휘한 바가 많았다. 저술로 『역학변혹易學辨惑』·『황극계술皇極系述』·『관물내외편해觀物內外篇解』·『하남소씨견문록河南邵氏見聞錄』 등이 있다.

소병(蘇昞) : 소계명蘇季明

송대宋代의 유학자. 자는 계명季明. 무공武功 출신. 원우元祐(1086~1094) 말년에 여대충呂大忠의 천거로 태상박사太常博士를 역임. 장횡거張橫渠와 이정二程의 문인이다.

소보(邵寶, 1460~1527)

명대明代의 유학자. 자는 국현國賢, 호는 이천二泉, 시호는 문장文莊. 강소성江蘇省 무석無錫 출신. 1484년 과거에 합격하여 호부시랑戶部侍郎·좌첨도어사左僉都御史 등을 지냈다. 그는 주희를 본받아 사창社倉을 창건하였고 치지역행致知力行을 근본으로 삼아 교육하였다. 저술로 『정성서설定性書說』·『학사록學史錄』·『간단이여簡端二餘』·『혜산기慧山記』 등이 있다.

소순(蘇洵, 1009~1066) : 미산소씨眉山蘇氏

북송北宋의 경학자·문장가. 자는 명윤明允, 호는 노천老泉. 소식蘇軾과 소철蘇轍의 아버지로 이들과 함께 삼소三蘇라고도 불렸다. 미산眉山 출신. 어려서는 학문을 좋아하지 않았으나 25세가 되어 비로소 학문을 시작하였으며, 27세부터는 분발하여 친구들의 왕래를 사절하고 문을 걸어 잠그고 학문을 하여 육경六經 및 제자백가諸子百家에 밝게 되었다고 한다. 문장에도 뛰어나 당송팔대가唐宋八大家의 한 사람이다.

그는 6경을 독자적으로 연구하여 『역론易論』·『예론禮論』·『악론樂論』·『시론詩論』·『서론書論』·『춘추론春秋論』 등을 저술하였다. 『역론』에서는 『주역周易』이 성인聖人의 도가 가려지고 천하가 어지러워질 것을 두려워하여 가르침을 준 것이라고 주장하면서, 천지의 상象을 관찰한 것이 문文, 음양陰陽의 변變을 통한 것이 괘卦, 귀신鬼神의 정情을 살핀 것이 사辭라고 설명하였다. 이 외에 『가우집嘉祐集』(『노천선생집老泉先生集』이라고도 한다)과 『시법諡法』 등의 저술이 있다.

소식(蘇軾, 1036~1101) : 소동파蘇東坡

북송北宋의 유학자·문학자. 자는 자첨子瞻, 호는 동파東坡, 시호는 문충文忠. 사천성四川省의 미산眉山 출신. 소순蘇洵의 아들이며 소철蘇轍의 형. 직사관直史館을 거

쳐 신종新宗 때 왕안석王安石이 신법新法을 추진하자, 글을 올려 그 부당함을 역설했다가 항주통판杭州通判으로 축출되고 참소를 받아 투옥되었다. 그 후 고태후高太后가 정권을 잡고 왕안석 일파를 축출할 때 재등용되어 한림학사 겸 시독翰林學士兼侍讀을 지내고 항주 및 혜주의 지방관을 역임했다.

그는 시사詩詞에도 뛰어났으며, 문장은 한유韓愈와 유종원柳宗元을 추종하였고, 구양수와 함께 당시의 문종文宗이 되었다. 『사고전서총목제요四庫全書總目提要』에서는 그의 학문에 대해 "불교와 도교를 흡수하여 스스로 새로운 기류를 드러내었다"고 하였다. 저서에『동파문집東坡文集』『동파악부東坡樂府』『구지필기仇池筆記』『동파지림東坡志林』『동파역전東坡易傳』『동파서전東坡書傳』『논어설論語說』등이 있으며 대표작인「적벽부赤壁賦」는 불후의 명작으로 널리 애창되고 있다.

소역(蕭繹, 508~554)

육조시대六朝時代 양梁나라의 원제元帝. 자는 세성世誠, 시호는 효원孝元. 무제武帝의 일곱째 아들. 학문을 좋아하고 글을 잘 지었으며, 재변才辯이 뛰어났다. 후경侯景을 평정하고 강릉江陵에서 즉위하였지만 위魏나라에 패하여 살해되었다. 『효덕전孝德傳』『충신전忠臣傳』

·『단양윤전丹陽尹傳』·『한서주漢書注』·『노자강소老子講疏』·『주역강소周易講疏』·『내전박요內典博要』·『연산連山』·『동림洞林』·『왕도王韜』·『금루자金樓子』·『고금동성명록古今同姓名錄』 등이 있다.

소연(蕭衍, 464~549)

남조南朝 양梁나라를 세운 무제武帝. 자는 숙달叔達, 소자小字는 연아練兒. 산동성山東省 남란릉南蘭陵 출신. 처음에는 제齊나라에서 벼슬하여 옹주자사雍州刺史·도독군사都督軍事 등을 역임하였다. 그는 즉위 초에 유학자들을 중용하고 학교를 세우는 등 정치에 힘썼지만 뒤에는 불교에 심취하여 정치를 등한히 하였다. 경전에 조예가 깊어 많은 주석서를 저술하였으며 음양陰陽·위후緯候·복서卜筮·초예草隸·불전佛典 등 다방면에 밝았다. 시호는 무武. 묘호는 고조高祖. 저서에 『효경의孝敬義』·『주역강소周易講疏』·『모시춘추문답毛詩春秋問答』·『상서대의尙書大義』·『중용강소中庸講疏』·『공자정언孔子正言』·『효경강소孝敬講疏』·『통사通史』·『대품정명삼혜제경의기大品政名三慧諸經義記』 등이 있다.

소옹(邵雍, 1011~1077) : 소자邵子·소강절邵康節

➡ 백원학안 참조(292쪽)

　　　　　북송北宋의 성리학자·상수학자. 자는 요부堯夫, 자호自號는 안락安樂·백천百泉, 시호는 강절康節. 공성共城(지금의 河北省 範陽縣) 출신. 청년시절에 사방을 주유하다가 북해北海의 이지재李之才에게서 선천상수학先天象數學을 전수받았다. 신종神宗때 저작랑著作郞으로 부름을 받았으나 평생 관직에 나아가지 않았다. 주역은 상과 수로 귀결되며, 상수학으로서 우주가 발생하고 자연이 이루어진다고 하였으며, 우주만물의 발생 순서를 상수에 의하여 연역演繹하는 원리를 선천학이라고 하였다. 저서로는 『황극경세서皇極經世書』와 시집인 『이천격양집伊川擊壤集』이 있다.

소철(蘇轍, 1039~1112)

　　　　　북송北宋의 문학자·유학자. 자는 자유子由·동숙同叔, 호는 악성樂城·영빈유로潁濱遺老, 시호는 문정文定. 사천성四川省 미산眉山 출신. 소순蘇洵의 아들.

　　19세 때 형 소식蘇軾과 함께 과거에 합격하였으나, 왕안석王安石의 신법新法에 반대하여 지방 관리로 좌천되었다. 우사간右司諫·상서우승尙書右丞을 거쳐 문하시랑門下侍郞이 되었다. 당송팔대가唐宋八大家의 한 사람으로 소순·소식과 함께 '삼소三蘇'로 일컬어진다.

저서로는 『시집전詩集傳』·『춘추집전春秋集傳』·『논어습유論語拾遺』·『맹자해孟子解』·『시경전詩經傳』·『도덕경해道德經解』·『춘추집해春秋集解』 등이 있다.

손각(孫覺, 1028~1090)

송대宋代의 경학자. 자는 신로莘老. 고우高郵 출신. 호원胡瑗에게서 학문을 배웠다. 과거에 합격하여 우정언右正言에 발탁되었다. 왕안석王安石과 친하였으나 청묘법青苗法의 병폐를 상주하였으므로 광덕군廣德軍의 장관으로 좌천되었다. 철종哲宗이 즉위하자 어사중승御使中丞이 되고 후에 용도각학사龍圖閣學士를 지냈다.

『춘추』의 연구에 있어서 곡량穀梁의 설을 주로 하고 이전 유가의 제설을 참고하여 『춘추전春秋傳』을 저술하였다. 이 밖에 『주의奏議』·『주전周傳』·『춘추경해春秋經解』 및 문집 등이 있다.

손광(孫鑛, 1542~1613)

명대明代의 유학자. 자는 문융文融, 호는 월봉月峰. 절강성浙江省 여요餘姚 출신. 1574년 과거에 급제하여 문선낭중文選郎中·남경병부상서南京兵部尚書 등을 역임하였다. 저서로는 『손월봉평경孫月峰評經』 등이 있다.

손복(孫復, 992~1057) : 태산선생泰山先生

➔ 태산학안 참조(289쪽)

북송北宋의 유학자. 자는 명복明復, 호는 부춘富春. 산서성山西省 평양平陽 출신. 수제자인 석개石介의 후원으로 태산서원泰山書院의 숙사塾師가 되어 『춘추春秋』를 연구했다. 후에 범중엄范仲淹과 부필富弼의 추천으로 비서성교서랑祕書省校書郞 등을 지냈다.

그는 유학 우위의 입장을 주장하였으며, 공자의 체體를 다한 것은 『주역周易』이고 공자의 용用을 다한 것은 『춘추』라고 하여, 『주역』과 『춘추』를 중요시 하였다. 그의 사상은 구양수歐陽修에게 영향을 주었으며, 송학宋學의 선구적 역할을 하였다. 호원胡瑗·석개石介·진양陳襄 등과 함께 정학正學 4선생이라 불린다. 저서로는 『춘추존왕발미春秋尊王發微』·『역설易說』·『춘추총론春秋總論』 등이 있다.

손석(孫奭, 962~1033)

북송北宋의 경학자. 자는 종고宗古, 시호는 선宣. 산동성山東省 박평博平(지금의 荏平縣 博平城) 출신. 주부主簿를 거쳐 국자감직강國子監直講이 되었다. 인종仁宗 때 명유名儒로 선발되고, 한림시강학사翰林侍講學士·태자소부太子小傅 등을 역임하였다. 재직시 민심의 안정이 왕도정치의 으뜸이라는 내용의 건의를 하는 등 강력한 직간으로 유명하였다. 일찍이 칙명을 받아 후한 조기의 『맹자주孟子注』를 교정하고, 아울러 육덕명陸德明의 『경전석문經典釋文』을 보충하여 『맹자음의孟子音義』를 저술하였다. 한편 『십삼경주소』에 실려 있는 『맹자주소孟子注疏』는 내용이 조잡하기 때문에 그의 저작이 아니라 소무邵武의 사인士人에 의해 가탁된 것으로 보고 있다.

이 밖의 저서로는 『경전휘언經典徽言』·『오경절해五經節解』·『숭사록崇祀錄』·『악기도樂記圖』·『오복제도五服制度』 등이 있다.

손염(孫炎)

삼국시대 위魏나라의 경학자·훈고학자訓詁學者. 자는 숙연叔然. 낙안樂安(지금의 山東省 博興縣) 출신. 정현鄭玄의 재전제자再傳弟子로서 동주東州의 대유大儒라고 일컬어졌다. 비서감秘書監에 초빙되었으나 응하지 않았다. 왕숙王肅이 『성증론聖證論』을 지어 정현의 학설을 비판하자 스승을 옹호하여 왕숙을 공박하였다. 그는 『이아爾雅』를 주석하여 『이아음의爾雅音義』를 저술하였는데 이로부터 반절음反切音으로 주석을 다는 방식이 성행하게 되었다. 이 사실에 근거하여 청대淸代 이전에는 그를 반절의 창시자라고 하였으나, 20세기 이후부터 반절음은 동한東漢 때 창시된 것으로 보고 있다.

이 밖의 저서로는 『주례춘추례周禮春秋例』가 있으며, 『모시毛詩』·『예기禮記』·『춘추좌씨전春秋左氏傳』·『춘추공양전』·『춘추곡량전』·『국어國語』 등에 모두 주를 달았다고 하나 전하지 않는다. 청대 마국한馬國翰의 『옥함산방집일서玉函山房輯佚書』에 그 집본이 수록되어 있다.

손자수(孫子修) : 손경보孫敬甫

송대宋代의 유학자. 자는 경보敬甫. 선주宣州 선성宣城 출신. 주자의 문인. 손자임孫子任(仁甫)의 형이다. 저서로 『갑인문답甲寅問答』이 있다.

송렴(宋濂, 1310~1381)

명대明代의 심학자. 자는 경렴景濂, 호는 잠계潛溪, 시호는 문헌文憲. 금화金華 출신. 원元 말기에는 은거하면서 저술에 전념하다가 명나라 태조太祖(朱元璋)의 초빙으로 조정에 참여하여 명나라 창업공신創業功臣이 되었으며, 한림학사翰林學士·지제고知制誥 등을 역임하였다. 그는 성학聖學에 힘을 기울여 유가의 학설을 종주로 삼고, 불교와 노장老莊을 흡수하였다. 문장에도 뛰어나 당시 고문파古文派의 정종正宗이 되었으며, 명대의 예악전제禮樂典制를 대부분 재정裁定하였다.

사상적으로 육구연陸九淵 계통의 심학心學에 가깝다고 할 수 있다. 그는 심心은 모든 것을 구비한 이理라고 하고, 성인의 일신一身이 모두 이理라고 하였다. 그러나 일반 사람은 욕심에 의해 방해를 받아 그 마음을 온전하게 하기 어려우므로 욕심을 버리고 본심本心으로 돌아가는 수양修養을 해야 한다고 강조하였다.

또 "육경六經은 나의 천진天眞한 심성을 발휘하기 위

한 방편일 뿐이다"라고 하였는데, 이 말은 육구연의 '육경은 모두 나의 주각註脚'이라는 주장과도 일맥상통한다. 그가 주장한 천도天道·심성心性·학문 방법·유교와 불교의 관계·주륙朱陸의 조화 등은 원명 교체기에 이학理學이 변천되고 있었던 상황을 반영해 주는 것이다. 그의 학문은 방효유方孝孺가 계승하였다.

저서에 『송학사전집宋學士全集』·『원사元史』·『용문자龍門子』·『포양인물기浦陽人物記』·『효경신설孝經新說』·『편해류편篇海類編』 등이 있다.

송충(宋忠)

후한後漢의 유학자. 자는 중자仲子, 호북성湖北省 장릉章陵 출신. 형주荊州의 오업종사五業從事를 지냈다. 190년 형주자사荊州刺史 유표劉表의 명령으로 다른 학자들과 함께 오경五經의 장구章句를 찬정撰定하였다. 이것은 '형주의 『후정오경장구後定五經章句』'라고 불리었으며 위진육조魏晋六朝 시대에 존중받았다.

오늘날 그 내용은 정확히 알 수 없으나, 기존에 오경 해석의 번쇄함을 없애고 경서의 본의를 명확하게 하려고 한 새로운 해석이었다고 알려져 있다. 저서로는 『주역주周易注』·『양자태현경주揚子太玄經注』·『양자법언주揚子法言注』 등이 있으나 그 일부만이 다른 책에 인용되어 남아 있다.

숙손통(叔孫通)

전한前漢의 유학자. 설薛(山東省 薛城 北部) 출신. 진대秦代에 박사가 되었다. 진말秦末에 발생한 농민 전쟁 때, 처음에는 항우의 막하에 있었으나 후에 유생 백여 명을 이끌고 한漢 유방에게 투항하여 박사가 되고, 직사군稷嗣君이라고 불렸다. B.C.202년 유방이 정도定陶에서 칭제稱帝한 이후 태상太常·태자태부太子太傅 등을 역임하였다. 시변時變에 밝았으며, 고례古禮와 진대의 의례儀禮를 흡수하여 한 대의 조정과 종묘의 전례典禮를 제정하였다. 이로써 의례가 완비되었다. 사마천司馬遷은 『사기』, 「유경숙손통열전劉敬叔孫通列傳」에서 그를 '한가漢家의 유종儒宗'이라고 평하였고, 사마광은 어설프게 진나라의 예에서 선별함으로, 삼대의 예를 본받아 유교의 본지를 높일 수 있는 기회를 놓쳤다고 아쉬워하였다.

순상(荀爽, 128~190)

후한後漢의 경학자. 일명一名 서諝, 자는 자명慈明. 영천穎川 영음穎陰(지금의 河南省 許昌) 출신. 순자荀子의 후손. 그는 고문古文인 비직費直의 역에 근본해서 상수역象數易을 발전시켰으며, 승강설升降說을 제창하고 이것으로 역의 본문을 해석하였다. 승강이란 건乾·곤坤 두 괘의 효가 서로 성쇠를 반복하는 것을 말한다.

『예전禮傳』·『역전易傳』·『시전詩傳』·『상서정경尙書正經』·『춘추조례春秋條例』 등 100여 편을 합하여 『신서新

書』를 펴냈다고 하는데 지금은 전하지 않는다. 다만 이 가운데 비직의 역을 주注한 『역전易傳』 11권이 당대唐代 이정조李鼎祚의 『주역집해周易集解』에 편입되어 있고, 청대 손당孫堂의 『한위이십일가역주漢魏二十一家易注』와 마국한의 『옥함산방집일서玉函山房輯佚書』 등에 수집되어 있다. 또한 그의 역설은 혜동惠棟과 장혜언張惠言 등에 의해 상세히 전해졌으며, 이 중 장혜언의 『주역순씨구가의周易荀氏九家義』는 그 정수를 얻은 것으로 정평이 있다.

순열(荀悅, 148~209)

후한後漢의 유학자. 자는 중예仲豫. 하남성河南省 영음穎陰(지금의 許昌) 출신. 그의 조부 순숙荀淑은 순자荀子의 후손이다. 일족에 조부 숙淑, 숙부 상爽, 종제從弟 욱彧 등의 저명한 사람이 많았다. 12세에 『춘추』에 달통하였으나, 성장해서는 병약하여 세상에 나가기를 싫어하였다. 후에 조조曹操의 부름을 받고 황문시랑黃門侍郎이 되어 헌제獻帝에게 강의를 하였고, 비서감시중秘書監侍中에 올랐다. 후한 말 환관宦官이 정권을 장악하자 은거하였다.

그는 공맹孔孟의 사상에 근본해서 『역경易經』・『중용中庸』・『대학大學』에서 말하는 치국治國과 수신修身의 도를 종합하고자 하였다. 그의 정치사상 역시 인의仁義의 존중, 사위四僞의 배척, 왕도정치王道政治의 지지, 덕치주의德治主義의 신봉 등 유학에 근본을 두고 있으며, 후세에는 그를 소순자小荀子라고 칭하였다. 그는 유향劉向의 성정상응설性情相應說을 수용하여 "좋아함과 싫어함은 성性이 취사取捨하는 것인데, 이것이 밖에 나타나므로 정이라고 말할 뿐이며 실제는 반드시 성에 근거한다"라고 하면서 성정일원론性情一元論을 주장하였다. 그의 저서로는 헌제의 명으로 편년체編年體로 개사改寫한 『한기漢紀』가 있으며, 이밖에 『신감申鑒』과 『숭덕정론崇德正論』 등이 있다.

순황(荀況, B.C.313경~?) : 순자荀子

전국시대戰國時代의 유학자 조趙나라 출신. 순자荀子라 불린다. 당시 사람들은 그를 높여 경卿이라고 불렀는데, 한대漢代에 와서 선제宣帝의 휘諱(詢)를 피해 손경孫卿이라고 부르기로 했다. 50세 때 제齊나라에 유학을 가서 세 번 직하稷下의 좨주祭酒를 지냈으며, 진秦나라와 조나라에서 유세遊說하였다. 제나라의 왕건王建 재위 기간에는 다시 제나라로 돌아가 직하의 학사學士 중 최장로最長老로 존경받았다. 만년에 초楚나라 춘신군春申君의 천거로 난릉蘭陵(지금의 山東省)의 수령이 되었으나, 춘신군이 암살당하자 벼슬을 그만두고 그 고장에서 강학과 저술에 전념하였다.

순자의 사상은 공자孔子를 스승으로 하고 유가의 실

천 도덕을 바탕으로 하였고, 맹자孟子에 비해 현실주의적 입장에서 지적知的 실천적 측면을 강조하였다. 천은 자기 법칙에 의하여 운동 변화하여 사람의 힘으로는 어쩔 수 없는 것이며, 인간 사회의 윤리 규범도 또한 독립되어 있으므로 천이 어쩔 수 없다고 하였다. 따라서 그는 인간이 적극적으로 자연을 이용하여 자연이 인간의 행복을 위해 기여토록 해야 한다고 주장하였다.

또한 인성론에서는 인간의 생리적 욕구를 인간의 본성이라고 하였다. 사람은 나면서부터 이익을 좋아하며 시기하고 질투하는 경향이 있는데 이 같은 본심과 정에 따른다면 싸움과 음란함 등의 죄악이 일어난다고 하였다. 다만 예의를 가르침으로 교화시켜 사회의 질서를 유지할 수 있는 것이므로 보면 인성이 악하다는 것은 분명하다고 하였다(性惡說). 송대宋代 학자들은 유가의 정통을 맹자에 두고, 순자가 맹자를 비판하고 성악설을 주장하였다 하여 그를 비난하였다. 제자에 한비韓非와 이사李斯가 있다. 저서로는 『순자荀子』가 있다.

시중행(柴中行)

남송南宋의 성리학자. 자는 여지與之, 호는 남계南溪, 시호는 헌숙獻肅. 강서성江西省 여간餘干 출신. 태학박사太學博士·비각수찬秘閣修撰 등을 역임하였다. 영종寧宗 때 도학道學을 위학僞學으로 금하자, 이에 격분하여 변론의 글을 썼다. 어려서부터 정이程頤의 『역전易傳』을 탐독했으며, 경서經書에 능통하여 이를 주해했다. 통의대부 겸 보장각대제通議大夫兼寶章閣待制로 추증되었다. 저서로는 『역계집전易繫集傳』·『서집전書集傳』·『시경의詩經義』·『논어동몽설論語童蒙說』 등이 있다.

신배(申培, 약 B.C.221~135) : 신공申公

전한前漢의 경학자·금문시학今文詩學인 노시학魯詩學의 창시자. 노魯(지금의 山東省 曲阜) 출신. 어려서부터 순자荀子의 문인인 부구백浮丘伯에게서 시詩를 배웠다. 문제文帝 때 박사博士에 임명되어 시의 고훈故訓을 전수하였으며, 후에 벼슬이 태중대부太中大夫에 이르렀다. 마국한의 『옥함산방집일서玉函山房輯佚書』에 『노시고魯詩故』가 수집되어 있다.

신불해(申不害, B.C.385경~337)

전국시대戰國時代의 법가사상가·정치가. 정鄭나라 경京(지금의 河南省 滎陽縣 남동쪽) 출신. 한韓나라 소후昭侯에게 가서 재상이 되었다. 내정內政을 정비하고 밖으로 다른 제후들과의 관계를 잘 이끌어 15년 만에 나라를 강성하게 만들었다.

그의 사상은 황로사상黃老思想에 기반을 두고 형刑과 명名을 중시했다. 또 '술術'을 중시하였는데 그의 '술'에 대하여 『한비자韓非子』에서는 군주가 재능에 따라 관리를 임명하고 직무에 근거하여 업적을 평가, 명名과 실實

이 부합되도록 하며, 절대적인 권위로써 신하들을 제어하는 것이라고 설명하였다. 그의 '술'사상은 법가이론을 구성하는 중요한 성분이 되었다. 『한서漢書』「예문지藝文志」에 의하면 그가 『신자申子』6편을 지었다고 하나 현재 「대체大體」 한편만 전해진다.

신시행(申時行, 1535~1614)

명대明代의 유학자. 자는 여묵汝默, 호는 요천瑤泉. 장주長洲(지금의 江蘇省 吳縣) 출신. 1562년 과거에 합격하여 한림원수찬翰林院修撰·이부상서吏部尚書를 지냈다. 저서로는 『서경강의회편書經講義會編』 등이 있다.

신장(申棖) : 자주子周

춘추시대의 유학자. 자는 자주子周·주周. 공자의 제자. 노魯나라 출신. 『논어』「공야장公冶長」에서 평소 강직하기로 유명했으나 욕심이 많았다고 기록되어 있다.

심괄(沈括, 1031~1095)

송대宋代의 정치가·과학자. 자는 존중存中. 천문·역법·율려·수리數理·관개灌漑 등에 밝았다. 저서에 『악론樂論』·『남교식南郊式』·『봉원력奉元曆』 등이 있다.

심귀보(沈貴瑤) : 번역심씨番易沈氏·의재선생毅齋先生

송대宋代의 유학자. 이명異名은 여려汝礪, 자는 성숙

誠叔. 요주饒州 덕흥德興 출신. 개헌介軒 동몽정董夢程의 수제자로 학자들이 의재선생毅齋先生이라 불렀다. 사서四書와 여러 경서를 해설하였으며, 저서로는 『정몽의해正蒙疑解』 등이 있다.

심중(沈重)

남북조시대 북주北周의 경학자. 자는 자후子厚. 오흥吳興 무강武康 출신. 처음에는 양梁나라에서 오경박사五經博士가 되었다가 북주 무제武帝의 초빙으로 경사京師가 되어 오경을 토론하고 종률鍾律을 교정하였다. 후에 다시 양나라로 돌아갔다.

저서로는 『주례의周禮義』・『의례의儀禮義』・『예기의禮記義』・『모시의毛詩義』・『상복경의喪服經義』・『주례음周禮音』・『의례음儀禮音』・『예기음禮記音』・『모시음毛詩音』 등이 있었다고 하나 현재는 모두 전하지 않고, 마국한馬國翰의 『옥함산방집일서玉函山房輯佚書』에 『주관례의소周官禮義疏』・『예기심씨의소禮記沈氏義疏』・『모시심씨의소毛詩沈氏義疏』가 수집되어 있다.

안약우(顔若愚)

송宋의 유학자. 서산西山 진덕수眞德秀의 문인. 1234년에 진덕수의 『심경心經』을 간행하고 발문을 붙였음.

안영(晏嬰, ?~B.C.500) : 안평중晏平仲·안자晏子

춘추시대春秋時代 제齊나라 정치가. 자는 평중平仲. 내萊(지금의 山東省 高密縣) 출신. 절검역행節儉力行으로 널리 알려졌고, 제나라 영공靈公·장공莊公·경공景公 3대에 걸쳐 임금에게 간언하고 보필하여 나라를 다스린 뛰어난 재상이다. 춘추시대 가장 뛰어난 정치가의 한 사람으로서 정鄭의 자산子産·진晉의 숙향叔向·오吳의 계찰季札·위魏의 거백옥遽伯玉과 나란히 일컬어진다. 『논어』「공야장公冶長」에는 공자가 그를 일러 "남과 잘 사귀어 오래되어도 남을 잘 공경하였다."고 칭찬한 기록이 있다. 당시 제齊나라는 부유하였으므로 사치하는 풍조가 일었는데, 그는 검소한 생활을 직접 실천하여 사람들로 하여금 감복하여 따르게 하고자 하였다. 그의 사적과 간쟁한 말들을 모은 『안자춘추晏子春秋』가 전해진다.

안주(顔擂, 581~645) : 안사고顔師古

당대唐代의 경학자. 자는 사고師古. 섬서성陝西省 서안西安 출신. 『안씨가훈顔氏家訓』의 저자인 안지추顔之推가 조부이다. 당나라 고조高祖·태종太宗의 2대를 섬겨, 중서사인中書舍人·중서시랑中書侍郞·비서감秘書監을 역임하였고, 후에 낭야현남琅邪縣男에 봉해졌다. 태종의 명에 의해 비서성秘書省에서 오경五經의 문자를 고정考定하여 『오경정본五經定本』을 지었다. 이어서 유학자들이 소집되어 토론을 벌이게 되었는데, 이 때 그들이 제출한 여러 문제에 대하여 그는 진晉·송宋(南北朝의 宋) 이래의 각종 고금판본古今版本을 폭넓게 인증引證하고 상세하게 대답하여 유학자들의 경탄敬歎을 받았다. 그리하여 태종은 이 정본定本을 전국에 반포하였고, 이후로 오경문자가 통일되었으며, 또 경서 문자로 인한 해석의 오류가 없어지게 되었다. 안유진顏遊秦을 대안大顏, 그를 소안小顏이라 부른다. 저서로 『오경정본』·『한서주漢書注』·『급취장주急就章注』·『광류정속匡謬正俗』·『안사고집顏師古集』 등이 있다.

안회(顔回, B.C.521~B.C.481) : 자연子淵·안자顔子

춘추시대春秋時代의 유학자. 자는 연연淵·자연子淵. 노魯나라 출신. 안무요顏無繇의 아들로 아버지와 함께 공자孔子의 문하에 입문하여 공자의 3천 제자 중 제일의 제자가 되었으며, 공문십철孔門十哲 가운데 덕행德行으로 꼽힌다. 공자보다 30세 아래였으나 32세로 요절하였다. 그는 공자의 제자 중에서 생활이 가장 곤궁하였는데도 가장 어질고 학문을 좋아하였으며 공자의 가르침을 가장 성실하게 실천하였다. 공자는 그에 대하여 가난 속에서의 학문 탐구와 그 실천을 높이 평가하였다.

공자는 "안회는 그 마음이 3개월 동안 인仁을 어기지 않을 것이나, 그 밖의 사람은 하루에 한 번, 혹은 한 달에 한 번 정도 인의 경지에 이를 뿐이다"라고 말하면서, 그에게만은 장기간 인仁을 실천할 수 있는 마음과 능력이 있다고 평가하였다. 그는 안빈낙도安貧樂道와 호학불권好學不倦의 전형典型으로 칭송되며, 공자가 가장 기대했던 제자로서 공자제자 72현賢 중에서도 제일 수위에 열거되어 '복성復聖'의 칭호를 받았다. 공자의 문묘文廟에 공자·증자曾子·자사子思·맹자孟子와 함께 오성五聖의 한 사람으로 배향配享되어 있다.

양간(楊簡, 1141~1226)

남송南宋의 유학자. 자는 경중敬仲, 호는 자호慈湖, 시호는 문원文元. 절강성浙江省 자계慈谿 출신. 부양현富陽縣의 주부主簿를 거쳐 국자박사國子博士·비서랑秘書郎·보모각학사寶謨閣學士·태중대부太中大夫 등을 역임하였으며 후에 자계현남慈谿縣男에 봉해졌다. 육구연陸九淵의 제자로서 스승의 설을 계승하고, 선학적禪學的 요소를 가미하여 유심론적唯心論的 학문을 제창하였다. 즉 우주 변화의 모든 과정을 주관인인 심心의 변화 과정으로 파악하였으며, 인심자명人心自明·인심자영人心自靈 등을 주장하였다. 원섭袁燮·서린舒璘·심환沈煥 등과 함께 육문陸門 4선생이라고 일컬어진다. 저서로는 「기역己易」과 「절사기絶四記」의 두 편 외에, 『자호선생유서慈湖

先生遺書』・『양씨역전楊氏易傳』・『자호시전慈湖詩傳』・『선성대훈先聖大訓』 등이 있다.

양만리(楊萬里,1127~1206) : 성재양씨誠齋楊氏·여릉양씨廬陵楊氏

남송南宋의 유학자. 자는 정수廷秀, 호는 성재誠齋. 여릉廬陵(지금의 江西省 吉水) 출신. 광록대부光祿大夫에 추증追贈. 시호는 문절文節. 영릉승零陵丞·국자감박사國子監博士·보모각학사寶謨閣學士 등을 역임하였다. 일찍이 장준張浚을 만나 "정심正心·성의誠意의 학문에 힘쓰라고 한 가르침을 평생토록 따랐다.

그는 혼돈混沌·무형無形의 '원기元氣'를 우주의 근원으로 보고, 이로써 사람과 생명을 해석하였다. 원기는 생명의 물질적 기초이며, 원기를 잃으면 사람은 곧 죽는다고 하였다. 또 주돈이周敦頤의 『태극도설太極圖說』에서의 우주생성론宇宙生成論을 개조하여 무극無極을 우주 만물의 근본으로 강조하였다. 한편 『역경易經』을 변역變易의 도를 말한 책으로 보고, 변화·발전의 관점을 취하였다. 저서에 『성재역전誠齋易傳』·『용언庸言』·『성재집誠齋集』 등이 있다.

양문환(楊文煥)

남송南宋의 역학자. 자는 빈부彬夫. 태주泰州 출신. 과거시험에 장원을 하였다. 『오십가역해五十家易解』 42권을 지었으나 전하지 않는다.

양방(楊方) : 양자직楊子直

송대宋代의 유학자. 자는 **자직子直**, 자호는 **담헌노수淡軒老叟**. **양자직楊子直**이라 불린다. 복건성福建省 장정현長汀縣 출신이다. 주자의 문인으로 1163년에 과거에 합격하여 제형광서提刑廣西를 역임했다. 주자와 50년 동안 교류하였지만, 주자와 가장 뜻이 맞지 않은 문인 중의 한 사람이다. 그가 기록한 『주자어록朱子語錄』은 1170년에 들었던 내용으로 200여 조목이다. 『주자대전朱子大全』 권45에 양방에게 답한 주자의 답서가 5통 있으며, 태극에 대한 논변과 양방에 대한 주자의 불만을 토로한 내용이다. 저서로 『사서설四書說』 등이 있다.

양사훈(楊士勛)

당대唐代의 경학자. 사문박사四門博士를 역임하였다. 경학에 밝았으며, 특히 『춘추곡량전春秋穀梁傳』에 뛰어났다. 동진東晉 범녕范寧의 『춘추곡량전집해春秋穀梁傳集解』에 의거하고 이전의 학설을 종합하여 『춘추곡량전소春秋穀梁傳疏』를 저술하였는데, 『십삼경주소十三經注疏』에 수록되어 있다.

양시(楊時, 1053~1135) : 구산양씨龜山楊氏·양중립楊中立
➜ 구산학안 참조(298쪽)

 북송北宋의 성리학자·민학閩學의 창시자. 자는 중립中立, 호는 구산龜山, 시호는 문정文靖. 남검주南劍州(지금의 福建省) 장락현將樂縣출신. 1076년 과거에 합격하였으나 10년간 벼슬하지 않다가 후에 벼슬하여 관직이 용도각직학사龍圖閣直學士에 올랐으며, 금金나라에 대항하고 화의和議를 반대하였다. 그는 정호程顥·정이程頤에게서 학문을 배워 정문程門 4대제자 중의 한 사람으로 불린다. 그 계열에서는 주희朱熹·장식張栻·여조겸呂祖謙 등 뛰어난 학자가 많이 배출되었다.

『중용』의 성誠을 가지고 정호·정이의 격물치지설格物致知說을 설명하였으며, 이일분수리一分殊를 설명하면서 그것을 유가의 도덕관념과 인생철학에 구체적으로 운용하고자 하였다. 정호의 우주관을 조술祖述하여 기일원론氣一元論을 주장하였다. 저서로는 『구산집』『구산어록龜山語錄』『이정수언二程粹言』 등이 있다.

양시교(楊時喬, 1531~1609)

명대明代의 역학자. 자는 의천宜遷·조암照庵, 호는 지암止庵, 시호는 단결端潔. 강서성江西省 상요上饒 출신. 1565년 과거에 합격하여 예부원외랑禮部員外郞·이부좌시랑吏部左侍郞을 지냈다. 저서로는 『주역고금문전서周易古今文全書』 등이 있다.

양신(楊愼, 1488~1559)

명대明代의 유학자. 자는 용수用修, 호는 승암升庵, 시호는 문헌文憲. 사천성四川省 신도新都 출신. 1511년 전시殿試에 장원으로 급제하여 한림원수찬翰林院修撰에 제수 되었고, 경연강관經筵講官으로 재직 중 황제의 노여움을 받아 귀양 가서 40년 만에 죽었다.

이동양李東陽을 사사하였고 정주程朱의 이학理學과 육왕陸王의 심학心學을 반대하였으며, 정현鄭玄의 설도 공박하였다. 그는 경서백가經書百家·천문지리天文地理·전장제도典章制度 등을 두루 연구하였고, 사실을 고증하는 데 치중하여 고거학풍考據學風을 열어 주었다. 저술로 『단궁총훈檀弓叢訓』·『기자운奇字韻』·『고음병자古音騈字』·『고음약례古音略例』·『고음총목古音叢目』·『전주고음략轉注古音略』·『석고문음석石鼓文音釋』·『육서색은六書索隱』·『경자난자經子難字』·『수경주패목水經注稗目』·『묵지쇄록墨池鎖錄』·『풍아일편風雅逸篇』이 있다.

양웅(揚雄, B.C.53~A.D.18) : 양자揚子

전한前漢의 유학자. 자는 자운子雲. 양자揚子라 불린다. 촉군蜀郡(지금의 四川省 成都) 출신. 청년시절에 동향의 선배인 사마상여司馬相如의 작품을 통하여 배운 문장력을 인정받아 사부작가辭賦作家로서 성제成帝때 궁정문인의 한 사람이 되었다.

철학에서는 유교와 도교의 영향을 받았다. 그는 인간의 영원한 관심사인 사람의 본성에 관한 학설로 유명하다. 맹자의 성선설이나 순자의 성악설 같은 극단적인 입장을 떠나 인간의 본성에는 선과 악이 뒤섞여 있다고 보았다. 저서로는 『태현경太玄經』·『법언法言』외에 방언을 수집한 『방언方言』 등이 있다.

양응조(楊應詔)

명대明代의 성리학자. 호는 천유天游. 건안建安 출신. 여남呂柟에게서 배웠다. 후에 화양산華陽山에 도종당道宗堂을 짓고 주돈이周敦頤·여남 등에게 제사를 지냈다. 그는 학문을 하는 데에 있어 과욕寡欲과 정심正心을 위주로 하고 불괴천不愧天을 목적으로 하였다. 또한 일체의 현원玄遠·허무虛無의 말을 좋아하지 않았다. 그는 성인의 심心은 명경지수明鏡止水와 같은데 이것이 곧 심의 본체라고 하고, 공부는 이 거울 같은 심의 본체를 닦아 나가는 것이라고 하였다. 저서로는 『민학원류閩學源流』 등이 있다.

양익(梁益)

원대元代의 유학자. 자는 우직友直, 호는 용재庸齋. 강소성江蘇省 강음江陰 출신. 경사經史에 밝았다. 저서로는 『시전방통詩傳旁通』·『시서여詩緖餘』·『사전성씨찬史傳姓氏纂』 등이 있다.

양진(楊震, ?~124)

후한後漢의 금문학자今文學者. 자는 백기伯起. 화음華陰 출신. 50세에 처음으로 군수 벼슬에 올랐으며, 안제安帝 때에 태위에 제수되었다. 청렴결백으로 유명하다. 창읍昌邑을 지날 때 왕밀王密이 밤중에 금10근을 주며 관직을 요청하니 귀신이 알고 너와 내가 안다고 하는 이른바 사지四知를 들어 거부하였다. 경학에 밝고 박람하여 당시에 "관서關西의 공자"라고 불리어졌다. 나중 음해를 받아 죽임을 당하였다.

양호(羊祜)

서진西晉의 인물. 자는 숙자叔子. 태산泰山 남성南城 출신. 양속羊續의 손자. 비서감秘書監을 지냈으며, 무제武帝(265~289)때 형주제군사荊州諸軍事를 감독하였으며, 뒤에 오나라 정벌에 관한 계책을 조정에 올렸다. 죽은 뒤에 태부太傅에 봉해졌다. 그의 식환識環에 관한 일화가 『주자어류朱子語類』 「귀신鬼神」편에 나온다. 즉 그가 5세 때 유모에게 자신이 이전에 갖고 놀던 금반지를 달라고 하자, 유모는 그런 물건이 없었다고 하였는데, 이웃의 이씨집 동쪽 담의 뽕나무 속에서 금반지를 찾아내었다. 유모가 이 사실을 이웃집 주인에게 말하였는데, 그 반지는 죽은 이웃집 아이가 놀다가 잃어버렸던 것이라고 하여, 사람들은 양호가 전생에 이씨집 아들이었다고 여기게 되었다는 일화이다.

언언(言偃, B.C.506~?) : 자유子游

춘추시대 오吳나라의 유학자. 자는 자유子游. 공자의 제자. 공문십철孔門十哲 가운데 한 사람으로서 자하子夏와 함께 문학에 뛰어났다.

『논어』「양화陽貨」에서 보면 그가 노魯나라 무성武城의 읍재邑宰가 되어 있을 때, 공자께서 지나시다가 현가弦歌의 소리를 들으시고 빙그레 웃으시며, "닭 잡는데 소 잡는 칼을 쓰리오?"라고 하였다. 그가 대답하여 말하기를 "예전에 제가 선생님께 듣자오니 '군자가 도를 배우면 사람을 사랑하고, 소인이 도를 배우면 부림이 쉽다'고 하셨습니다."라고 하자 공자께서 "너희들, 언의 말이 옳다. 아까 한 말은 농담일 뿐이야"라고 하여서 조그만 고을에서 예악의 큰 도로써 다스림을 기뻐하셨다. 또한 담대멸명澹臺滅明의 현명함을 알아보고 그를 등용하였다.

공자가 죽은 뒤에는 위魏나라 문후文侯에게 벼슬하였으며, 만년에는 고국인 오나라로 돌아갔다는 설이 있다. 『예기禮記』·『곡례曲禮』·『옥조玉藻』·『단궁檀弓』 등은 그의 일파의 학자들에 의해 이루어진 것으로 보인다. 공자의 문묘文廟 내 대성전에 위패位牌가 봉안되어 있다.

엄찬(嚴粲)

송대宋代의 유학자. 자는 탄숙坦叔·명경名卿·명경明

卿. 복건성福建省 소무邵武 출신. 청상령清湘令을 지냈다. 저서로는 모시毛詩를 정밀히 연구하여 주를 단 『엄씨시집嚴氏詩集』이 있는데, 주희가 그의 설을 수용한 것이 많다.

여구흔(閭邱昕)

남송南宋의 역학자. 벼슬은 이부시랑吏部侍郎을 역임했다. 호원胡瑗의 문하생. 호인胡寅과 함께 『이오군신론二五君臣論』을 지었으나 전하지 않는다.

여기서(余芑舒)

원대元代의 역학자. 자는 덕신德新, 호는 식재息齋. 역 해설서인 『독역우기讀易偶記』를 지었다.

여남(呂柟, 1479~1542)

명대明代 성리학자. 자는 중목仲木, 호는 경야涇野, 시호는 문간文簡. 섬서성陝西省 고릉高陵 출신. 한림원수찬翰林院修撰·국자감좨주國子監祭酒·예부시랑禮部侍郎 등을 역임하였다. 해주판관解州判官으로 있으면서 해량서원解梁書院을 짓고 강학하였다.

그의 학문은 궁리窮理와 실천을 위주로 하였으며, 선지후행설先知後行說·지이행난설知易行難說을 주장하였다. 또한 궁리는 일상생활의 동정어묵動靜語黙하는 가운데 징험徵驗할 수 있으며 격물格物로써 이룰 수 있는 것이라고 하였으며, 치지致知는 보고 들어 아는 것이라고 하였다. 저서로는 『경야집涇野集』·『주역설익周易說翼』·『상서설요尚書說要』·『모시설서毛詩說序』·『춘추설지春秋說志』·『사서인문四書因問』·『이정초석二程抄釋』·『주자초석朱子抄釋』 등이 있다.

여대균(呂大鈞, 1031~1082)

북송北宋의 성리학자. 자는 화숙和叔. 경조京兆 남전藍田(지금의 陝西省) 출신. 여대충呂大忠, 여대림呂大臨과 함께 삼려三呂라고 불린다. 왕궁교수王宮敎授·광록시승光祿寺丞 등을 역임하였다. 처음에는 장재張載와 친구 사이였으나 뒤에 제자가 되었다. 그는 장재의 학설을 지키고 실천하였으나, 장재가 『주역』·『예기』·『중용』을 학문의 근본으로 삼았던 것에 비해, 그는 특히 『예기』를 중시하였다. 장재의 가르침을 바탕으로 하여 『여씨향약呂氏鄕約』을 만들었는데 그 기본 강령은 덕업상권德業相勸·과실상규過失相規·예속상교禮俗相交·환난상휼患難相恤이다. 이 저서는 유교정신을 객관화·구체화 한 것으로 높이 평가되고 있다. 주희의 수정·보완을 거쳐 고려 말에 우리나라에 들어 왔으며, 조선시대에 전국적으로 실시되어 지방 교화와 선도에 큰 역할을 하였다. 저서로는 『사서주四書注』와 『성덕집誠德集』이 있었지만 대부분 없어지고, 지금은 『향약鄕約』과 『향의鄕儀』, 『조설弔說』 등이 남아 있을 뿐이다.

여대림(呂大臨, 1040~1092) : 남전여씨藍田呂氏·여여숙呂與叔

북송北宋의 성리학자·금석학자金石學者. 자는 여숙與叔, 호는 남전藍田. 태학박사太學博士·비서성정자秘書省正字를 역임하였다. 처음에는 장재張載에게 배웠으나, 장재가 죽자 정자 형제분에게서 배웠다. 유초游酢·양시楊時·사량좌謝良佐와 함께 정문사대제자程門四大弟子라 일컫는다. 그의 사상은 나종언羅從彦·이동李侗을 거쳐서 주희朱熹에게 계승되었다. 저서로는 『남전문집藍田文集』·『시설詩說』·『대학해大學解』·『중용해中庸解』·『극기명克己銘』·『미발문답未發問答』 등이 있다.

여불위(呂不韋, B.C.235~292)

전국시대 말기 진秦나라의 정치가. 양적陽翟(河南)의 복양濮陽 출신. 대상인大商人으로 조趙나라의 한단邯鄲으로 갔을 때, 진나라의 서공자庶公子로 볼모로 잡혀 있는 자초子楚를 도왔다.  그의 도움으로 귀국한 자초는 왕위에 올라 장양왕莊襄王이 되었고, 그 공로에 의해 그는 승상이 되어 문신후文信侯에 봉하여졌다. 장양왕이 죽은 뒤 『사기』에 여불위의 친자식이라고 기록된 태자 정政(始皇帝)이 왕위에 올랐다.

최고의 상국相國이 되어 중부仲父라는 칭호로 불리며 중용되었으나, 태후(진시황의 모후)의 밀통사건에 연루되어 상국에서 파면, 자신의 봉지인 허난으로 돌아갔다.

그 후 반란을 두려워한 황제가 그를 촉蜀(지금의 사천성四川省) 지방으로 쫓아버리려 하자 독약을 먹고 자살했다고 한다. 전국시대 말기의 귀중한 사료인『여씨춘추呂氏春秋』는 그가 3000명의 식객들을 시켜 편찬한 것이다.

이 책은 도가사상이 중요한 부분을 차지하나, 유가·병가·농가·형명가刑名家 등의 설도 볼 수 있다. 또한 춘추전국시대의 시사에 관한 것도 수록되어 있어 그 시대를 알 수 있는 중요한 시론서이다.

『여씨춘추呂氏春秋』가 완성되자 여불위는 함양咸陽의 시문市門에 걸어놓고, 이 책의 내용을 한 자라도 고칠 수 있는 사람이 있으면 천금을 주겠다고 하여 완벽한 내용을 과시하였다.

여정덕(黎靖德)

남송南宋의 유학자. 영가永嘉 출신. 사현주부沙縣主簿를 지냈다. 박학하고 문장에 능하였다.『송사宋史』에는 그의 전기가 실려 있지 않으나,『주자어류朱子語類』의 서문을 지었다.

여조검(呂祖儉, ?~1200) : 여자약呂子約

남송南宋의 유학자. 자는 자약子約, 호는 대우大愚, 시호는 충忠. 하동河東 무주婺州(지금의 浙江省 金華) 출신. 여조겸呂祖謙의 동생. 여조겸에게 수학하였다. 대부승大府丞 등을 역임하였다. 학문적으로는 정자程子를 계승하면서 주희朱熹와 육구연陸九淵의 설을 절충하려 하였다. 저서로는 『대우집大愚集』이 있다.

여조겸(呂祖謙, 1137~1181) : 동래여씨東萊呂氏

➤ 동래학안 참조(305쪽)

남송南宋의 유학자며 사학자. 자는 백공伯恭, 호는 동래東萊. 하동河東 무주婺州(지금의 浙江省 金華) 출신. 비서랑秘書郎·저작랑著作郎·태상박사太常博士·국사원편수관國史院編修官 등을 역임했으며, 『휘종실록徽宗實錄』을 개수改修하고 『황조문감皇朝文鑑』을 교정하여 간행하였다. 인격과 학식으로 당시 학자들의 존경을 받았으며, 주희朱熹·장식張栻·육구연陸九淵과 교유하였다. 일찍이 정자의 문인에게서 수업했는데, 주희의 학문과 육구연의 학문을 조화시키고자 하여 「아호鵝湖의 모임」을 주선하기도 했다. 그는 제가의 사상을 두루 익혀 절충적인 학문 경향을 갖고 있었는데, 그 절충의 방향을 '실實'에다 두었다.

주희·육구연의 학설을 겸하여 성리설性理說을 말하면서도, 당시 그 학설들에 공활空豁한 면이 있다고 불만을 갖고 독서와 치용治用을 주장했다. 장식·주희와 더불어 동남의 3현三賢이라 불리었다.

주희와 함께 『근사록近思錄』을 찬했으며 『춘추』·『사기』의 뜻을 따라 『대사기大事記』를 저술하였다. 이 밖에

『동래좌씨박의東萊左氏博議』・『여씨가숙독시기呂氏家塾讀詩記』・『춘추좌씨전설春秋左氏傳說』・『고주역古周易』・『서정고書定考』・『서설書說』・『관잠官箴』・『변망록辨忘錄』 등이 있다.

여희철(呂希哲, 1039~1116) : 여시강呂侍講

북송北宋의 유학자. 자는 원명原明, 호는 영양榮陽. 변경汴京(지금의 河南省 開封) 출신. 범조우范祖禹의 추천을 받아 숭정전설서崇政展設書를 지냈고, 우사간右司諫・비서소감秘書少監 등을 역임하였다. 그의 학문은 일가一家나 일설一說에 얽매이지 않았다. 처음에는 초천지焦千之에게 배워 구양수歐陽修의 재전제자再傳弟子가 되었고, 다시 손복孫復・호원胡瑗・석개石介에게 배웠으며, 소옹邵雍・왕안석王安石에게도 배웠다. 후에 정이程頤・정호程顥와도 교유하였다. 저술로 『여씨잡지呂氏雜志』・『영양공설榮陽公說』 등이 있다.

역발(易祓)

송대宋代의 유학자. 자는 언장彦章・언상彦祥, 호는 산재山齋. 담주潭州 영향寧鄕(지금의 湖南省) 출신. 1184년 과거에 합격하여 저작랑著作郞・예부상서禮部尚書・직학사원直學士院 등을 역임했다. 저서로는 『주역총의周易總義』 20권・『주관총의周官總義』・『역학우易學隅』・『주례석의周禮釋疑』・『우공강리기禹貢疆理記』 등이 있다.

염경(冉耕, 약B.C.544~?) : 염백우冉伯牛·염우冉牛

춘추시대春秋時代 노魯나라의 유학자. 자는 백우伯牛. 공자의 제자. 공문십철孔門十哲의 한 사람으로 안연顔淵·민자건閔子騫과 함께 덕행德行이 뛰어났다. 공자보다 7세 연하이다.

그는 어질었으며 성인의 일면을 갖추고 있었으나 약하였다. 그의 언행에 관한 기록은 『논어』「옹야雍也」에 한 절이 남아 있다. 공자가 노나라 사구司寇로 있을 때, 그는 노나라 중도中都의 장長이었다. 그가 병에 걸리자 공자가 문병가서 창 너머로 그의 손을 잡고 "명命이로구나, 이 사람이 이런 병에 걸리다니."라고 하며 애석해 하였다.

염구(冉求, B.C.522~489) : 자유子有·염유冉有

춘추시대 유학자. 자는 자유子有·염유冉有. 공자의 제자. 공문십철孔門十哲의 한 사람. 노魯나라 출신. 정사에 밝았으며, 『사기』「중니제자열전仲尼弟子列傳」에 의하면 공자보다 29세가 적고 계씨季氏의 재宰를 지냈다고 한다. 그에 대한 기록은 『논어』에 15절이 있다. 그는 부국강병富國强兵의 술術이 뛰어나 노나라가 제나라에게 승리하는 데 결정적인 역할을 하였다.

염약거(閻若璩, 1636~1704)

청대淸代의 경학자·고증학자. 자는 백시百詩, 호는 잠구潛邱. 산서성山西省 태원현太原縣 출신. 어렸을 때는 우둔해 보였고 말도 더듬었다고 한다. 늦은 나이인 40세 때 과거에 급제하고 당시 학계의 유력자이던 서건학徐乾學에게 의탁하여 경서 연구에 전념하였다. 만년에는 옹정제雍正帝의 후대를 받았다.

황종희黃宗羲·고염무顧炎武 등과도 교우 관계가 있었으나, 그들의 학문이 폭넓은 것에 반하여 그는 오로지 경사經史 연구에만 침잠한 철저한 고증학자였다. 따라서 그는 철학적 본체론이나 수양론·경세론에 관심을 두지 않았다. 『상서고문소증尙書古文疏證』에서 그는 정확하고 해박한 고증과 증거를 인용하여 동진 초기에 매색梅賾이 헌상한 고문 25편 및 『상서공전尙書公傳』이 위작임을 논증하였다.

그는 고전 연구에서 어떠한 전통적 학설에도 구애받지 않고 경전의 내용에 대해서까지도 의문을 제기하여 종래의 경전에 대한 성전聖典으로서의 위치를 흔들었으며, 이로써 학문과 사상에 자극을 주었다. 또한 이러한 정신은 청말淸末 공양학파公羊學派에 커다란 영향을 주었다. 저서로는 『상서고문소증尙書古文疏證』 8권, 『사서석지四書釋地』, 『잠구차기潛邱箚記』, 『주자상서고문의朱子尙書古文疑』, 『모주시설毛朱詩說』, 『권서당집眷西堂集』

등이 있다.

염언승(閻彦升)

송대宋代의 역학자.

염옹(冉雍, B.C.522~?) : 중궁仲弓

춘추시대春秋時代 노魯나라의 유학자. 자는 중궁仲弓. 공자보다 29세 연하인 제자. 공문십철孔門十哲의 한사람으로서 안회顔回·민손閔損 등과 함께 덕행에 뛰어났다. 『논어』에 6번 등장하며 계씨季氏의 가신家臣을 지냈다. 아버지의 신분은 비천하였지만 그는 매우 어질었기 때문에 아버지의 악惡을 가릴 수 있었다고 하여, 공자는 『논어』 「옹야雍也」에서 "얼룩소의 새끼가 붉고 뿔이 단정하면 비록 쓰지 않으려 하나 산천의 신神이 버리겠는가?"라고 비유하며 칭찬하였다. 또 그를 군주자리에 앉힐 만하다고 평가하였다.

예사의(倪士毅, 1303~1348) : 신안예씨新安倪氏

원대元代의 유학자. 자는 중홍仲弘, 호는 도천道川, 시호는 문정文靜. 도천선생道川先生. 휴녕休寧(지금의 新安) 출신. 진역陳櫟에게서 배웠으며, 강학에 뜻을 두어 휘주徽州 기문산祈門山에 은거하였다. 평생을 지극한 효도로 일관했고, 사물을 대할 때도 정성을 다했다.

저서로는 『중정사서집석重訂四書集釋』·『작의요결作義要訣』이 있다. 예사의가 그의 스승인 진역陳櫟의 『사서발명四書發明』과 호병문胡炳文의 『사서통四書通』을 산정刪正해서 『사서집석四書集釋』을 만들었는데, 이것이 청나라 영락제 때 호광胡廣이 칙명을 받아 『사서대전四書大全』을 만들 때 근본책이 되었다.

오견(吳堅)

남송南宋의 유학자. 자는 언개彦愷, 태주台州 천태天台 출신. 순우淳祐(1241~1252) 때 과거에 합격하여 태학박사제비서랑太學博士諸秘書郎·섬서추밀원사陝西樞密院使 등을 역임하였다. 원나라가 침략하자, 좌승상 등 여러 대신과 도망쳤으며, 다음 해 태황태후의 명령으로 원나라에 투항하고 원나라 조정에서 벼슬을 하였다. 『춘추春秋』를 좋아하였으며, 인재양성에 뜻을 두고 강학에 힘썼다. 건안간建安刊 『주자어류朱子語類』에 후서를 썼다.

오기(吳綺)

송대宋代의 역학자. 『역설易說』을 지었으나 전하지 않는다.

오사도(吳師道, 1283~1344)

원대元代의 경학자. 자는 정전正傳, 호는 난음산인蘭陰山人. 무주婺州 난계蘭谿 출신. 허겸許謙과 함께 김이상 金履祥에게서 학문을 배웠다. 국자박사國子博士·예부낭중禮部郎中을 역임하였다. 경학을 깊이 연구하여 『역시서잡설易詩書雜說』·『춘추호전부변春秋胡傳附辨』 등을 저술하였으며, 이 밖의 저서로 『전국책교주戰國策校註』·『경향록敬鄉錄』·『예부집禮部集』 등이 있다.

오여필(吳與弼, 1391~1469)

명대明代의 성리학자. 자는 자부子傳, 호는 강재康齋, 별호는 빙군聘君. 강서성江西省 숭인崇仁 출신. 아버지는 국자사업國子司業 오부吳溥임. 성인聖人의 학문에 뜻을 두어 과거를 위한 공리적 학문을 버리고 평생 벼슬을 하지 않았다. 그는 일관되게 마음의 수양과 실행을 설파하였는데, 특히 정호程顥의 학풍에 흥미를 가지고 열중하여 명나라 정주학程朱學의 시조가 되었다. 선천적으로 꾸밈이 없었고 스스로 밭을 갈며 제자들과 생활을 같이 하였다. 그는 실천파 주자학자의 전형적인 인물로서 진헌장陳獻章·누량婁諒·호거인胡居仁 등을 제자로 길러 사상계에 활기를 불어넣었다.

교육에서는 수덕修德을 중시하고 신독愼獨 및 불우인不尤人(남을 허물하지 않음)을 학문의 종지宗旨로 삼았다. 그는 실천궁행實踐躬行에 역점을 두었으며, 경전에 대한 주석 작업을 백해무익이라 하여 천시하였다. 그의 문인 중에서는 순수한 주자학자인 호거인胡居仁, 선禪과 양명학에 가깝다는 평을 받는 진헌장陳獻章이 이끄는 두 학파가 생겼다. 저서로는 『강재집康齋集』 등이 있다.

오역(吳棫, 1100~1154) : 무이오씨武夷吳氏

남송南宋의 경학자. 자는 재로才老. 복건성福建省 건안建安 출신. 태상승太常丞역임. 그는 『상서尙書』의 연구를 통하여 동진東晉 때 매색梅賾이 헌상한 『고문상서古文尙書』가 위서僞書임을 처음으로 주장하였는데, 이는 후에 청대淸代 염약거閻若璩의 『상서고문소증尙書古文疏證』에 영향을 주었다. 음운학音韻學에도 밝아 『자학운보字學韻譜』를 지었는데, 이 책은 비록 착오 및 억설이 발견되기도 하였지만 최초로 고음을 밝혔다는 점에서 긍정적인 평가를 받고 있다. 이 밖의 저서로는 『서패전書稗傳』・『시보음詩補音』・『논어지장論語指掌』・『고이속해考異續解』・『초사석음楚辭釋音』 등이 있다.

오응회(吳應回)

송말宋末의 역학자.

오중우(吳仲迁) : 오씨吳氏

원대元代의 유학자. 호는 가당可堂. 부량浮梁 출신. 박학하였고, 경전에 밝았으며 은거하며 살았다. 저서로는 『사서어록四書語錄』・『경전발명經傳發明』・『춘추기문春秋紀聞』 등이 있다.

오징(吳澄,1249~1333) : 임천오씨臨川吳氏·초려오씨草廬吳氏
→ 초려학안 참조(310쪽)

　원대元代의 성리학자. 자는 유청幼淸, 호는 초려草廬, 시호는 문정文正. 강서성江西省 숭인崇仁 출신. 1308년 국자감승國子監丞이 되고, 후에 한림학사·경연강관 등을 역임했다.

　그의 스승인 정약용程若庸은 주륙화회朱陸和會를 학문의 종지로 삼았으므로 스승을 따라 주희와 육구연陸九淵의 학문을 조화시키고자 하였다. 주희는 도문학道問學을 위주로 하고, 육구연은 존덕성尊德性을 위주로 하였으나, 문학問學은 반드시 덕성德性을 근본으로 해야 한다고 하였다. 그러나 종국에는 주자학朱子學으로 기울었다. 또 독단적이기는 하지만 경전의 비판도 시도하였고, 고고학의 선구자이기도 하였다.

　그는 이기이원론理氣二元論을 주장하지는 않고, 이리가 기氣 가운데 존재하면서 주재자가 되며, 이 밖에 기가 없고, 기 밖에 이가 없다고 강조하였다. 또 사람에게 선악善惡이 있는 것은 기의 청탁淸濁에 말미암는 것으로써, 비록 기질이 다르더라도 본성은 선의 하나라고 하였다.

　그는 『역경』·『서경』·『시경』·『예기』·『춘추』에 대해서 해설하고, 『황극경세서皇極經世書』·『노자老子』·『장자莊子』·『태현경太玄經』·『악률樂律』·『곽박장서郭璞葬書』 등을 교정하였다. 이 외에 『초려정어草廬精語』·『도덕경주道德經注』,『초려오문정공전집草廬吳文正公全集』이 전해진다.『원사元史』에 전기가 보이며, 하도선모설河圖旋毛說을 처음으로 주장하였다.

오호(吳浩) : 신안오씨新安吳氏

송대의 유학자. 자는 의부義夫, 호는 직헌直軒. 오석주吳錫疇(1215~1276)의 아들. 휘주徽州 휴녕休寧출신. 은거하며 벼슬하지 않았다. 저서로는 『직헌대학의直軒大學義』 등이 있다.

옹영(翁泳)

남송南宋의 역학자. 자는 영숙永叔, 호는 사재思齋. 건양建陽 출신. 채연蔡淵에게 수학하였다. 의지가 독실하고 배우기를 좋아했다. 『주역사재구의周易思齋口義』를 지었으나 전하지 않는다.

완일(阮逸)

송대宋代의 유학자. 자는 천은天隱. 복건성福建省 출신. 1027년 과거에 합격한 뒤 호원胡瑗과 함께 천거되어 종관십삼율鍾管十三律을 교정해 1040년 『종율제의병도鍾律制議幷圖』를 찬술해 올렸다. 비각秘閣에서 음악을 관장하였고 둔전원외랑屯田員外郎을 역임했다.

저서에 『악론樂論』,『역전易筌』,『왕제정전도王制井田圖』 등이 있다.

왕거정(王居正, 1087~1151)

송대宋代의 유학자. 자는 강중剛中, 호는 죽서竹西. 양주楊州 강도江都(지금의 江蘇省) 출신. 양시楊時의 문하에서 수학하였다. 1121년 과거에 합격하여 태상박사太常博士가 되었고, 태상소경太常少卿·병부시랑兵部侍郞 등을 역임하였다. 저서로는 『모시변학毛詩辨學』·『상서변학尙書辨學』·『주례변학周禮辨學』·『삼경변학외집三經辨學外集』·『춘추본의春秋本義』·『죽서논어감발竹西論語感發』·『맹자의난孟子疑難』 등이 있다.

왕과(王過)

송대宋代의 유학자. 자는 유관幼觀. 졸재선생拙齋先生으로 불린다. 강서江西의 파양鄱陽 출신. 주자의 문인. 『주자대전朱子大全』에는 그와 관련된 기록이 없으나, 『주자어록朱子語錄』에서 그는 1194년 이후에 주자가 고정考亭으로 돌아와 죽림정사竹林精舍를 세웠을 때 수업을 들었다는 내용이 있다. 주로 사서四書와 관련된 50여 조목이 기록되어 있다.

왕극관(汪克寬, 1301~1372)

원대元代의 경학자. 자는 덕보德輔·중유仲裕, 호는 환곡環谷. 안휘성安徽省 기문祁門출신. 오중천吳仲遷의 제자. 원나라가 멸망하자 과거를 단념하고 경학의 연구와 강학에 몰두하였다. 명나라가 건립된 후 초빙 받아 『원사元史』를 편수하였다. 저서로는 『춘추경전부록찬소春秋經傳附錄纂疏』・『정주역전의음고程朱易傳義音考』・『시집전음의회통詩集傳音義會通』・『예경보일禮經補逸』・『환곡집環谷集』 등이 있다.

왕긍당(王肯堂, 1549~1613)

명대明代의 유학자. 자는 우태宇泰. 강소성江蘇省 금단金壇 출신. 왕초王樵의 아들. 1589년 과거에 합격하여 서길사庶吉士・복건포정사참정福建布政司參政을 지냈다. 저서로는 『상서요지尚書要旨』・『논어의부論語義府』 등이 있다.

왕기(王畿, 1498~1583)

명대明代의 양명학자. 자는 여중汝中, 호는 용계龍溪. 산음山陰(지금의 浙江省 紹興) 출신. 1523년 과거에 합격하였고, 전덕홍錢德洪 등과 함께 왕수인王守仁을 사사하여 문하의 준재俊才가 되었다. 이렇다 할 관직에 나가지도 않고 스승의 사후에는 전덕홍과 함께 묘 옆에 여막을 짓고 3년상을 하였다.

그의 중심사상은 양지良知가 현성現成한다는 것이다. 양지는 수증修證(수양하여 깨달아 아는 것)을 기다려 완성되는 것은 아니며, 현재 자각하는 마음속의 양지가 바로 최고의 양지로써 이것이 바로 현성의 뜻이라고 하였다.

이것은 또 당하구족當下具足(현재 그대로 모두 넉넉히 갖춤)을 말하는 것이라고 하였다. 또한 견문지식을 빌어 양지를 보완하려는 것은 의식意識의 학문이라고 하여 부정하는 동시에, 일용사변日用事變을 떠나 양지를 확립시키려는 생각은 침공沈空의 학문이라고 반대하였다.

저서로는 『용계왕선생문집龍溪王先生文集』· 『용계어록龍溪語錄』 등이 있다.

왕대보(王大寶)

남송南宋의 역학자. 자는 원구元龜. 조주潮州 출신. 예부상서禮部尚書 등 역임. 『주역증의周易証義』10권을 지었으나 지금은 전하지 않는다.

왕박(王朴)

오대五代의 후주後周 때 학자. 자는 문백文伯, 동평東平 출신이다. 세종(954~958) 때 비부낭중比部郎中이 되어 정벌의 비책에 대하여 많이 언급하였고, 시중侍中에 이르렀으며, 54세로 세상을 떠났다. 「흠천력欽天曆」을 만들고, 아악雅樂을 교정하여 후대에 많이 중시되었다. 『주자어류』에서 그의 『신오대사新五代史』와 『사천고司天考』가 간략하지만 매우 엄밀하다고 평하였다.

왕백(王柏,1197~1274) : 노재왕씨魯齋王氏·왕로재백王魯齋柏

남송南宋의 성리학자·경학자. 자는 회지會之, 호는 장

소長嘯·노재魯齋, 시호는 문헌文憲. 절강성浙江省 금화金華 출신. 평생토록 벼슬하지 않았으며, 만년에 이택서원麗澤書院·상채서원上蔡書院에서 강학하였다. 주희朱熹의 문인인 하기何基에게서 도학道學을 닦았다. 그는 의경정신疑經精神에 입각하여 경전뿐만 아니라 주희의 사서주四書注에 대해서도 많은 의문을 제기하였다. 한편 사회현실 문제를 중시하여 부국강병富國强兵을 위해서는 이재理財를 근본으로 해야 하고, 이재는 의義를 이利로 삼아야 한다고 하여 중의경리重義輕利사상을 내세웠다. 저서로는 『논어통지論語通志』·『시의詩疑』·『서의書疑』·『독역기讀易記』·『노재집魯齋集』 등이 있다.

왕번(王蕃)

삼국시대三國時代 오吳나라 학자. 자는 영원永元. 여강廬江 출신. 박학하고 예술에 정통하였다. 처음에 상서랑尙書郞이 되고 경제景帝(258~263) 때에 상시常侍가 되었으나, 모함을 받아 39세 나이로 주살되었다. 혼천의渾天儀를 주석한 그의 혼천설이 매우 정밀하여 『주자어록朱子語錄』에서 자주 인용되고 있다.

왕봉(王逢, 1005~1063)

북송北宋의 역학자. 자는 회지會之. 태상박사太常博士를 지냈다. 여러 책을 보기를 좋아했고, 특히 주역에 관심이 많았으며, 왕필의 역학을 종지宗旨로 삼았다. 저서로는 『역전易傳』 10권, 『건덕지설乾德指說』 등이 있다.

왕부(王符, 85경~162)

후한後漢의 유학자. 자는 절신節信. 안정安定 임경臨涇(지금의 甘肅省 鎭原) 출신. 왕충王充·중장통仲長通과 함께 '후한의 삼재三才'라 함. 미천한 가문에서 서자庶子로 출생하여 고향 사람들에게 천대를 받았으나, 어려서부터 학문을 좋아하고 마융馬融·두장竇章·장형張衡·최원崔瑗 등과 교유하였다. 절의를 굳게 지켰으며 속세에 나오기를 좋아하지 않고 종신토록 은거하였다. 당시 농민폭동 속에서 계속되는 혼란한 시대에 분개하여 『잠부론潛夫論』을 저술, 시대의 폐풍을 논하였다.

그는 음양재이陰陽災異의 설에서 진보한 천인감응설天人感應說을 주장하였다. 위정자爲政者는 하늘을 대신하여 정치를 하는 것인데, 하늘은 백성을 제일 사랑하므로 백성의 희로喜怒에 따라서 상벌賞罰을 주는 선정을 베풀어야 한다고 하였다. 또한 인간을 상지上智·중인中人·하우下愚로 나누는 성삼품설性三品說을 주장하였다. 그는 이 삼품 가운데 바른 성품과 사邪된 성품을 아울러 가진 중인이 가장 많은 비율을 차지한다고 하였다. 그리하여 안연顏淵·민손閔損의 현賢과, 걸왕桀王·도척盜跖의 악惡을 두 극으로 하여 어느 방향으로도 갈 수 있는 가능성이 있다고 하고, 그것에서 교화와 정치의 의의를 인정하였다.

왕부지(王夫之, 1619~1692) : 왕선산王船山

명말청초明末淸初 사상가.

자는 이농而農, 호는 강재薑齋·선산船山·일호도인一壺道人. 호남성湖南省 형양衡陽 출신. 26세 때 명나라가 망하자 민족주의 지배에 굴하지 않고 호남성 산중에서 중화의 도道를 천명하는 일과 민족주의 방도를 탐구하는 일에 전념하였다. 그는 북송의 학자 장횡거張橫渠의 사상에 크게 영향을 받았다. 40년에 걸친 산중에서의 엄격한 학문적 실천에 의하여, 중화의 도를 단절시키지 않는 능동적인 생生과 동動의 철학을 확립하고, 이민족의 지배와 이단(노자·장자의 사상 및 불교)을 단호하게 거부하는 민족적이면서도 당파성을 띤 사상을 구축하였다.

송학宋學의 천리天理·인욕人欲의 설을 반대하고 인욕이 악하다는 것을 인정치 않았다. 즉 천리는 인욕 가운데 있는 것이라서 인욕이 없으면 천리도 역시 발현되어 나올 곳이 없다고 함으로써 인욕이 정도正道가 됨을 인정하였다. 이렇게 하여 송학 이래의 이선기후理先氣後나 '천리를 보존하고 인욕을 물리친다'는 학설, 양명학의 '심외무물心外無物' 등을 모두 비판하고 독자적인 철학 세계를 세웠다.

그의 방대한 전집은 청나라 말기에 고향 사람인 증국번曾國藩 형제에 의해 간행되었으며, 특히 실학을 존중한 젊은 시절의 논저인 『주역외전周易外傳』의 도기론道

器論이나 애국적 중국론『황서黃書』는 청나라 말기의 담사동譚嗣同과 애국인사들에게 큰 영향을 끼쳤다. 그 외의 저서로『독통감론讀通鑑論』·『송론宋論』·『악몽噩夢』·『소수문搔首問』·『사서훈의四書訓義』가 있다. 그의 많은 저서는 대부분 청조에 의하여 금압되었는데, 19세기 후반에 같은 호남성 출신인 증국번에 의하여『선산유서船山遺書』라는 이름으로 간행되었다. 시문에도 뛰어나『시탁詩鐸』·『석당영일서론夕堂永日緖論』의 작품을 남겼다.

왕불저(王不著) : 왕자충王子充

남송南宋의 유학자. 자는 자충子充. 주자의 문인이다.

왕빈(王蘋, 1082~1153) : 왕신백王信伯

송대宋代의 유학자. 자는 신백信伯, 호는 진택震澤. 평강平江 출신. 정이程頤와 양시楊時를 사사하였다. 벼슬은 비서성정자秘書省正字·저작랑통판著作郞通判 등을 역임하였다. 정이의 이학理學을 계승하였으나, 심학心學의 관점에서 해석하여 이학이 심학화되는 데에 중요한 단서를 제공하였다. 저서로는『논어집해論語集解』·『신백집信伯集』이 있다.

왕상경(王湘卿)

송말宋末의 역학자.

왕수인(王守仁, 1472~1528) : 왕양명王陽明·양명陽明

명대明代의 유학자. 양명학陽明學의 개조開祖. 자는 백안伯安. 시호는 문성공文成公. 절강성浙江省 여요현餘姚縣 출신. 소흥紹興의 양명동陽明洞에 살았기 때문에 사람들이 '양명선생陽明先生'이라 불렀다.

그의 인식론에서 지知는 지식을 의미하는 것이 아니라, 수습修習이 요구되지 않는 본래부터 타고난 순수성 그대로의 자발적 능동적인 정의情意를 의미하며, 이 정의는 바로 양지良知를 말한다. 그러므로 지知는 곧 행行이며, 행行은 동시에 지知이다. 행은 사람의 의식意識까지도 포함한다. 지와 행의 본체는 모두 심즉리心卽理로써의 순수심(良知)이기 때문에 지와 행은 본래 하나이며 합일이다. 따라서 그는 "지의 진절眞切하고 독실한 그 자리가 바로 행이며, 행의 명각明覺하고 정찰精察한 그 자리가 바로 지이다. 그러므로 지와 행의 공부는 본래 분리될 수 없다", "지는 행의 주의主意이며, 행은 지의 완성이다"라고 하였다. 그는 치양지致良知의 방법으로 격물格物·성의誠意·정좌징심靜坐澄心·성찰극치省察克治·사상마련事上磨鍊 등을 제기하였다. 그의 저서로는 학문과 사상을 집약한 『전습록傳習錄』이 있으며, 여기에다 시문·주소奏疏·상주문·연보年譜 등을 더한 『왕문성공전서王文成公全書』 등이 있다.

왕순(王循)

명대明代의 학자. 자는 진지進之, 호는 인봉仁峰.

왕숙(王肅, 195~256)

삼국시대三國時代 위魏나라의 경학자. 자는 자옹子雍.

회계會稽 출신. 후한말後漢末의 학자 양사楊賜에게 금문학今文學을 전한 왕랑王郞의 아들. 태수太守·산기상시散騎常侍·광록훈光祿勳 등의 벼슬을 지냈다. 조조의 뒤를 이은 문제文帝가 학교를 일으키고 박사博士의 인원을 증가시켜 유학儒學의 융성을 계획할 때 활약하였다. 가규賈逵·마융馬融의 학문에 영향을 받았으며, 금고문을 절충하여 『상서尚書』·『시경詩經』·『춘추좌씨전春秋左氏傳』·『논어』와 삼례三禮의 주석을 썼는데, 모두 학관學官에 채용되었다. 그가 금고문을 절충한 태도는 정현鄭玄과 같은 것이었지만 매사에 정현을 반박하였다. 특히 『성증론聖證論』은 정학鄭學과 왕학王學의 논쟁 중심이 되었다. 이 밖에 그는 또 공안국孔安國의 『상서전尚書傳』·『논어주論語註』·『공총자孔叢子』·『효경주孝經注』를 지었는데 위작僞作이란 설도 있다.

왕심(汪深, ?~1034) : 주정선생主靜先生

송말원초의 역학자. 자는 만경萬頃. 상산학파象山學派. 『주역점례周易占例』를 지었으나 전하지 않는다.

왕십붕(王十朋, 1112~1171) : 매계왕씨梅溪王氏

송대宋代의 유학자. 자는 귀령龜齡, 호는 매계梅溪, 시호는 충문忠文. 절강성浙江省 악청樂淸 출신. 1157년 정시廷試에 합격하여 용도각학사龍圖閣學士 등을 지냈다. 저서로는 『춘추해春秋解』·『상서해尙書解』·『논어해論語解』가 있다.

왕안석(王安石, 1021~1086) : 임천왕씨臨川王氏·금릉왕씨金陵王氏

북송北宋의 유학자. 자는 개보介甫, 호는 반산半山, 시호는 문文. 강서성江西省 임천臨川 출신. 1058년에 만언서萬言書를 올려 정치개혁을 주장하였으며, 1069년 참지정사參知政事를 거쳐 이듬해에 재상宰相이 되었다. 그는 청묘靑苗·균수均輸·시역市易·면역免役·농전農田·수리水利 등의 신법新法을 적극적으로 추진하여, 대관료지주大官僚地主와 호상豪商의 특권을 억제함으로써, 부국강병을 기약하고 계층간의 갈등을 줄이고자 하였다. 그러나 보수파의 반대에 부딪혀 신정新政의 추진은 실패로 돌아갔다.

그의 인식론認識論에 있어서는 시視와 청聽의 작용을 강조하는 동시에 듣지 않아도 귀가 밝고, 보지 않아도 눈이 밝으며, 생각하지 않아도 얻는다는 선험적인 인식을 인정하였다. 또 인성론人性論에 있어서는 인성人性은 무선무악無善無惡하며 성이 외물의 접촉을 받아서 정情이 되고 난 후에야 선악善惡이 생긴다고 하였다. 그는 문장에 뛰어나 당송팔대가唐宋八大家의 한 사람으로 꼽힌다. 저서 중 현존하는 것으로 『문왕공문집文王公文集』·『주관신의周官新義』가 있다(일부만 남아 있음).

왕염(王炎, 1138~1218) : 신안왕씨新安王氏

남송南宋의 역학자. 자는 회숙晦叔. 담주교수潭州教授를 지냈다. 『역모기易茅記』 8권·『역수계의易數稽疑』 등을 저술하였다.

왕염창(汪炎昶, 1261~1338)

송대宋代의 유학자. 자는 무원懋遠. 스스로의 호를 고일민古逸民이라고 하였고, 학자들은 그를 고일선생古逸先生이라고 불렀다. 무원婺源 출신. 어렸을 때부터 총명해서 배우면 모르는 것이 없었고, 정程·주朱의 성리학을 공부하였다. 벼슬하지 않았으며, 시를 읊고 술 마시기를 좋아했다. 그의 저서로는 『고일민선생집古逸民先生集』 5권 등이 있다.

왕응린(王應麟, 1223~1296)

남송南宋의 유학자. 자는 백후伯厚, 호는 심녕거사深寧居士. 경원부慶元府(지금의 浙江省 鄞縣) 출신. 일찍이 진덕수眞德秀의 제자인 왕야王埜에게서 학문을 전수받고, 누방樓昉에게서 수학하였다. 대주통판臺州通判·비서감秘書監·기거랑起居郎 등을 역임하였다. 후에 중서사인中書舍人·직학사원直學士院을 지냈으나, 송이 망하자 은거하여 강학과 저술로 일생을 마쳤다. 그는 비록 여조겸呂祖謙의 문하에서 나왔으나 실제로는 주희朱熹·육구연陸九淵의 학문까지도 겸비하였다. 경經·사史·제자백가·천문·지리 등을 깊이 연구하였는데, 특히 장고掌故와 제도에 밝았으며 고증에 뛰어났다.

『한서漢書』·『속한서續漢書』 등에 기재된 한나라 시대의 제도를 정밀하게 고증하여 『한제고漢制考』를 지었으며, 독서찰기讀書札記의 형식으로 『곤학기문困學紀聞』을 저술하였다. 또한 유서類書 성격의 『옥해玉海』를 지었으며, 『시고詩考』·『소학감주小學紺珠』·『육경천문편六經天文編』·『소학풍영小學諷詠』·『시지리고詩地理攷』의 저술이 있다.

왕종전(王宗傳)

남송南宋의 역학자. 자는 경맹景孟. 1181년 벼슬에 나아갔다. 왕필王弼의 역설을 따랐고, 상수象數를 배척하였다. "역은 바로 내 마음이요, 내 마음은 바로 역이다(易卽吾心 吾心卽易)"라고 주장하여, 남송에서는 최초로 심역설心易說을 개창하였다. 저서로는 『동계역전童溪易傳』 30권 등이 있다.

왕지장(王志長)

명대明代의 유학자. 자는 평중平仲. 강소성江蘇省 곤산昆山 출신. 1628년경 과거에 급제하였다. 저서로는 『주례주소산익周禮注疎刪翼』 등이 있다.

왕질(王質, 1135~1189)

송대宋代의 유학자. 자는 경문景文, 호는 설산雪山. 강서성江西省 흥국興國 출신. 1160년 과거에 합격하여 태학정太學正·추밀원편수樞密院編修 등을 지냈다. 태학에 있을 때 구강九江의 왕완王阮과 함께 명성이 있었다. 저술로 『시총문詩總聞』 등이 있다.

왕초(王樵, 1521~1599)

명대明代의 유학자. 자는 명원明遠, 호는 방록方麓, 시호는 공간恭簡. 강소성江蘇省 금단金壇 출신. 1542년 과거에 합격하여 형부원외랑刑部員外郞 등을 지냈다. 저서에 『주역사록周易私錄』·『상서일기尙書日記』 등이 있다.

왕초재(汪楚材)

송대宋代의 유학자. 자는 태초太初. 주자가 그의 학덕이 큼을 칭찬하였다.

왕충(王充, 27경~96경)

후한後漢의 혁신적 유학자. 자는 중임仲任. 회계會稽

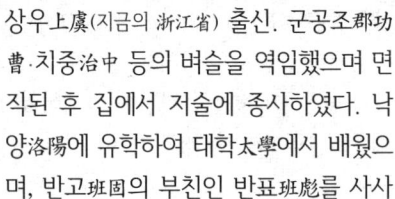

상우上虞(지금의 浙江省) 출신. 군공조郡功曹·치중治中 등의 벼슬을 역임했으며 면직된 후 집에서 저술에 종사하였다. 낙양洛陽에 유학하여 태학太學에서 배웠으며, 반고班固의 부친인 반표班彪를 사사하였다. 가난하여 늘 책방에서 책을 선 채로 읽고 기억했다고 한다. 그는 박람博覽을 좋아하고 장구章句에 구애받지 않았다고 한다. 왕부王符·중장통仲長統과 함께 후한의 삼재三才로 일컬어진다.

우주의 본체를 일원기一元氣라고 하고 그것에서 음양 이기가 나오며, 음양이기가 서로 교합하여 만물을 낳는데, 이러한 천도天道는 무의식無意識·무의지無意志라고 하였다. 따라서 만물이 생겨나는 것은 모두 우연에 의한 것이며, 어떤 목적이나 의지가 있어서가 아닌 자연스러운 현상이라고 하였다.

이러한 점에서 인간이나 만물이 모두 마찬가지이며, 성인聖人이나 범인凡人도 본질적인 차이가 없으나, 다만 인간과 만물, 성인과 범인의 구별이 있는 것은 그 받은 기의 다과후박多寡厚薄의 차이에서 나온다고 하였다. 이 학설은 송대宋代 성리학性理學에서 기질설氣質說의 선구가 되었다.

저서로는 『논형論衡』이 있고, 그 외에 『양생서養生書』·『정무서政務書』 등을 저술하였다고 하나 전하지 않는다.

왕충운(王充耘)

원대元代의 경학자. 자는 경야耕野. 강서江西 출신. 승무랑承務郞에 제수되어 동지영신주사同知永新州事를 지냈으나 후에 사직하고 어머니를 봉양하면서 저술과 교수敎授에 종사하였다. 만년에 『상서尙書』연구에 전념하였고 『채전蔡傳』을 고정考訂하여 『독서관견讀書管見』을 저술하였다. 그는 『서경書經』에서 몇 가지 제목을 뽑아 각각 정문程文을 지음으로써 경의經義의 정식程式에 관한 표준을 예시하였다. 그 외에도 『서의금식書義矜式』·『서의주의書義主意』·『사서경의관통四書經疑貫通』 등의 저서가 있다.

왕통(王通, 584~618) : 문중자文中子

수대隨代의 경학자. 자는 중엄仲淹, 시호는 문중자文中子. 강주絳州 용문龍門(지금의 山西省 河津) 출신. 20세 때 경세經世의 뜻을 가지고 수도인 장안長安으로 가서 수나라 문제文帝를 알현했다. 이때 12조의 태평책太平策을 올렸으나, 공경公卿들의 반대로 받아들여지지 않았다. 이 때문에 고향인 용문현으로 돌아가 저술에 전념하면서 제자를 가르쳤다. 그의 제자는 1,000명을 넘었으며 그중에는 당나라의 문무대관이 된 사람도 적지 않았는데, 하분河汾에서 가르쳤기 때문에 당시에 이들을 '하분문하'라고 불렀다.

그는 유·불·도 3교의 합일을 주장했으며, 기본 바탕은 유학에 두었다. 저작으로는 『중설中說』(일명 『문중자』)이 있다. 『중설』은 그가 문인들과 나눈 대화를 문인들이 분류정리한 책으로, 「왕도王道」·「천지天地」·「사군事君」·「주공周公」·「문역問易」·「예악禮樂」·「술사述史」·「위상魏相」·「입명立命」·「관랑關朗」 각 편을 각각 1권으로 하여, 모두 10권으로 되어 있다.

왕필(王弼, 226~249) : 왕보사王輔嗣

삼국시대三國時代 위魏나라의 도가학자道家學者. 자는 보사輔嗣. 하남성河南省 산양山陽 출신. 상서랑尚書郎을 지냈다. 부하傅嘏와 하안何晏에게서 학문을 배웠으며 종회鍾會와 교유했다. 어려서부터 재주와 학식과 변설辯說로 유명했으며, 노장老莊을 좋아하여 하안何晏·하후현夏侯玄 등과 함께 현학玄學의 청담기풍清談氣風을 열어 '정시지음正始之音'이라 일컬어진다. 그는 『비씨역費氏易』에 근원을 두어 상수象數를 모두 없애고 여기에 노장철학의 의리義理를 덧붙여 『주역주周易註』 6권을 저술했는데, 이것은 당대唐代의 『오경정의五經正義』 중의 『주역정의周易正義』의 근원이 되었다. 또한, 장자의 사상으로 노자를 해석한 『노자주老子註』는 현존하는 노자주 가운데 최고이다. 이 밖에 『주역약례周易略例』·『노자지략老子指略』 등이 있다.

왕필(王佖)

송대宋代의 유학자. 호는 경암敬庵. 문정공文定公 왕회王淮의 손자. 노재魯齋 왕백王柏의 문인. 관직은 복건전운부사福建轉運副使 등을 역임하였다. 진덕수眞德秀의 야기설夜氣說을 좋아하지 않았다. 휘주간徽州刊 『주자어류朱子語類』의 후서를 썼다.

왕황(王璜)

한대漢代의 유학자. 자는 평중平中. 낭야琅邪 출신. 비직費直에게서 『역경易經』을, 서오徐敖에게서 『모시毛詩』와 『고문상서古文尙書』 등을 전수 받았다.

요강(廖剛, 1071~1143)

북송北宋의 유학자. 자는 용중用中, 호는 고봉高峰. 남검주南劍州 순창順昌(지금의 福建省) 출신. 1106년 과거에 합격하여 어사중승御史中丞·공부상서工部尙書 등을 역임하였다. 진관陳瓘·양시楊時에게 수학하였다. 저서로는 『고봉문집高峰文集』 등이 있다.

요덕명(廖德明)

남송南宋의 유학자. 자는 자회子晦, 호는 사계槎溪. 남검주南劍州 순창현順昌縣 출신. 어릴 때 불교에 심취하였다가 양시楊時의 책을 읽고 크게 깨우쳐서 주자의 문인이 되어 40년 이상 섬겼다. 주자에게 학문에 착실하다는 칭찬을 받았다. 1169년 과거에 합격하여 복건福建의 보전현莆田縣지사와 광주廣州지사, 이부좌선랑吏部左選郞을 역임하였다. 주자의 『가례家禮』와 이정二程의 여러 책들을 간행하였다. 『주자어록朱子語錄』은 그가 1173년 이후 주자에게 들은 것으로 300여 조목이 기록되어 있다. 『주자대전朱子大全』에는 주자가 요덕명에게 답하는 18통의 편지가 있다. 주자에게 6차례(1173년, 1178년전후, 1186년전후, 1191년, 1193년, 1199년) 걸쳐서 배웠다. 저서로는 『사계집槎溪集』 등이 있다.

요로(饒魯, 1194~1264) : 쌍봉요씨雙峯饒氏

➤ 쌍봉학안 참조(309쪽)

송대宋代의 유학자. 호는 쌍봉雙峰, 자는 백여伯興·중원仲元. 요주饒州의 여간餘干 출신. 어려서부터 성학聖學에 전념하였으며, 사방으로 강의 요청이 있었다. 면재선생 황간에게서 학문을 배웠다. 평생 동안 벼슬을 안했으므로, 그가 죽은 후 문인들이 그에게 사시私諡를 문원文元이라 올렸다. 저서로는 『오경강의五經講義』·『논맹기문論孟紀聞』·『춘추절전春秋節傳』·『학용찬술學庸纂述』·『근사록주近思錄註』 및 「태극삼도太極三圖」·「용학십이도庸學十二圖」·「서명도西銘圖」 등이 있다.

요소팽(姚小彭)

송말宋末의 역학자.

요순목(姚舜牧, 1543~?)

명대明代의 유학자. 자는 우좌虞佐, 호는 승암承庵. 조정烏程(지금의 浙江省 吳興) 출신. 1573년 발탁되어 신흥현령新興縣令·광창현령廣昌縣令을 지냈다. 당추唐樞와 허부원許孚遠의 학문을 흠모하였다. 저술로는 『역경의문易經疑問』·『상서의문尙書疑問』·『예기의문禮記疑問』·『춘추의문春秋疑問』·『사서의문四書疑問』·『효경의문孝經疑問』 등이 있다.

용인부(龍仁夫, ?~1335)

원대元代의 성리학자. 자는 관복觀復, 호는 인주麟洲. 『주역집전周易集傳』을 지었으며 『신원사新元史』 등에 전기가 보인다.

우번(虞翻, 170~240)

삼국시대三國時代 오吳나라의 경학자, 한대漢代 역술易術의 대성자大成者. 자는 중상仲翔. 절강성浙江省 여요餘姚 출신. 동오東吳의 손권孫權에게 발탁되어 기도위騎都尉에 임명되었다. 그러나 여러 차례의 간언을 한 것이 화가 되어 교주交州로 귀양 갔는데, 귀양지에서도 강학講學을 게을리 하지 않아 문도門徒가 많았다. 그의 고조부 우광虞光은 전한前漢의 금문역학今文易學인 맹씨역孟氏易을 연구하였고, 증조부 우성虞成, 조부 우봉虞鳳, 아버지 우흠虞歆 등이 모두 대를 이어 가학家學을 이루었는데, 그역시 그 영향을 받았다.

그는 조상들의 유업을 이어 맹씨孟氏의 『역경易經』 연구에 전력하였다. 가정 내에서의 훈도로 그는 후에 『역경』의 주注를 이루어 냈다. 그의 역학은 단지 맹씨 일가를 전한 것에만 그치는 것이 아니고, 실제로는 상수역象數易 이래 여러 학자의 학설을 종합한 것이었다. 즉 12월괘十二月卦·유월칠분법六月七分法 등은 맹씨역을 계승했다고 할 수 있고, 팔궁八宮·납갑納甲·호체互體·비복飛伏·효신爻辰·효체爻體·승강升降 등도 모두 수용하였으며, 또한 도사道士 위백양魏伯陽의 단도역丹道易의 납갑설納甲說을 채용하고, 자신의 독창적인 학설이라고 할 수 있는 괘변설卦變說·반상설半象說 등을 덧붙였으므로 후세의 역학자들은 그를 양한兩漢 상수역 발전의 최고봉이라고 일컫는다. 그는 일찍이 『노자老子』·『국어國語』에 대해서도 훈주訓注를 하였다.

그가 지은 『역주易注』는 전하지 않으나, 당唐 이정조李鼎祚의 『주역집해周易集解』에 상당 부분이 채록되어 있고, 청淸 황석黃奭의 『한학당총서漢學堂叢書』, 손당孫堂의 『한위이십일가역주漢魏二十一家注』 등에 집록輯錄되어 있다.

한편 장혜언張惠言은 『주역우씨의周易虞氏義』·『주역우씨소식周易虞氏消息』·『우씨역례虞氏易禮』를 지어 우번의 역설易說을 천명闡明하였는데, 모두『황청경해皇淸經解』에 수록되어 있다.『역주』외에도『노자老子』·『논어論語』·『국어國語』등에도 주석을 하였다고 하나 모두 전하지 않는다.

우엄(于弇)

송대宋代의 역학자.『역의易義』를 지었으나 지금은 전하지 않는다.

우집(虞集, 1272~1348)

원대元代의 성리학자. 자는 백생伯生, 호는 도원道園·소암邵庵, 시호는 문정文靖. 무주撫州 숭인崇仁(지금의 江西省) 출신. 1298년경 천거되어 대도로유학교수大都路儒學敎授에 제수되었다. 그 뒤 국자사업國子司業·한림직학사翰林直學士 등을 지냈으며,『경세대전經世大典』편찬에 참여하였다.

어려서 어머니 양씨楊氏에게 배웠으며, 학문은 정주程朱의 이학理學을 종주宗主로 하였다. 주희朱熹의 이학을 관학官學으로 삼고, 주희의 설을 과거시험의 표준으로 삼자고 주장하였다. 당시의 저명한 학자 오징吳澄과 친하게 지냈으며, 그의 영향으로 주희와 육구연陸九淵의 학문을 종합하려는 성향을 보였다. 후대 김조망金祖望은 그를 '주자학을 근본으로 하면서 육구연의 학문을 겸하였다'고 평하였다. 저서에 『도원학고록道園學古錄』이 있다.

웅붕래(熊朋來, 1246~1323)

원대元代의 경학자. 자는 여가與可, 호는 팽려조도彭蠡釣徒. 예장豫章 출신. 주리州里에 은거하면서 삼례三禮를 교수敎授하다가 후에 천거되어 두 군의 교수가 되었다. 학자들은 그를 '천용선생天慵先生'이라 일컬었다. 특히 오경五經 연구에 조예가 깊어『주역周易』의 선천先天·후천後天,「하도河圖」·「낙서洛書」와 『서경書經』「홍범洪範」의 착간錯簡을 말한『오경설五經說』을 저술하였다. 이 밖의 저서로는 『소학표주小學標注』·『슬보瑟譜』·『천용문집天慵文集』 등이 있다.

웅화(熊禾, 1253~1312) : 물헌웅씨勿軒熊氏

송말원초宋末元初의 역학자. 자는 거비去非, 초명은 삭鑠, 후에 이름을 화禾, 후에 자를 위신位辛으로 바꾸었다. 호는 물헌勿軒 또는 퇴재退齋. 건주建州의 건양建陽 출신. 함순咸淳 10년(1274)에 벼슬길에 올랐다. 송이 망하자 벼슬을 버리고, 후학을 가르치는데 전념했다.

저서에 『주역집소周易集疏』·『시경집소詩經集疏』·『서경집소書經集疏』·『춘추집소春秋集疏』·『춘추논고春秋論考』·『경서학해經序學解』·『물헌집勿軒集』 등이 있다.

원고생(轅固生, 대략 B.C.229~139)

전한前漢의 경학자·금문시학今文詩學인 제시학齊詩學의 창시자. 제齊(지금의 山東縣 淄博市 臨淄) 출신. 경제景帝 때 박사博士가 되었다. 그는 황로黃老의 학문이 성행하던 시기에 유교의 우위를 주장하여 황로학을 반대하는 기치를 들었다. 일찍이 도가道家인 황생黃生과 탕湯·무武의 혁명革命에 대해서 변론하였으며, 두태후竇太后와 함께 유가·도가의 우열에 대하여서도 변론하고, 당시의 정치이념인 황로학黃老學·형명학刑名學과 쟁론爭論하여 유가의 정치적인 지위를 제고提高시켰다. 참위설讖緯說 인용을 좋아하였으며, 음양재이설陰陽災異說로 시정時政을 추론하였다.

학문에서는 정학正學에 힘쓸 것을 강조하고 곡학아세曲學阿世를 배척하였다. 당시 『시경詩經』에는 제齊·노魯·한韓·모毛의 사파四派가 흥기했는데, 『제시齊詩』는 그가 처음 전하였다. 이것은 그 후 계속해서 하후시창夏侯始昌·후창后蒼·익봉翼奉·소망지蕭望之·광형匡衡 등에 의해 전해졌다. 『한서漢書』「예문지藝文志」에 의하면 저서로는 『제후씨고齊后氏故』·『제손씨전齊孫氏傳』·『제잡기齊雜記』 등이 있다고 하지만, 모두 산일되어 전하지 않고, 마국한馬國翰의 『옥함산방집일서玉函山房輯佚書』에 『제시전齊詩傳』이 집록되어 있으며, 진교종陳喬樅은 『제시유설고齊詩遺說考』를 지어 원고생의 학설을 수집하여 해석하였다.

원보(袁甫, 1216년 전후) : 몽재원씨蒙齋袁氏

송대宋代의 유학자. 자는 광미廣微, 호는 몽재蒙齋, 시호는 정숙正肅. 어려서부터 가학을 계승했고, 양간楊簡에게서 배웠다. 저서에 『효설孝說』・『맹자해孟子解』・『몽재중용강의蒙齋中庸講義』・『강동황정록江東荒政錄』・『몽재집蒙齋集』 등이 있다.

원추(袁樞, 1131~1205)

남송南宋의 역학자. 자는 궤중机仲. 국자좨주國子祭酒 등을 지냈다. 『역학색은易學索隱』 1권, 『역전해의易傳解義』・『역동자문易童子問』 등을 지었으나 전하지 않는다.

원헌(原憲, B.C.515~?) : 자사子思・원사元思

춘추시대의 유학자. 자는 자사子思・원사元思. 공자의 제자. 정현鄭玄은 그를 노魯나라 사람이라 하였으며, 『공자가어孔子家語』에는 송宋나라 사람으로 되어 있다. 독서를 즐기고 청빈한 생활을 하였다. 공자가 노나라의 사구司寇가 되었을 때 공자의 가신家臣이 되었다. 『논어』 「헌문憲問」에서 그가 공자에게 부끄러운 것을 묻자 공자는 "나라에 도道가 있을 때 벼슬을 하는 것은 떳떳한 일이지만, 나라에 도가 없을 때 벼슬을 하는 것은 군자君子의 치욕이 된다"고 하였다. 『사기史記』 「중니전仲尼傳」과 『논어』 「옹야雍

也」·「헌문憲問」에 그에 관한 기록이 있다.

원황(袁黃)

명대明代의 학자. 초명初名은 표表, 자는 곤의坤義·의보儀甫, 호는 학해學海·요범了凡·양행재兩行齋. 오강吳江 출신. 보저현寶坻縣의 지사로 있으면서 선정을 베풀었다. 일찍이 자운사慈雲寺에서 공노인孔老人을 만나 일생을 점지받고 운명론자運命論者가 되었다. 그 뒤 1569년 서하사棲霞寺로 운곡선사雲谷禪師를 방문하여 그에게 입명立命에 관한 설을 듣고 크게 깨달아 호를 요범了凡이라고 고치고 이전의 운명을 다시 바꾸었다.

그가 이 실천록을 아들 원천계袁天啓를 위하여 쓴 것이 『음즐록陰騭錄』이다. 그는 유·불·도 삼교를 모두 취하여 행하기 쉬운 도덕을 말하고, 권선징악勸善懲惡의 교화에 힘썼다. 박학하여 하락河洛·상위象緯·율려律呂·수리水利 등 다방면에 걸쳐 연구를 하였다.

저서에 『양행재집兩行齋集』·『음즐록陰騭錄』·『역법신서曆法新書』·『황도수리皇都水利』·『군서비고群書備考』·『입명론立命論』 등이 있다.

위교(魏校, 1483~1543)

명대明代의 성리학자. 자는 자재子才, 호는 장거莊渠, 시호는 공간恭簡. 강소성江蘇省 곤산崑山 출신. 남경형부주사南京刑部主事·낭중郎中·병부랑兵部郎을 거쳐 광동제학부사廣東提學副使가 되었으며 후에 태상시경太常寺卿이 되어 좨주祭酒의 일을 관장하였다. 호거인胡居仁에게서 학문을 배워 주경지학主敬之學을 계승하였으며 유가의 여러 설을 두루 습득하였다. 인성人性에 대해서 천지는 이리가 갖추어지지 않은 것이 없으며 인물지성人物之性은 모두 천지로부터 나온 것이지만 인간은 그 온전함을 얻었고 물物은 치우침을 얻었다고 하였다.

저서에 『대학지귀大學指歸』·『주례연혁전周禮沿革傳』·『춘추경세春秋經世』·『육서정온六書精蘊』·『관직회통官職會通』·『경세책經世策』·『장거유서莊渠遺書』가 있다.

위료옹(魏了翁, 1178~1237) : 학산위씨鶴山魏氏

남송南宋의 성리학자·경학자. 자는 화보華父, 호는 학산鶴山, 시호는 문청文淸. 사천성四川省 포강蒲江 출신. 공부시랑工部侍郞·예부상서禮部尙書를 역임하고, 뒤에 소흥부紹興府 안무사安撫使에 임명되었다. 처음에는 범자장范子長에게서 배우고, 26·27세 때 경사京師에서 주희의 제자인 보광輔廣·이번李燔 등과 교유한 이후 주희를 사숙私淑했다.

그의 인성론人性論은 선악善惡·강유剛柔·현우賢愚에 뜻이 굳고 대본이 확립되면, 기질이 변화를 일으켜 유柔가 강剛이 되고, 우愚가 현賢이 되며, 악惡이 선善이 될 수도 있다고 강조하였다. 한편 노불老佛의 학설에 반대하여 선현先賢은 과욕寡欲만을 말하고 무욕無欲은 말하지 않았다고 하면서 "허무虛無는 도道를 해친다."라고 하였다.

저서에 『구경요의九經要義』・『학산전집鶴山全集』・『경외잡초經外雜鈔』・『고금고古今考』 등이 있다.

위무공(衛武公)

춘추시대春秋時代 위衛의 임금. 이름은 화和. 주周 왕실을 도와 견융犬戎을 토벌하는 데 큰 공을 세웠다. 「억시抑詩」를 지어 스스로를 경계하였다.

위백양(魏伯陽, 약100~170)

후한後漢의 역학자. 강소성江蘇省 상우上虞 출신. 도술道術을 좋아하여 『주역』을 빌어서 연단법鍊丹法을 설명하는 『주역참동계周易參同契』를 지었는데, 여기에서 음양소식陰陽消息의 도道로써 장생구시長生久視의 이치를 설명하고 효상爻象을 빌어서 작단作丹의 뜻을 논하였다. 이 밖에 『주역오상류周易五相類』・『참동계오행상류參同契五行相類』 등이 있다.

위산선사(潙山禪師, 771~853)

당대唐代의 승려僧侶. 휘諱는 영우靈祐. 위산潙山은 호

남성湖南省 영향현寧鄉縣 서쪽에 있는 산으로 그가 이곳에서 수도하였다. 선문禪門의 종파로 위앙종潙仰宗이 있는데, 위산선사의 영우靈祐와 앙산仰山선사의 혜적慧寂을 시조로 한다. 『주자어류朱子語類』에 자주 인용되어 있다.

유개(劉槪)

남송의 역학자. 자는 중평仲平. 『역계사易繫辭』 10권을 지었으나 전하지 않는다.

유건(劉健)

명대明代의 학자. 자는 희현希賢, 시호는 문정文靖. 낙양洛陽 출신. 일찍이 정민정程敏政이 자신에 대하여 시詩를 못한다고 말한 것에 앙심을 품고 있다가, 1499년 급사중給事中이었던 화천華泉, 이동양李東陽과 함께 회시會試의 감독관이었던 정민정을 뇌물을 받고 과거문제를 팔았다고 무고하여 옥사를 일으켰다.

퇴계退溪는 당시에 거짓으로 탄핵하려는 자가 유건의 속마음을 알고 부화뇌동한 것으로 볼 수 있다고 하였다 (『心經附註』, 권4, 「心經後論」).

유관(劉寬, 120~185)

후한後漢의 유학자. 자는 문요文饒, 시호는 소열昭烈. 홍농弘農 화음華陰(지금의 陝西省) 출신. 상서령尚書令·태위太衛 등을 지냈다. 젊어서 상서구양씨학尚書歐陽氏學과 경씨역학京氏易學을 배웠으며, 특히 『한시외전韓詩外傳』에 뛰어났다.

유근(劉瑾)

원대元代의 유학자. 자는 공근公瑾. 강서성江西省 안복安福 출신. 평생 은거하여 학문에 전념하였다. 저서로는 『시전통석詩傳通釋』 『악려성서樂呂成書』 등이 있다.

유맹용(劉孟容) : 유공도劉公道

송대宋代의 유학자. 자는 공도公度. 융흥부隆興府 출신. 과거에 합격하여 남강의 수령首領이 되었다. 주자는 그가 근결謹潔하고 자호自好하며 학문에 방도가 있다고 칭찬하였다.

유면지(劉勉之, 1091~1149) : 유빙군劉聘君

북송北宋의 성리학자. 자는 치중致中, 호는 백수白水. 유빙군劉聘君이라 불린다. 복건성福建省 숭안崇安 출신. 어려서 향리에서 천거받아 태학太學에 들어갔으며 초정譙定에게서 『주역』을 배우고 낙학洛學을 전수받았다. 후에 남검학파南劍學派의 양시楊時에게서도 수학하였으며 호헌胡憲·유자휘劉子翬와 교유하였다. 뒤에 출사出仕하였으나 곧 사직하고 집에 학당을 설치하여 제자 양성에 힘썼다. 주송朱松이 죽으면서 그에게 아들 주희를 맡기자, 주희를 보살피고 학문을 가르쳤으며 사위로 삼아 주희가 학문에 계속 전념할 수 있도록 도움을 주었다.

유미소(劉彌劭, 1105~1186)

남송南宋의 역학자. 벼슬에 나아가지 않고 가학家學을 승계하였다. 『역고易稿』를 지었으나 전하지 않는다.

유상(劉翔)

남송의 역학자. 자는 도남圖南. 복주福州 출신. 담주교수潭州教授 등을 역임했다. 모든 경전에 통달했고, 특히 주역에 뜻을 두어 1145년에 『역해易解』6권을 지었으나 지금은 전하지 않는다.

유안(劉安, B.C.179~122)

전한前漢의 사상가思想家·문학가文學家. 패군沛郡 풍豊(지금의 江蘇省 豊縣) 출신. 한 고조高祖의 손자이며, 아버지의 뒤를 이어 회남왕淮南王에 봉해졌다. 독서를 좋아하고 거문고를 즐겼으며, 문장에 뛰어나 무제武帝의 명을 받들어 『이소전離騷傳』을 지었다.

그는 우주 만물이 모두 도道에서 파생된 것이며, 도는 은택이 깊고 두터운 것으로, 너무 높아서 다가갈 수 없고 너무 깊어서 헤아릴 수 없으며 음양을 담고 있는 것이라고 생각했다. 인식론의 측면에서는 후천적인 학문과 교양을 강조했으며, 정치적으로는 무위이치無爲而治를 주장했다. 그는 유가儒家를 '속세의 학문'이라고 공격했다. 후에 모반을 꾀했다가 발각되어 자살했는데, 그 연루자가 수천 명에 달했다.

저서로는 빈객과 방사方士 수천 명을 불러 『홍렬鴻烈』(후에 『회남홍렬淮南鴻烈』·『회남자淮南子』로 불림)을 지었는데, 이는 『한서』 「예문지藝文志, 잡가雜家」에 저록되어 있다. 이 외에도 문집이 있었으나 현재는 전하지 않는다.

유안세(劉安世,1048~1125) : 유충정공劉忠定公·유기지劉器之·원성유씨元城劉氏

북송北宋의 유학자. 자는 기지器之, 호는 원성元城. 위魏(지금의 河北省 大名) 출신. 사마광에게 수학하였다. 사마광司馬光·여공저呂公著의 추천을 받아 좌간의대부左諫議大夫·추밀도승지樞密都承旨 등을 역임하였다. 상수학과 의리학을 겸하여 『주역』을 연구해야한다고 주장하였다. 저술에는 『원성어록元城語錄』·『진언집盡言集』·『행록行錄』 등이 있다.

유약(有若, B.C.538(518)~457) : 자유子有

춘추시대春秋時代 노魯나라의 유학자. 자는 자유子有. 공자의 제자. 공문 제자 가운데 덕망이 높아 존숭 받았다고 한다. 그는 예禮의 주체를 공경恭敬

이라 하였으며 효孝·제悌를 인仁의 근본으로 중시하였다. 『논어』「학이學而」에 그에 관한 기록이 보인다.

유약(劉爚, 1144~1216)

남송南宋의 역학자. 자는 회백晦伯, 시호는 문간文簡. 국사원편수관國史院編修官 등을 역임. 주희朱熹의 문인. 『역경설易經說』을 지었으나 전하지 않는다.

유요부(劉堯夫) : 유순수劉淳叟

남송南宋의 유학자. 자는 순수淳叟 또는 순수醇叟. 유순수劉淳叟라 불린다. 강서江西 무주撫州 전계현全溪縣 출신. 주자의 문인. 17세에 육상산陸象山 형제들을 스승으로 모셨으며, 정좌靜坐공부를 좋아하였다. 1169년 태학太學에 입학하여 수학하였으며, 1175년에 과거에 합격한 뒤 국자정國子正, 융흥부통판隆興府通判 등을 역임하였다. 『주자어류朱子語類』와 『주자대전朱子大全』에 그의 기록이 보인다. 주자의 문하에서 오래 있었으나, 자주 주자의 꾸지람을 받았으며, 결국 나중에 큰 낭패를 보았다.(『心經釋疑』)

유이(劉彛, 1017~1086) : 장락유씨長樂劉氏

북송北宋의 성리학자. 자는 집중執中. 장락유씨長樂劉氏라 불리었다. 복주福州 출신. 어려서 호원胡瑗에게 배움. 경력慶曆 중기에 과거에 합격하여서 구산朐山의 영슝, 나중에 처주處州의 장관이 되어 잘 다스렸다. 『정속방正俗方』·『주역주周易注』를 지었으나 지금은 전하지 않고, 『칠경중의七經中議』 170권·『명선집明善集』 30권·『거역집居易集』 30권이 있다.

유인(劉因, 1249~1293)

원대元代의 성리학자. 자는 몽길夢吉, 호는 정수靜修, 시호는 문정文靖. 하북성河北省 용성현容城縣 출신. 처음에는 훈고소석訓詁疎釋에 치중하였으나, 후에 조복趙復으로부터 주돈이周敦頤·이정二程·장재張載·주희朱熹의 책을 얻고서 정주학의 연구에 전념하였다. 우찬선대부右贊善大夫로 임명되었으나 오래지 않아 사직하고, 후에 집현학사集賢學士 가의대부嘉義大夫에 임명되었으나 역시 응하지 않고 처사로 지냈다. 저서로는 『사서집의정요四書集義精要』·『정수선생문집靜修先生文集』이 있다.

유자휘(劉子翬, 1101~1147) : 병산유씨屛山劉氏

송대宋代의 성리학자. 자는 언충彦沖·병산屛山. 복건성福建省 숭안崇安 출신. 음보蔭補로 관위官位를 받고 지방관을 역임하였다. 정강靖康의 변變으로 북송北宋 왕조가 붕괴하고 아버지도 순사殉死하자 관직을 사퇴하고 귀향하였다. 이후로 병옹病翁이라 자칭하고 여생을 강학講學과 시작詩作으로 보냈다. 처음에는 선승禪僧과 교제하여 불교에서 도道를 구하였으나, 귀향 후에는 관심을 돌려 『주역周易』연구에 힘썼으며, 특히 「복괘復卦」를 역학의 문호門戶로써 중시하였다. 동향의 호헌胡憲·유면지劉勉之와 교유하였으며, 이들과 함께 유년시절의 주희朱熹를 교육함으로써 '건안삼선생建安三先生'이라고 일컬어진다.

유작(劉焯, 544~610)

수대隋代의 경학자·천문학자. 자는 사원士元. 신도창정信都昌亭(지금의 河北省 冀縣) 출신. 유헌지劉獻之의 3제자 가운데 한 사람으로 모시학毛詩學을 전수 받았고 『예기禮記』를 웅안생熊安生으로부터 배웠으며, 유현劉炫과 함께 이유二劉라고 불렸다. 천문학에 정통하여 이차차보간법공식二次差補間法公式을 만들어 태양과 달 운동의 불규칙성을 계산으로 해결하였고, 평기平氣 대신 정기定氣를 사용할 것을 주장하였다. 604년 『황극력皇極曆』을 편찬하였고, 관력官曆으로 채택되지는 못했지만 당대력唐代曆에 큰 영향을 끼쳤다. 이 외에 『역서曆書』가 있고, 『오경술의五經述議』는 전해지지 않는다. 청대 마국한馬國翰의 『옥함산방집일서玉函山房輯佚書』에 『상서유씨의소尚書劉氏義疏』가 수집되어 있다.

유종원(柳宗元, 773~819)

당대唐代의 유학자. 자는 자후子厚. 사람들은 유하동柳河東이라고 한다. 하동河東 해현解縣(지금의 山西省 運城

縣 解州鎭) 출신. 교서랑校書郞·남전위藍田尉를 거쳐 감찰어사監察御史가 되었다. 후에 왕숙문王叔文의 사건에 연좌되어 영주사마永州司馬로 좌천되고 이어 유주자사柳州刺史로 옮겼다. 이로써 유유주柳柳州라고도 하였다. 관직에 있을 때 한유韓愈·유우석劉禹錫 등과 친교를 맺었다. 왕숙문王叔文의 신정新政에 참여하였으나 실패하여 변경지방으로 좌천되었다. 사상적으로 유가儒家에 속하는 그는 좌절과 13년간에 걸친 변경에서의 생활이 그의 사상과 문학을 더욱 심화시켰다.

한유가 전통주의인데 반하여, 그는 유가를 종지宗旨로 유儒·불佛·도道 삼교의 조화를 주장하고 신비주의를 배격한 합리주의적 입장을 취하였다. 그는 원기元氣를 물질의 객관적인 존재라고 하여 원기의 위에 최고의 주재자가 있다는 설을 근본적으로 부인하였으며, 천지天地·원기·음양陰陽은 공功 있는 자를 상 주거나 죄 있는 자를 벌 줄 수 없다고 주장하여, 당시 유행한 인과응보사상因果應報思想에 커다란 타격을 주었다.

저서 가운데 『천설天說』·『비국어非國語』·『봉건론封建論』 등은 뛰어난 저술로 평가받고 있으며, 시문집 『유하동집柳河東集』·『외집外集』·『보유補遺』 등이 있다.

유지기(劉知幾, 661~721)

당대唐代의 사학자. 자는 자현子玄. 강소성江蘇省 팽성彭城출신. 680년 과거에 합격하였다. 사관史官을 지냈으며 벼슬이 좌산기상시左散騎常侍에까지 이르렀으나, 후에 안주도호부별가安州都護府別駕로 좌천되었다. 평생동안 역사학 연구에 몰두했으며 『측천황제실록則天皇帝實錄』의 편찬에 참가했다. 많은 책을 저술했으며 현재까지 남아 있는 『사통史通』은 최초의 사학평론서이다. 그는 이 책에서 상고上古시대부터 당대唐代까지 씌어진 모든 역사저작물을 논평하고, 아울러 사학자라면 당연히 재才·학學·식識의 3가지 면에서 뛰어나야 하며, 이중에서도 역사에 대한 식견이 특히 중요하다고 했다. 또한 올바른 사관은 사실을 있는 그대로 기록하는 것을 귀중하게 여겨야 하며, 잘못을 은폐하거나 잘한 것을 과장해서는 안 된다고 강조함으로써, 이전 사관들이 과장하여 사실을 왜곡한 폐단을 지적했다.

유창(劉敞, 1019~1068)

북송北宋의 경학자. 자는 원부原父. 공시선생公是先生이라 불렸다. 강서성江西省 신유新喩 출신. 집현원학사集賢院學士·판남경어사대判南京御史臺를 역임하였다. 그는 6경을 기초로 불교·도교·복서卜筮·천문학·약학·지리학 등을 두루 연구하였으며, 특히 춘추학春秋學에 조예가 깊어 『춘추春秋』를 새롭게 해석하는데 주력하였지만

7경(『尙書』·『毛詩』·『周禮』·『儀禮』·『禮記』·『春秋公羊傳』·『論語』)에 대해서도 독창적인 해석을 하였다. 그의 해석은 전통의 속박에 얽매이지 않고 한유를 비판하였다. 저서로는 『춘추권형春秋權衡』·『춘추전春秋傳』·『춘추의림春秋意林』·『칠경소전七經小傳』·『공시집公是集』·『춘추유씨전春秋劉氏傳』·『춘추문권春秋文權』·『춘추설례春秋說例』 등이 있다.

유청지(劉淸之, 1138~1195) : 유자징劉子澄

남송南宋의 유학자. 자는 자징子澄, 호는 정춘선생靜春先生. 주자의 문인. 1157년 과거에 합격하여 건덕현주부建德縣主簿·악주통판鄂州通判 등을 지냈으며, 후에 귀향하여 괴음정사槐陰精舍를 짓고 후학을 가르쳤다. 그는 주자가 『소학小學』을 편찬할 때 그 일을 주간하였다. 저서로는 『증자내외잡편曾子內外雜篇』·『제의祭儀』·『시령서時令書』·『속설원續說苑』·『훈몽신서訓蒙新書』·『계자통록戒子通錄』·『묵장총록墨莊總錄』 등이 있다.

유초(游酢, 1053~1123) : 광평유씨廣平游氏·유정부游定夫

북송北宋의 성리학자. 자는 정부定夫, 호는 채산廌山·광평廣平. 복건성福建省 건양현建陽縣 출신. 형 유순游醇과 함께 문재文才로 명성이 있었다. 부구현扶溝縣에서 지방 교육을 담당하였으나, 후에 태학박사太學博士·감찰어사監察御史 등을 역임하였다. 이정자二程子의 수제자로서 스승의 학문을 주희에게 계승하는 역할을 하였으며, 사량좌謝良佐·양시楊時·여대림呂大臨과 같이 '정문사선생程門四先生'이라고 칭해진다.

저서로는 『역설易說』·『중용의中庸義』·『논어맹자잡해論語孟子雜解』 등이 있다.

유향(劉向, B.C.77~6)

전한前漢의 경학자·목록학자目錄學者. 자는 자정子政. 강소성江蘇省 패沛 출신. 한나라 고조高祖의 배다른 동생 유교劉交의 4세손으로 유흠劉歆의 아버지. 선제宣帝 때 명유名儒로 선발되어 석거石渠에서 오경五經을 강론하였으며, 간대부諫大夫·종정宗正 등의 벼슬을 하였다.

당시에는 수많은 선진先秦의 고적古籍이 흩어져 없어졌는데, 그는 진농陳農에게 유서遺書를 구해오게 하고 자신은 비서성秘書省에서 경전經傳을 교감校勘하였으며, 책이 완성될 때마다 편목篇目을 조목조목 나누고 그 대의大意를 기록하여 『별록別錄』을 만들었는데, 이 업적으로 인하여 목록학의 비조鼻祖로 일컬어진다. 우리가 지금 볼 수 있는 상당수의 선진 전적은 대부분 그의 손을 거쳐서 세상에 전해지게 된 것이며, 후에 아들 유흠은 그의 유업을 계승하여 여러 서적을 총괄해서 『칠략七略』을 만들었다. 정치에서 예악禮樂을 중시하고, 음악이 인심의 반영이라고 보고 음악론과 인성론人性論을 결합시켰다. 저서에『홍범오행전론洪範五行傳論』·『오경통의五經通義』가 있었다고 하나 전해지지 않으며, 마국한馬國翰의『옥함산방집일서玉函山房輯佚書』에 모아져 있다. 편저에『설원說苑』·『신서新序』·『열녀전烈女傳』·『전국책戰國策』·『별록別錄』이 있다.

유현(劉炫, 549~617)

수대隋代의 경학자. 자는 광백光伯. 하북성河北省 경성景城 출신. 왕소王邵와 함께 국사를 찬수纂修하고 문하성門下省에서 고문顧問을 지냈으며, 내사성內史省에서 유생儒生들과 함께 오례五禮를 수정修定하여 여기위旅騎尉에 임명되고 후에 태학박사太學博士가 되었다.

그는『위고문상서공씨전僞古文尚書孔氏傳』을 진서眞書로 믿었으며『연산역連山易』·『노사기魯史記』등을 위조僞造하였다. 뒤에 공영달孔穎達은 그의 학설을 높이 평가하여『오경정의五經正義』를 찬수할 때 그의 학설을 많이 흡수하였다. 유작劉焯과 함께 '이류二劉'라고 병칭되었으며 죽은 뒤 문인들이 선덕선생宣德先生이라는 시호를 올렸다.

저서에『논어술의論語述義』·『춘추술의春秋述義』·『상서술의尚書述義』·『모시술의毛詩述義』·『효경술의孝經述義』·『오경정명五經正名』등이 있다.

유협(劉勰, 465~522)

남조시대南朝時代 제齊·양대梁代의 문학 비평가文學批評家. 자는 언화彦和. 어렸을 때 집안이 가난하여 승려들의 보살핌을 받고 자랐다. 불교의 경론에 널리 통달하였다. 양梁나라에서 낮은 벼슬을 지내다 만년에 출가하여 승려가 되었다. 양나라 무제武帝 때에 동궁통사사인東宮通事舍人이 되고 이어 보병교위步兵校尉가 되었다. 대표적인 저작으로 『문심조룡文心雕龍』과 『유자劉子』가 있다. 『문심조룡文心雕龍』에서는 문학이론을 체계적으로 정리하는 한편, 문학의 모범을 오경五經에서 찾고자 하였다.

유환(劉瓛, 약434~489)

남조南朝의 제齊나라 역학자. 자는 자규子珪, 시호는 정간貞簡. 오경에 널리 통했으며, 특히 주역에 정통하였다. 저서로는 『주역건곤의周易乾坤義』·『주역사덕례周易四德例』·『주역계사의소周易繫辭義疏』·『주역의소周易義疏』 등이 있으나, 지금은 전하지 않고 청淸나라 사람의 집본輯本이 전한다.

유흠(劉歆, B.C.53.~A.D.23)

전한前漢 경학자. 자는 자준子駿, 후에 이름을 수秀, 자를 영숙穎叔으로 고쳤다. 유향劉向의 아들이다. 『시경

詩經』・『상서』에 조예가 깊었다. 양웅揚雄과 동시대의 인물로서 함께 부賦에 뛰어 났지만 양웅에게는 미치지 못했고 경학經學으로 더 유명했다.

그는 고서古書를 교열하다가 『춘추좌씨전春秋左氏傳』을 얻어 크게 기뻐하고, 아울러 고문경서古文經書를 수집하여 그에 관한 연구를 통해 종사宗師가 되었다. 저서로는 『삼통력보三統曆譜』 등이 있다. 원래 문집이 있었으나 없어지고, 명대明代에 『유자준집劉子駿集』으로 수집되었다.

유희(劉熙)

후한後漢의 훈고학자訓詁學者. 자는 성국成國. 산동성山東省 북해北海 출신. 그는 문자의 의미를 설명할 때, 한 대에 유행한 방법, 즉 그 문자와 같거나 근사한 음을 가진 문자로 해석하는 이른바 '성훈聲訓'의 방법을 이용하여 『석명釋名』을 저술하였다. 『석명소증釋名疏證』의 저자인 청대淸代 필원畢沅에 의하면, 『후한서後漢書』「문원전文苑傳」에 기록된 유진劉珍의 『석명釋名』을 유희가 보충하여 완성시키고, 삼국시대三國時代 오吳의 위소韋昭가 관직에 관한 부분을 보충하였을 것이라고 하였다. 이 밖의 저서로는 『맹자주孟子注』가 있다.

육가(陸賈, B.C.240~170)

전한前漢의 유학자. 초楚나라 출신. 변론辯論에 능한

학자였다. 한漢 고조高祖를 도와 천하를 평정하였다. 한초漢初에 고조에게 벼슬하면서 항상 『시경』·『서경』을 진언하고, 인의의 정치 시행을 주장하였다. 그 후 남월왕南越王을 항복시킨 공으로 태중대부에 임명되었다.

그는 유가와 도가사상의 조화를 이루고자 하는 경향을 갖고 있었으나, 노자老子의 은둔주의와 독선적인 윤리의식, 그리고 신비주의를 크게 배척하여 유가의 본령을 견지하였다. 그가 고조에게 올린 『신어新語』에서는 덕德에 의한 왕도정치王道政治를 존중하고 힘에 의한 패도정치霸道政治를 배격하며, 정치의 요도要道는 수신修身에 있다고 하는 정론政論을 폈다.

저서에 『신어新語』가 있는데, 23편 중 11편은 산일되었고, 「도기道基」·「술사術事」·「보정輔政」·「무위無爲」·「변혹辨惑」·「신미愼微」·「자집資執」·「지덕至德」·「회려懷慮」·「본행本行」·「명계明誡」·「사무思務」 등 12편만이 전한다.

육구령(陸九齡, 1132~1180)

남송南宋의 심학자. 자는 자수子壽, 호는 복재復齋, 시호는 문달文達. 무주撫州 금계金溪(지금의 江西省에 속해 있음) 출신. 육구소陸九韶의 동생이며, 육구연陸九淵의 형으로서 이들의 학문을 '삼육자三陸子의 학문'이라고 병칭한다. 1168년 과거에 합격하여 처음에는 계양군학교수桂陽軍學教授를 제수 받았으나 후에 흥국군교수興國

軍敎授·전주교수全州敎授를 역임했으며, 육구연과 함께 아호鵝湖에서 강학하여 이육二陸으로 불리기도 하였다.

어려서 성현의 말씀을 스승으로 삼아 공부했으며, 장성해서는 오로지 정호程顥와 정이程頤의 학설을 존숭하였다. 그 당시에 황로黃老의 학문을 들었는데 예법禮法을 따르지 않자 개연히 "이것은 내가 바라던 학문이 아니다"라 하고 돌아가 버렸다. 그러나 당시 이부원외랑吏部員外郎이었던 허흔퇴許忻退를 만난 뒤부터 백가百家의 설을 널리 읽어 음양陰陽·오행五行·복서卜筮 등의 설에도 달통했다고 한다.

그는 강학을 전폐하고 천리踐履(윤리의 실천)에 힘써야 한다고 강조하면서, 천리를 통해서 성찰省察을 해야 본심本心을 깨달을 수 있다고 주장하였다. 또 일상생활과 윤리倫理를 외면하면서 심心과 도道만을 말하는 태도에 반대하였다. 저서로 『복재문집復齋文集』이 있다.

육구소(陸九韶)

남송南宋의 학자. 자는 자미子美, 강서성江西省 무주撫州 금계金溪 출신. 동생인 육구령陸九齡과 육구연陸九淵 등과 함께 '삼육자三陸子의 학문'이라 일컬어진다. 벼슬하지 않고 사산梭山에 은거하면서 강학講學에만 힘썼으므로 '사산선생梭山先生'이라 불렸다.

『태극도설太極圖說』은 주돈이周敦頤의 저작이 아니라고 주장하였으며, 주희와 논쟁을 벌려 태극太極 위에 무극無極을 설정함은 잘못이라고 보았다.

저서로 『사산일기梭山日記』·『사산문집梭山文集』 등이 있다.

육구연(陸九淵, 1139~1192) : 육자정陸子靜·상산육씨象山陸氏 ➔ 상산학안 참조(306쪽)

남송의 심학자. 자는 자정子靜, 호는 상산象山, 자호는 존재存齋. 강서성 금계金溪 출신. 동시대 주희의 학설을 서간이나 토론으로 비판하면서 후에 양명학으로 발전하는 육학陸學을 정립하였다. 그의 심즉리설心卽理說은 왕양명이 실천에 중점을 두는 심학, 즉 지행합일知行合一을 계승함으로써 육왕학파陸王學派로 성립되었으며 시호는 문안文安이다. 저서에 『상산전집』·『외집外集』·『어록語錄』이 있다.

육원랑(陸元朗, 550~630) : 육덕명陸德明·육씨陸氏

당대唐代의 경학자·훈고학자訓詁學者. 자는 덕명德明. 육덕명陸德明이라 불린다. 강소성江蘇省 오현吳縣 출신. 수隋 양제煬帝 때 비서학사秘書學士로 발탁되고 국자조교國子助敎를 지냈으며, 당에서는 국자박사國子博士가 되었다. 그는 한漢·위魏·육조六朝시대의 음절 230여 가家의 음절을 채록하고 여러 학자의 훈고訓詁와 각 판본의 이동異同을 고증한 『경전석문經典釋文』·『역소易疎』·

『노자소老子疏』를 저술하였다.

육병(陸秉)

북송시대의 역학자. 자는 단부端夫. 『주역의학周易意學』 6권을 찬하였다.

육전(陸佃, 1042~1102) : 산음육씨山陰陸氏

북송北宋의 유학자. 자는 농사農師, 호는 도산陶山. 산음山陰 출신. 가난했기 때문에 달빛으로 공부할 정도로 어려웠다. 왕안석에게 글을 배웠으나 신법을 반대하였다. 저서로는 『비아埤雅』『예상禮象』『춘추후전春秋後傳』『할관자주鶡冠子注』『도산집陶山集』 등이 있다.

윤돈(尹焞, 1071~1142) : 화정윤씨和靖尹氏

북송北宋의 성리학자. 자는 언명彦明, 호는 삼외재三畏齋. 자호는 화정처사和靖處士. 낙양洛陽 출신. 윤원尹源의 손자. 정이程頤의 문인으로 종신토록 벼슬을 사양하여 나아가지 않고, 다만 말년에 숭정전설서겸시강崇政殿說書兼侍講을 잠시 역임했다. 저서로는 『화정집和靖集』과 『논어맹자해論語孟子解』 등이 있다.

이개(李開, 1135~1176)

남송南宋의 역학자. 자는 거비去非, 호는 소주小舟. 『역해易解』 30권을 지었으나 전하지 않는다.

이과(李過)

남송南宋의 역학자. 호는 서계西溪. 『서계역설西溪易說』 12권을 20여 년에 걸쳐 지었는데 1198년에 완성을 보았다.

이광(李光, 1078~1159)

송대宋代의 유학자. 자는 태정泰定, 자호는 독역노인讀易老人. 이고李高의 아들. 태상박사太常博士·이부상서吏部尚書 등 역임. 저서로는 『독역상설讀易詳說』 10권이 있다.

이구(李覯, 1009~1059) : 우강이씨盱江李氏

북송北宋의 유학자. 자는 태백泰白. 우강선생盱江先生이라 불린다. 강서성江西省 남성南城 출신. 태학太學의 조교助教를 지내고 직강直講이 되었다. 우강서원盱江書院을 창건하였다. 치국의 실질은 반드시 재용財用에 근본한다고 하여, 이利·욕欲을 천시하고 의義·이理만을 숭상하는 도학가의 도덕관념에 반대하였다. 저서에 『직강이선생문집直講李先生文集』 등이 있다.

이도전(李道傳, 1170~1217) : 인수이씨仁壽李氏

남송南宋의 유학자. 자는 관지貫之, 시호는 문절文節. 순신舜臣의 아들. 어려서 침식을 잊을 정도로 학문에 도취하였고, 관직은 저작랑著作郞을 거쳐 병부시랑兵部侍

郞에 이르렀다. 청렴하다는 평을 들었고, 저서에 『강동십고江東十考』 등이 있다.

이동/이통(李侗, 1093~1163) : 연평이씨延平李氏·사이씨師李氏

송대宋代의 성리학자. 자는 원중愿中. 남검주南劍州 검포劍浦(지금의 福建省 南平市) 출신. 평생을 관직에 나아가지 않고 초야草野에 묻혀 40여 년 간 면학에 전념하였다. 양시楊時·나종언羅從彦과 함께 '남검삼선생南劍三先生'으로 불리운다.

그는 학문을 하는 도道는 말을 많이 하는 데 있지 않고 묵좌징심默坐澄心(조용히 앉아 마음을 맑게 함=靜坐)하여 천리天理를 체인體認하는 데 있다고 하였다. 모든 윤리도덕의 근원인 천리는 인심人心에 내재한 것이므로, 마음을 고요하게 가라앉힘으로써 체인할 수 있으며 이것이 수양이고 학문이라 하였다.

또 맹자가 말한 '야기夜氣를 보존한다(存夜氣)'는 것이 정신을 수양하는 제일 좋은 방법이라고 하였다. 본체와 현상의 상관관계에서는 특히 후자의 현실성·구체성·다양성을 강조하였다. 따라서 본체인 이일理一만을 말하고 현상인 분수分殊에 대해서 소홀히 하는 태도를 경계하였다. 그의 저서는 없지만 학문을 가르친 어록語錄은 주희가 편성한 『연평답문延平答問』과 『연평집延平集』에 전한다.

이방자(李方子) : 과재이씨果齋李氏·이과재李果齋

송대宋代의 성리학자. 자는 공회公晦·과재果齋. 소무昭武 광택현光澤縣(지금의 福建) 출신. 주자朱子의 제자. 어려서부터 박학博學했고, 글을 잘 지었다. 1214년 과거에 합격하여 천주泉州 관찰추관觀察推官을 지냈다. 저서로는 『전도정어傳道精語』·『우공해禹貢解』·『주자년보朱子年譜』 3권 등이 있다.

이번(李燔) : 이경자李敬子

남송南宋의 유학자. 자는 경자敬子, 호는 홍재弘齋(『송원학안』에는 굉재宏齋로 되어 있음). 시호는 문정文定. 남강南康 건창建昌 출신. 이휘李輝(晦叔)의 동생. 이계선李繼先(孝述)의 부친. 주자의 문인으로 백록서원白鹿書院 당장堂長을 지냈다. 1190년 과거에 합격하여 직비각直秘閣·주관지도궁主管至道宮 등을 역임하였다. 채염성蔡念成은 공의 마음이 가을 달과 같다고 하였으며, 학자들은 그를 높여 면재勉齋 황간黃榦과 나란히 '황이黃李'라고 일컬었다. 『주자어류朱子語類』에는 그에 대한 기록이 20여 조목이 있다.

이선(李善, 630~689)

당대唐代의 훈고학자訓詁學者. 호는 서록書麓, 양주揚州 서록書麓(지금의 江蘇省) 출신. 숭현관직학사崇賢館直學士·경성현령涇城縣令을 역임 후 강학에 전념하였다. 연구방법으로 '문선文選'을 위주로 하여 '문선학文選學'이라 불리었다. 658년 『문선주文選注』를 지어 조정에 바치기도 하였다. 이 책은 당나라 이전 고서주석古書注釋의 최고 수준이며, 후대에 많은 영향을 끼쳤다. 그 외 저서로는 『한서변혹漢書辨惑』 등이 있다.

이성전(李性傳, ?~1255)

남송南宋의 유학자. 자는 성지成之. 융주隆州 정연井研 출신. 이순신李舜臣의 아들. 1211년 과거에 합격하여 형부시랑刑部侍郎·예부시랑禮部侍郎 등을 역임. 1226년부터 주자의 어록을 찾아 41명의 기록을 얻어서 교정을 보았고, 1236년 요주지사饒州知事로 있을 때 『주자어록朱子語錄』을 간행하여 서문을 썼다.

이순신(李舜臣)

송대宋代 역학자. 자는 자사子思, 호는 융산隆山. 정연井研 출신. 건도乾道 2년에 과거에 합격하여 안인현 주부安仁縣主簿, 덕흥현지사德興縣知事를 지냈다. 저서로는 『역본전易本傳』 33권을 지었으나 전하지 않는다.

이심전(李心傳, 1167~1244)

남송南宋의 유학자. 자는 미지微之. 호는 수암秀岩. 융주隆州 정연井研 출신. 이순신李舜臣의 장자長子. 1195년 과거에 낙방한 뒤 과거시험에 뜻을 두지 않고 강학과 저술에만 전념하였다. 말년에 천거를 받아 사관교감史館校勘이 되고, 『중흥사조제기中興四朝帝紀』를 편수하다가 파직되었으며, 다시 관직을 맡아 공부시랑工部侍郎에 이르렀다. 역사에 정통하였으며, 저서로는 『춘추고春秋考』·『독사고讀史考』·『학역편學易編』·『예변禮辨』·『송시훈誦詩訓』·『건염이래계년요록建炎以來系年要錄』·『건염이래조야잡기建炎以來朝野雜記』 등이 있다.

이여규(李如圭) : 여릉이씨廬陵李氏

남송南宋의 경학자. 자는 보지寶之. 여릉廬陵 출신. 과거에 급제하여 복건로무간福建路撫幹을 지냈다. 주희朱熹와 함께 『예경禮經』을 교정하였으며 정가鄭賈의 학설에 많은 영향을 받았다. 특히 『의례儀禮』에 조예가 깊어 『의례집석儀禮集釋』·『의례석궁儀禮釋宮』·『의례강목儀禮綱目』 등을 저술하였는데, 『의례집석儀禮集釋』·『의례석궁儀禮釋宮』은 없어졌다가 청대淸代에 와서 『영락대전永樂大典』에서 수집되었다.

이원량(李元量)

송대宋代의 역학자.

이유(李槱) : 이단백李端伯·구산선생緱山先生

북송北宋의 유학자. 자는 단백端伯. 낙양洛陽 출신. 정자程子의 고제高弟. 과거에 급제하여 원우元祐(1086~

1094)때 비서성祕書省 교서랑校書郞이 되었다. 그는 정자의 말을 기록하여 '사설師說'이라고 이름하였는데, 이천伊川이 보고 칭찬하였으며, 또한 이천은 "『어록語錄』에서 이유만이 그 종지를 깨달아서 언어에 구애받지 않았고, 뒤섞여서 기록한 것이 없다"고 하였다. 주자도 그의 기록이 거리낌이 없다고 하였다. 그가 죽었을 때, 정이천은 자신의 제자 가운데 유현劉絢과 더불어 가장 뛰어난 제자라고 칭송하였다.

이춘년(李椿年, ?~1159)

송대宋代의 역학자. 자는 중영仲永. 소요공逍遙公이라고 불렀다. 불설佛說로써 역을 이해하려 한 심학파心學派의 대표적 인물. 자호학파慈湖學派를 이룸. 저서로는 『주역의문周易疑問』 2권, 『소요공역해逍遙公易解』 8권, 『자호역해慈湖易解』 10권 등 저술활동을 하였다.

이형(李衡, 1100~1178) : 낙암이씨樂庵李氏

송대宋代의 유학자. 자는 언평彦平, 호는 낙암樂庵. 강소성江蘇省 강도江都 출신. 1132년 지사가 되어 시어사侍御史·밀서각수찬密書閣修撰 등을 지냈다. 벼슬을 그만둔 뒤 곤산崑山에 은거하여 경학 연구에 몰두하였다.

임각(林恪)

남송南宋의 유학자. 자는 숙공叔恭. 태주台州 절강성

浙江省 천태현天台縣 출신. 주자의 문인. 『주자대전朱子大全』에는 주자에게서 받은 답신 1통이 있으며, 『주자어록朱子語錄』에는 그가 1193년에 주자에게 들은 100조목의 내용이 있다.

임광조(林光祖, 1114~1178)

송대宋代의 성리학자. 자는 겸지謙之, 호는 애헌艾軒, 시호는 문절文節. 복건성福建省 보전莆田 출신. 광서제점형옥廣西提點刑獄·중서사인中書舍人·무주지사婺州知事 등을 지냈다. 항상 예례禮에 입각하여 언동言動하고자 하였으며, 주희朱熹가 그를 형으로 대하였다고 한다. 송宋이 남으로 도읍을 옮긴 이후에 이정二程의 학문을 동남東南에 전파하였다. 저서로는 『애헌집艾軒集』이 있다.

임용중(林用中) : 임택지林擇之

남송南宋의 유학자. 자는 택지擇之, 호는 동병東屛. 고전甴田 출신. 일생동안 벼슬하지 않았다. 처음 임광조林光朝에게 수학하다가 주자를 사사하였는데, 주자는 그의 독실한 학문태도와 뛰어나 재질을 칭찬하여 경외하는 벗으로 대접하였다. 『초당집草堂集』이 남아있다.

임율(林栗)

남송南宋의 역학자. 자는 황중黃中·관부寬夫, 시호는 간숙簡肅. 1142년에 과거에 급제하였다. 벼슬은 병부시랑병부시랑兵部侍郞에 이름. 저서로는 『주역경전집해周易經典集解』 36권 등이 있다.

임조가(林兆珂)

명대明代의 경학자. 자는 맹명孟鳴. 복건성福建省 보전莆田 출신. 1574년 과거에 급제하여 형부랑刑部郞·안경지부安慶知府 등을 지냈다. 『시경詩經』에 뛰어났으며, 저술로는 『모시다식편毛詩多識編』·『고공기술주考工記述注』·『단궁술주檀弓述注』·『선시약주選詩約注』이 있다.

임지기(林之奇, 1112~1176) : 삼산임씨三山林氏

남송南宋의 경학자. 자는 소영少穎, 호는 졸재拙齋, 시호는 문소文昭. 복건성福建省 후관侯官 출신. 과거에 급제하여 비서성교서랑秘書省校書郞이 되었다. 조정에서 왕안석王安石의 학설을 전법典法으로 삼으려 하자, 그것을 사설이단邪說異端의 신법新法이라고 반박하였다. 여본중呂本中에게서 학문을 배웠으며 여조겸呂祖謙의 스승이 되었다. 저서로는 『졸재문집拙齋文集』·『상서집해尙書集解』·『춘추주례강의春秋周禮講義』·『논어주論語註』·『맹자강의孟子講義』·『양자강의揚子講義』·『도산기문道山紀聞』·『관란집觀瀾集』 등이 있다.

장거정(張居正, 1525~1582)

명대明代의 유학자. 자는 숙대叔大, 호는 태악太岳, 시

호는 문충文忠. 호광湖廣 강릉江陵(湖北省) 출신. 1547년 과거에 급제하여 중극전태학사中極殿太學士가 되고 신종神宗 때 내각內閣의 수보首輔가 되었다. 남송南宋 제유諸儒의 설을 배척하고 왕수인王守仁의 심학心學을 추숭하였다. 저서에는 『사서집주직해설약四書集注直解說約』·『서경직해書經直解』·『여계진해女誡眞解』·『행실行實』·『제감도설帝鑑圖說』 등이 있다.

장구성(張九成, 1092~1159) : 장자소張子韶·횡포장씨橫浦張氏

송대宋代의 경학자. 자는 자소子韶, 호는 횡포거사橫浦居士·무구거사無垢居士, 시호는 문충文忠. 전당錢塘 출신. 양시楊時의 제자. 예부시랑禮部侍郎·형부시랑刑部侍郎을 역임했다. 그는 '심즉리心卽理'·'이즉심리卽心' 등을 주장하여 심心 자체를 중시하였다. 세간에서는 그의 일파를 횡포학파橫浦學派라고 하였다. 저서로는 『맹자전孟子傳』·『심전록心傳錄』·『논어절구論語絶句』·『상서중용대학효경어맹설尙書中庸大學孝經語孟說』·『횡포문집橫浦文集』·『횡포심전橫浦心傳』 등이 있다.

장뢰(張耒, 1054~1114) : 완구장씨宛丘張氏

북송北宋의 유학자. 자는 문잠文潛, 호는 가산柯山. 초주楚州 회음淮陰(지금의 江蘇省) 출신. 1073년 과거에 급제

하여 사관검토史館檢討·태상소경太常少卿 등을 역임하였다. 문학에 뛰어났으며, 황정견黃庭堅·조보지晁補之·진관秦觀과 함께 '소문사학사蘇門四學士'로 불렸다. 촉학파蜀學波의 중요 인물로, 촉학이 전파되는 데 기여하였다. 시문을 창작하면서 유학의 이치를 밝히는 것을 중요하게 여겼다. 저서로는 『시설詩說』·『완구집宛邱集』·『명도잡지明道雜志』 등이 있다.

장무(章懋, 1437~1522)

명대明代의 성리학자. 자는 덕무德懋, 호는 풍산楓山·은연자闇然子, 시호는 문의文懿. 금화金華 난계蘭溪 출신. 편수編修·복건안찰사첨사福建按察司僉事·남경국자감좨주南京國子監祭酒·남경예부상서南京禮部尚書 등을 역임하였다. 벼슬을 그만두고 20여 년 동안 강학講學과 독서에 몰두하였다. 황중소黃仲昭·장창莊昶·나륜羅倫 등과 함께 한림사간翰林四諫이라고 일컬어졌다. 학문에 있어서는 정주학을 묵수墨守하였으며 선유先儒들의 가르침을 지키는 데 전력하였다. 문장을 외우거나 짓는 것을 소기小技로 보고 저술도 좋아하지 않았다. 저서로는 『풍산어록楓山語錄』·『풍산집楓山集』 등이 있다.

장식(張栻,1133~1180) : 남헌장씨南軒張氏·광한장씨廣漢張氏·장경부張敬夫 ➔ 남헌학안 참조 (303쪽)

　남송南宋의 성리학자. 자는 경부敬夫 또는 낙재樂齋, 호는 남헌南軒. 사천성四川省 면죽綿竹 출신. 후에 호남성湖南省 형양衡陽으로 이사했다. 주희朱熹·여조겸呂祖謙과 함께 '남송의 삼현三賢'으로 불리었다. 아버지(張浚)가 송나라의 승상을 지내고 위국공魏國公에 봉해졌으므로, 그도 일찍이 벼슬하여 이부시랑 겸 시강吏部侍郎兼侍講·비각수찬秘閣修撰 등을 지냈으나, 잦은 직언으로 인하여 퇴직하였다. 금나라와의 화의에 반대하고 항전할 것을 주장하기도 하였다. 그는 "마음이 모든 일과 이치를 관통하고 만물의 주재가 된다"고 주장하여, 이학理學에서 심학心學으로 전향하는 선구역할을 하였다. 저서로는 『남헌집』·『남헌역설南軒易說』·『계사논어해癸巳論語解』 등이 있다.

장여명(張汝明, 1175~1250)

　남송南宋의 역학자. 자는 순문舜文·손옥孫玉. 감찰어사監察御史 등을 역임했다. 모든 학문에 통달하였으며, 특히 주역의 상수학象數學에 정통하였다. 저서로는 『역색易索』 13권, 『대구경大究經』 등이 있다.

장여필(張汝弼)

　북송北宋의 역학자. 자는 순원舜元. 흥화군興化軍(지금의 福建 莆田) 출신. 『주역』을 상수학象數學적으로 연구하였다. 저서로는 『주역해의周易解義』 10권·『복자하역전해卜子夏易傳解』 등이 있으나 일실되었다.

장역(張繹) : 장사숙張思叔

송대宋代의 유학자. 자는 사숙思叔. 수안壽安 출신. 정이程頤의 문인이다.

장용(張庸/張德庸) : 장존중張存中

원대元代의 유학자. 자는 존중存中. 온주溫州 출신. 태을수太乙數에 정통했고, 관직은 형부상서에 이르렀다. 명나라 병사가 낙타곡에 이르렀을 때 대항해 싸우다가 전사했다.

장우(張禹, ?~B.C.5)

전한前漢의 경학자. 자는 자문子文. 하내河內 지軹(지금의 河南省 濟源 東南) 출신. 『논어』와 『주역周易』에 밝아 박사博士에 임명되었다. 성제成帝 때 승상丞相에 임명되고 안창후安昌侯에 봉해졌다. 그는 『노론魯論』을 근거로 하고 『제론齊論』을 참고해서 「문왕問王」·「지도知道」 2편을 삭제하여 『논어장구論語章句』를 지었는데, 이를 『장후론張侯論』이라고 한다.

장적(張籍, 767~830)

당대唐代의 문학자. 자는 문창文昌. 장수부張水部·장

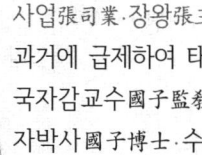
사업張司業·장왕張王이라 불린다. 799년 과거에 급제하여 태상시태축太常寺太祝·국자감교수國子監教授·비서랑秘書郞·국자박사國子博士·수부원외랑水部員外郞 등을 지내다, 한유韓愈의 추천으로 국자사업國子司業이 되었다. 고체시古體詩와 악부樂府에 능하였다. 저서로는 『장사업집張司業集』이 있다.

장전(張戩, 1030~1076)

북송北宋의 성리학자. 자는 천기天祺. 봉상鳳翔 미현郿縣(지금의 陝西省) 출신. 장재張載의 아우. 관중關中 사람들은 두 형제를 '이장二張'이라 불렀다. 과거에 급제한 뒤 조문향주부調閿鄕主簿·공안현령公安縣令 등을 지냈다.

장재(張載, 1020~1077) : 장자張子·장자후張子厚·횡거선생橫渠先生

북송北宋의 성리학자·관학關學의 창시자·북송오자北宋五子의 한 사람. 자는 자후子厚. 봉상鳳翔(지금의 陝西省) 미현郿縣 횡거진橫渠鎭 출신으로, 그곳에서 장기간 강학했으므로 횡거선생橫渠先生이라고 불리었다. 어려서 고아가 되어 고학苦學하면서 병술兵術을 말하기를 좋아했으나, 18세 때에 국사國事에 뜻을 두고

범중엄范仲淹에게 글을 올렸다가, 그로부터 유가의 가르침과 『중용中庸』을 전해 받은 후부터는, 여러 경적經籍과 백가서百家書를 두루 연구했다. 1056년 서울에서 정호·정이를 만나 도학에 대해 의견을 나누고 크게 깨달은 바 있어 이후로는 이학異學을 버리기로 결심하였다. 또 1057년 과거에 급제하여 외관직外官職을 역임하고, 이어 저작좌랑著作左郞 및 승문원교서承文院校書 등을 지냈다. 그는 태허太虛로써 우주를 설명하였다. 즉 태허는 무형의 기이며, 기의 응집과 발산으로 이루어지는 음陰과 양陽의 이기二氣가 태허의 실질이며 속성이라고 하였다. 이 같은 논리에서 그는 태허가 곧 기이며 기는 곧 태극이라는 기일원론氣一元論을 주장하였다.

저서로는 『정몽正蒙』 10편·『횡거역설橫渠易說』 3권·『경학이굴經學理窟』 12편·『장자어록張子語錄:張子全書』 등이 있다.

장제생(蔣悌生)

명대明代의 유학자. 자는 인숙仁叔. 복녕福寧(지금의 福建省 霞浦) 출신. 1370년경에 명경明經으로 천거되어 복주훈도福州訓導를 지냈다. 저서로는 『오경려측五經蠡測』 등이 있다.

장준(張浚, 1094~1164)

남송南宋의 정치가. 자는 덕원德遠, 호는 자암紫巖, 시

호는 충헌忠獻. 한주漢州 면죽綿竹 출신. 당나라 재상 장구령張九齡의 동생인 장구고張九皐의 후손. 4살 때 부모를 여의었고 언행이 단정하였다. 태학에 들어가 과거에 급제하여 1126년 태상부太常簿가 되고, 고종高宗(1127~1162)때 천섬경서제로선무사川陝京西諸路宣撫使를 지냈다. 주전파主戰派로서 평생 진회秦檜를 비롯한 주화파主和派와 대립하며 군사를 일으켜 금나라에게 빼앗긴 영토를 회복하려고 하였다. 효종 때 추밀사樞密使에 올랐으며, 위국공魏國公에 봉해졌다. 저서로는 『자엄역전紫嚴易傳』 등이 있다.

장청자(張淸子)

원대元代의 역학자. 자는 희헌希獻, 호는 중계中溪. 저서로는 주희의 『본의本義』를 종지宗旨로 삼아 지은 『주역본의부록집주周易本義附錄集注』 등이 있다.

장추(章陬)

명대明代의 유학자. 자는 중인仲寅. 황암黃巖(지금의 浙江省 永康) 출신. 1436년 과거에 급제하여 예부주사禮部主事를 지냈다. 저서에 『시경제요詩經提要』 등이 있다.

장패(張霸)

후한後漢의 학자. 자는 백요伯饒, 별호는 장증자張曾

子. 성도成都 출신. 시중侍中을 역임하였다. 7세에 『춘추春秋』에 통달하고 『오경五經』을 두루 섭렵하였다.

장행성(張行成)

남송南宋의 유학자. 자는 문요文饒·자요子饒, 호는 관물觀物. 임공臨邛(지금의 四川省 邛峽) 출신. 1132년 과거에 급제하여 병부낭중兵部郎中·지동천부知潼川府 등을 역임하였다. 초정譙定에게 역학을 배웠으며, 소옹邵雍의 상수학象數學을 계승 발전시켰다.

저서에 『술연述衍』·『익현翼玄』·『원포총의元包總義』·『잠허연의潛虛衍義』·『황극경세색은皇極經世索隱』·『황극경세관물외편연의皇極經世觀物外篇衍義』·『주역통변周易通變』 등이 있다.

장형(張衡, 72~139)

후한後漢의 경학자·과학자. 자는 평자平子. 하남성河南省 서악西鄂 출신. 낭중郎中·태사령太史令·상서尚書 등을 지냄. 천문·역학의 대가로서 안제安帝의 부름을 받아 대사령大史令이 되고, 일종의 천구의天球儀인 혼천의渾天儀를 비롯하여 지진계地震計라 할 수 있는 후풍지동의候風地動儀를 만들었다. 개천설蓋天說을 부정하고 혼천설渾天說을 주장하여, 천체天體는 계란과 같이 생겨 하늘이 땅을 싸고 있으며,

천지天地 이전의 무無인 혼돈混沌에서 현상의 세계가 생겼다고 하였다. 저서에 『주역훈고周易訓誥』·『영헌靈憲』·『응간應間』·『칠변七辨』·『순고巡誥』·『현도懸圖』·『사현부思玄賦』·『주천대상부週天大象賦』·『사수시四愁詩』·『촉루부髑髏賦』 등이 있다.

장황(章潢, 1527~1608)

명대明代의 유학자. 자는 본청本清, 시시私諡는 문덕文德. 강서성江西省 남창南昌 출신. 천거에 의해 순천부유학훈도順天府儒學訓導를 지냈다.

만사묵萬思黙과 함께 동호東湖에서 강학하였으며, 백록동서원白鹿洞書院의 주강을 지냈다. 심학을 종주로 삼아 오여필吳與弼·등원석鄧元錫·등원경鄧元卿과 더불어 '강우왕문사군자江右王門四君子'라 불렸다.

저서에 『주역상의周易象義』·『시경원체詩經原體』·『서경원시書經原始』·『춘추절의春秋竊義』·『예기차언禮記箚言』·『논어약언論語約言』·『도서편圖書編』 등이 있다.

장후(張侯)

남송南宋의 학자. 자는 중융仲隆. 영구營丘 출신. 속학을 버리고 절개를 지키려는 의지가 강하였다. 주자는 1167년 숭안崇安의 문화정사文化精舍에서 사마광司馬光의 『자치통감資治通鑑』을 공부하던 시절의 의지를 장후의 인품에 비견하였으며, 1168년 장후와 이별하는 슬픔을 토로하면서, 그는 지혜와 행동이 겸비된 친구라고 칭찬하였다.

장흡(張洽, 1161~1237)

남송南宋의 성리학자. 자는 원덕元德, 시호는 문헌文獻. 강서성江西省 청강淸江출신. 영신현지현永新縣知縣·지주통판池州通判을 거쳐 비서랑秘書郞·저작좌랑著作佐郞 등을 역임하였다. 주희朱熹의 제자로서, 학문의 목적을 경敬에 두었으며, 서재를 주일재主一齋라고 했다.

『춘추』에 조예가 깊어 『춘추집주春秋集注』를 저술했는데, 이 책은 명대明代 호안국胡安國의 『춘추전春秋傳』과 함께 학관學官에 설치되었고, 『오경대전五經大全』이 나오기 이전까지 그 권위를 인정받았다. 저서로는 『좌씨몽구左氏蒙求』·『속통감장편사략續通鑑長篇事略』·『역대지리연혁표歷代地理沿革表』 및 문집 외에 『춘추집전春秋集傳』이 있으나 산일散佚되었다.

재여(宰予, B.C.515~?) : 자아子我

춘추시대春秋時代의 유학자. 자는 자아子我. 구변이 좋고 말솜씨가 있었다. 『논어』 「양화陽貨」에서 공자에게 3년 상을 1년 상으로 고쳐야 한다고 건의하였다. 그것에 대하여 공자는 "자식이 난지 3년이 된 뒤라야 비로소 부모의 품을 면하니, 무릇 3년의

상은 천하에 통하는 도리이다."라고 하며 그의 어질지 못함을 안타까워했다. 또한 『논어』「공야장公冶長」에서 재여가 낮잠을 자니 공자께서 말씀하셨다. "썩은 나무에는 새기지 못하며, 똥묻은 흙담에는 흙손하지 못할 것이니라."라고 하여 그의 게으름을 꾸짖으셨다.

적인걸(狄仁傑, 630~700) : 적양공狄梁公

당대唐代의 정치인政治人. 자는 회영懷英. 적양공狄梁公이라 불린다. 고종의 왕후인 측천무후則天武后가 고종이 죽은 뒤 중종中宗을 폐위하고 왕위에 올라서 나라 이름을 주周로 개칭하였을 때, 그는 측천무후의 조정에서 벼슬을 하면서 장간지張柬之, 환언범桓彦範 등 6명을 추천하여 요직에 두고 중종반정中宗反正을 모의하여 이를 지휘하였다. 그가 죽은 뒤 6명이 그의 뜻을 이루었다. 죽은 후 예종睿宗 때 양국공梁國公에 추봉되었다.

전덕홍(錢德洪, 1496~1574)

명대明代의 양명학자. 초명은 관寬, 자는 홍보洪甫, 호는 서산緖山. 절강성浙江省 여요余姚 출신. 1532년에 과거에 급제하여 소학교수蘇學敎授가 되었고, 국자감승國子監丞·형부낭중刑部郎中을 지냈으며, 형부시중刑部侍中에 이르렀다. 후에 30년간 여러 곳을 주유周遊하면서 강학講學에 종사하였다. 왕수인王守仁이 신호宸濠의 난을 평정하고 월越로 돌아와서 중천각中天閣에 머물렀을 때 그의 감화를 받고 제자가 되었다. 왕기王畿와 함께 왕수인의 수제자로서 '왕문王門의 전錢·왕王'이라고 병칭된다. 『전습록傳習錄』과 『왕문성공전서王文成公全書』 편집의 중심이 되었으며, 온건 독실한 학풍을 전하였다.

그는 학문은 심법心法으로부터 시작되며, 심心은 만물의 주재자로서 우주의 만상을 일으킨다고 하였다. 저서로는 『호원기濠園記』·『언행유고言行遺稿』·『서산회어緖山會語』·『서산집緖山集』 등이 있으며, 왕수인의 유저遺著·유언遺言·연보年譜를 수집하여 『왕문성공전서王文成公全書』를 편찬하였다.

전손사(顓孫師, B.C.503~?) : 자장子張

춘추시대 유학자. 자는 자장子張. 공자의 제자. 진陳나라 양성陽成(지금의 河南省 汝南縣) 출신. 공문제자孔門弟子 가운데 자천子賤(복불제)과 함께 공자보다 49세 어린 최연소자이다.

재주가 뛰어나고 뜻이 넓어서 광박廣博한 풍도風度의 기개가 있었고 대인접물待人接物에 있어서 넓은 아량을 가지고 있었다고 전한다. 위태로움을 보고는 목숨을 바치고 이로움을 보고는 대의大義를 생각해야 하며, 덕德을 널리 행하고 도道의 믿음을 독실篤實히 해야 한다고 말하였다. 또한 군자君子는 현자賢者를 존경하되 대중大衆도 포용해야 한다고 하였다.

전시(錢時)

남송南宋 말엽의 역학자. 자는 자시子是. 1238년 추천에 의해 벼슬길에 나아갔다. 어려서부터 여러 사람과 어울리지 않았고, 과거에 뜻을 두지 않고 이학理學에만 전념했다. 자호학파慈湖學派의 주요인물의 하나.

저서로는 『주역석전周易釋傳』 20권, 『상서연의尙書演義』, 『학시관견學詩管見』, 『사서관견四書管見』, 『양한필기兩漢筆記』, 『국사굉강國史宏綱』 등이 있다.

전조(錢藻)

송대宋代의 유학자. 자는 순로醇老. 명일明逸의 아들. 어려서 고아가 되었으나 학문에 힘썼다. 과거에 급제하여 시독학사侍讀學士에 이르렀다.

정강중(鄭剛中, 1088~1154)

남송南宋의 역학자. 자는 형중亨仲, 호는 북산北山, 시호는 충민忠愍. 예부시랑禮部侍郞 등 역임. 역리易理에 밝았다. 저서로는 『주역규여周易窺餘』 15권, 『대역부大易賦』 등이 있다.

정거부(程鉅夫)

원대元代의 유학자. 시호는 문헌文憲. 경산京山 출신. 벼슬이 집현직학사集賢直學士·한림학사翰林學士·승지承旨에 이르렀고 당대의 名臣이었다. 재주가 많고 박학博學하였다. 저서로는 『설서집雪樓集』이 있다.

정대창(程大昌, 1123~1195)

송대宋代의 경학자. 자는 태지泰之, 시호는 문간文簡. 안휘성安徽省 휴녕休寧 출신. 예부시랑禮部侍郎·형부시랑刑部侍郎·중서사인中書舍人 등을 거쳐 이부상서吏部尚書가 되었으며 용도각학사龍圖閣學士를 지냈다. 경학經學에 밝았으며, 역사지리학歷史地理學에도 관심을 기울여 『우공론禹貢論』·『우공산천지리도禹貢山川地理圖』 등을 저술하였는데, 이것은 후세의 학자들에게 자주 인용되었다.

또한 장안長安의 역사지리서인 『옹록雍錄』과 『북변비대北邊備對』, 경의經義의 이동異同과 오류誤謬를 고증한 『고고편攷古編』, 명물名物·전고典故를 기술한 『연번로演繁露』 등을 지었다. 이 밖에 『역원易原』·『역노통언易老通言』·『시론詩論』 등의 저서가 있다.

정동경(鄭東卿)

남송南宋의 역학자. 자는 소매少梅, 스스로 합사어부合沙漁父라고 불렀다. 그는 역의 이치를 그림으로 나타

내기를 좋아하였다. 저서로는 『주역의난도周易疑難圖』 25권·『역설易說』 3권·『선천도주先天圖注』 1권 등이 있다.

정룡(程龍, 1242~1322)

송말원초宋末元初의 역학자. 1265년에 과거에 급제하고 송강부판관松江府判官 등을 역임하고 원나라가 들어선 후에도 계속하여 벼슬을 하였다. 저서로는 『삼분역도三分易圖』·『서법筮法』 등이 있다.

정민정(程敏政, ?~1499)

명대明代의 유학자. 자는 가근可勤 또는 극근克勤, 호는 황돈篁墩. 휴녕休寧 출신. 어려서 신동으로 알려져 임금에게 추천되어 영종英宗이 그를 한림원에서 독서하게 하였다.

1466년에 급제하여 1499년에 이동양李東陽과 함께 회시會試의 감독관이 되었는데, 화천華泉 등이 그가 뇌물을 받고 시험문제를 판 것이라고 탄핵하여 마침내 하옥되었다. 곧 출옥한 뒤에 벼슬을 그만두고 낙향하려 했으나 서울을 벗어나기 전 4일만에 화병으로 죽었다. 사후에 예부상서禮部尙書에 증직되었다.

학문이 해박하여 당대의 으뜸으로 불렀다. 육상산계통인 진헌장陳獻章과 동시대인물로서 후인들은 그의 사상이 육왕학陸王學에 기울었다고 하였다. 진덕수眞德秀

의 『심경心經』을 보완하고 서론을 써서 1492년에 『심경부주心經附註』를 간행하였다. 이때는 그가 태상경太常卿으로 임명되기 직전의 불우한 시절이었던 것으로 보인다. 그 외의 저서로는 『영사집詠史集』·『황돈집篁墩集』 등이 있다.

정백웅(鄭伯熊, 대략 1127~1181)

남송南宋의 성리학자. 자는 경망景望, 시호는 문소文蕭. 영가永嘉(지금의 浙江省) 출신. 종정소경宗正少卿·직룡도각直龍圖閣·영국부지寧國府知 등을 역임. 덕행德行과 학행學行으로 명망이 있었다. 경학에 조예가 깊었으며, 동생 정백영鄭伯英·정백해鄭伯海와 함께 미미해 가던 정주학程朱學의 저서著書를 민중閩中(지금의 福建省)에서 간행하였다.

그의 학문은 진부량陣傅良·섭적葉適에게 이어져 영가학파永嘉學派의 시원이 되었다. 저서에 『정경망집鄭景望集』·『정부문서설鄭敷文書說』 등이 있다.

정복심(程復心, 1257~1340) : 임은정씨林隱程氏

원말명초元末明初의 유학자. 자는 자견子見 또는 자규子規, 호는 임은林隱. 무원婺源 출신. 어려서부터 이학理學에 침잠했고 독서를 좋아했다. 휘주로교수徽州路教授를 역임하다 노모를 모신다는 이유로 사표를 내고 고향으로 돌아갔다.

주자의 『사서집주』를 기초로 『심학도心學圖』를 그렸다. 또한 주자의 『사서집주』에 황씨黃氏와 보씨輔氏의 설을 가지고 절충하여 장을 나누고 도해하였는데, 30년에 걸쳐서 완성하여 『사서장도四書章圖』라고 하였다.

정순(程洵) : 정윤부程允夫

남송南宋의 유학자. 자는 윤부允夫, 호는 극암克庵·극재克齋. 정윤부程允夫라 불린다. 주자의 문인이며, 주자의 처남이다. 재명齋名을 '도문학道問學'으로 붙였는데, 주자가 '존덕성尊德性'으로 바꾸게 하고, 명銘을 지어 주었다. 저서로는 『이소기년二蘇紀年』·『존덕성재소집尊德性齋小集』 등이 있다.

정시등(程時登, 1249~1328)

송말원초宋末元初의 유학자. 자는 등용登庸. 악평樂平(지금의 山西省 昔陽) 출신. 함순咸淳년간(1265~1274)에 태학에 들어갔으나, 송나라가 망한 후에는 벼슬하지 않았다. 주희의 문인 동수董銖의 제자 정정칙程正則을 사사하였다. 저서로는 『주역계몽록周易啓蒙錄』·『대학본말도설大學本末圖說』·『중용중화설中庸中和說』·『태극통서太極通書』·『서명호해西銘互解』 등이 있다.

정약용(程若庸) : 물재정씨勿齋程氏·휘암정씨徽庵程氏

송대宋代의 성리학자. 자는 봉원逢原. 휴녕休寧 출신.

요로饒魯(雙峯饒氏)의 제자. 순우淳祐 때에 호주湖州 안정서원安定書院·임여서원臨汝書院 등에서 서원산장書院山長이 되었다. 함순咸淳 때에는 무이서원武夷書院의 산장을 맡아 많은 제자들을 가르쳤다. 저서로는 『성리자훈강의性理字訓講義』·『태극홍범도설太極洪範圖說』 등이 있다. 진역陳櫟은 그의 『성리자훈강의』를 극도로 칭찬했다.

정여해(鄭汝諧) : 고괄정씨古括鄭氏

남송南宋의 성리학자. 자는 순거舜擧, 호는 동곡거사東谷居士. 청전青田출신. 관직은 휘유각대제徽猷閣待制에 올랐다. 정이程頤의 역설易說을 종지宗旨로 삼았다. 저서로는 『동곡역익전東谷易翼傳』 2권·『논어의원論語意源』·『동곡집東谷集』 등이 있다.

정옥(鄭玉, 1298~1357)

원대元代의 성리학자. 자는 자미子美, 호는 사산師山. 휘주徽州 흡현歙縣 출신. 한림대제봉의대부翰林待制奉議大夫를 제수 받았으나 사양하고 저술에만 전념하였다. 육경六經에 능통하였고, 특히 『춘추春秋』를 깊이 연구하였으며, 사산서원師山書院을 건립하여 교학敎學에 힘썼다. 그는 주자학과 양명학을 조정調停하는데 노력하였다. 또한 진한秦漢 이래의 훈고사장訓詁詞章의 학문을 비판하면서 도道는 언어문자言語文字 사이에 있는 것이 아니라고 하고 덕성德性과 행위行爲를 중시하였다. 저서로는 『주역찬주周易纂註』·『춘추경전궐의春秋經傳闕疑』·『사산집師山集』 등이 있다.

정이(程頤, 1033~1107) : 정자程子·이천선생伊川先生

→ 이천학안 참조(296쪽)

북송北宋의 성리학자. 자는 정숙正叔. 이천백伊川伯에 봉해졌으므로 이천선생伊川先生으로 불리었다. 정자程子라고도 불린다. 송대宋代의 하남河南 낙양洛陽 출신. 형 정호程顥(程明道)와 함께 이정二程, 또는 이정자二程子라 불린다. 오랜 기간 낙양에서 강학했으므로 그들의 학문을 '낙학洛學'이라고 한다. 14세에 형과 함께 주돈이周敦頤에게서 배웠다. 태학太學에 있을 때 '안자가 좋아한 학문을 논하는 글(顔子好學)'을 지어 호원胡瑗의 인정을 받았으며, 호원의 추천으로 학관學官의 직책을 맡게 되었다. 그 후 1057년 장재張載와 함께 과거에 합격하여 태학에 있으면서 강학하였다. 영종·신종 때에 누차 천거 받았으나 나가지 않다가 철종哲宗이 즉위한 1086년 시강侍講이 되어 이름을 떨쳤다.

그는 우주는 이理·기氣의 이원二元으로 이루어졌으며, 만물萬物 역시 이·기 이원에 의해 생겨난다고 하였다. 형形을 이루는 것은 기이고, 형 가운데 부여되어 있는 도道가 이이며, 이는 형이상으로써 보편적 원리이고, 기는 형이하로써 개별적 원리라고 설명하였다. 만물은 음양陰陽의 교감交感에 의해 생겨나며, 이 역시 음·양에 붙어서 존재하는 것이라고 하였다. 그는 인간 역시 이기이원으로 이루어져 있다고 하면서, 이가 성性을 낳고 기는 재才를 낳아서 인간에게 성·재가 있게 된다고 주장하였다. 저서로는 『역전易傳』·『춘추전春秋傳』·『이천문집伊川文集』·『어록語錄』·『이정유서二程遺書』·『이정외서二程外書』 등이 있는데, 『역전』 외의 것은 모두 『이정전서二程全書』에 수록되어 있다.

정정부(鄭正夫)

송말宋末의 역학자.

정정사(程正思)

남송南宋의 유학자. 주자의 문인. 독실한 믿음으로 도를 구하다가 일찍 죽었는데, 주자가 그의 묘표墓表를 지었다.

정중(鄭衆, ?~83)

후한後漢의 경학자. 자는 중사仲師. 하남성河南省 개봉開封 출신. 정흥鄭興의 아들. 어려서 아버지로부터 『춘추좌씨전』을 전수받았으며, 『주역』·『시경』·『삼통력三統曆』에도 밝았다. 급사중給事中·월기교위越騎校尉 등을 거쳐 중랑장中郎將·대사농大司農을 역임하였다. 그는 전한말 유흠劉歆에서 비롯된 고문경학古文經學을 중시하는 경향을 갖고 있었으며, 『춘추좌씨전春秋左氏傳』에 관하여 『춘추조례春秋條例』·『춘추산春秋刪』을 저술하고, 『주례』에 관하여 『주례해고周禮解詁』를 저술하였으나 모두 전하지 않는다. 청대淸代 마국한馬國翰의 『옥함산방집일서玉函山房輯佚書』에 『주례정사농해고周禮鄭司農解詁』·『정중춘추첩례장구鄭衆春秋牒例章句』가 수집되어 있다.

정직방(程直方, 1251~1325)

원대元代의 경학자. 자는 도대道大, 호는 전촌前村. 벼슬을 하지 않고 오직 경학 연구에 몰두함. 『정씨계몽익전程氏啓蒙翼傳』·『사성일심四聖一心』·『관역당수모觀易堂隨芼』 등을 저술하였다.

정초(鄭樵, 1103~1162) : 민남정씨閩南鄭氏·협제선생夾漈先生

남송南宋의 유학자·사학자. 자는 어중漁仲. 협제산夾漈山에서 살았다. 복건성福建省 보전莆田 출신. 젊었을 때 북송北宋이 멸망하자 과거에 응하지 않고 협제산에 들어가 모든 교제를 끊었다. 후에 각지를 돌아다니며 진기珍奇한 것이나 고적古蹟을 탐방하고 각지의 장서가藏書家를 방문하며 문헌을 빌려 읽었다. 이렇게 하여 얻은 지식을 기초로 예악·문자·천문·지리·방서方書·동식물 등에 관한 견해를 모아서 1149년 조정에 올렸다. 이것이 계기가 되어 고종高宗을 만나게 되었는데 그 앞에서 반고班固 이래 역사의 기록이 끊어진 결함을 비판하여 인정받고 우적공랑右迪功郎을 제수 받았다. 후에 추밀원편수관樞密院編修官·검상제방문자檢詳諸房文字 등을 역임하였다.

저서로는 회통사會通史로 기록한 『통지通志』와 『이아주爾雅注』·『협제유고夾漈遺稿』 등이 있다.

정현(鄭玄, 127~200)

후한後漢의 경학자. 자는 강성康成. 정흥鄭興·정중鄭衆 부자와 구별하기 위해 후정後鄭이라고도 함. 북해고밀北海高密(지금의 山東省 高密縣 西南) 출신. 젊어서 지방의 말단 관리인 향색부鄕嗇夫가 되기는 하였지만, 곧 그만두고 낙양洛陽에 가서 태학太學에 입학하여 수업하였다. 40세가 넘어서 귀향하였는데, 그가 낙양을 떠날 때, 마융馬融이 "나의 학문이 정현과 함께 동쪽으로 떠나는구나!"라고 탄식하였다고 한다. 귀향 후 가난한 생활을 하면서 학생들을 가르쳤으나, 44세 때에 환관들이 학자 등 반대당을 금고한 '당고黨錮의 화禍'를 입고 집안에 칩거하여 연구와 저술에 몰두하였다. 이 때 『주역周易』·『상서尙書』·『모시毛詩』 등을 주注한 것이 백만여 언言이 되었다고한다. 14년 뒤에 금고가 풀리자 하진何進·공융孔

融·동탁董卓·원소袁紹 등의 초빙이 있었고 만년에는 황제가 대사농大司農의 관직을 내렸으나 모두 사양한 후 연구와 교육에 한평생을 바쳐 수천 명의 제자를 거느리는 일대 학파를 형성하였다.

그는 전한과 후한을 통하여 수백 년에 걸쳐 계속된 금문파와 고문파의 논쟁을 하나로 통합하였다. 그는 오행설五行說로 서법筮法과 『주역』을 해석하였는데, 이는 후대에 상당한 영향을 끼쳤다. 정현 역학易學의 특징 가운데 하나는 효진설爻辰說(정현이 창조한 것은 아니고 『건착도乾鑿度』에 나오는 것임)로써 『주역』의 경문과 전문傳文을 해석하고, 오행설로써 서법과 『주역』의 상象과 수數를 해석한 것이다.

그는 『주역』·『논어』·『상서尚書』의 위서緯書에도 주를 달았고, 하휴의 저서에 반박하는 『발묵수發墨守』『침고왜鍼膏矮』『기폐질起廢疾』 3부작을 지었다. 그의 저서 중 완전하게 현존하는 것은 『모시毛詩』의 전전箋과 『주례周禮』·『의례儀禮』·『예기禮記』의 주해뿐이며, 그 밖의 것은 단편적으로 남아 있다. 그 잔여 부분은 청나라 원균袁鈞의 『정씨일서鄭氏佚書』에 실려 있으며, 마국한馬國翰의 『옥함산방집일서玉函山房輯佚書』에 일부가 편집되어 있다. 또한 공광림孔廣林의 『통덕유서소견록通德遺書所見錄』·황석黃奭의 『고밀유서高密遺書』에도 편집되어 있다. 그의 『논어』 주석의 일부가 근래 신강新疆 유오이維吾爾 자치구의 당나라 시대 무덤에서 출토되었다.

정형(程逈) : 사수정씨沙隨程氏

남송南宋의 역학자. 자는 가구可久, 호는 사수沙隨. 정씨역程氏易에 정통하였다. 저서로는 『역장구易章句』 10권, 『주역외편周易外編』 1권, 『고역고古易考』 1권, 『고역점법古易占法』 1권 등이 있다.

정호(程顥, 1032~1085) : 명도선생明道先生

→ 명도학안 참조(295쪽)

북송北宋때의 성리학자. 자는 백순伯淳, 호는 명도明道, 시호諡號는 순공純公. 송대의 하남河南 낙양洛陽출신. 아우인 정이程頤와 함께 이정二程·이정자二程子라 불리며, 오랜 기간 낙양에서 강학했으므로 그들의 학문을 낙학洛學, 또는 신유학新儒學이라고 부른다. 그는 어려서부터 재주가 뛰어났으며, 정이와 함께 주돈이周敦頤를 사사師事하면서 스승의 감화를 받아 과거에 뜻을 두지 않고 구도求道에 전념했다. 후에 과거에 급제하여 악현주부鄠縣主簿·상원현주부上元顯主簿·택주진성령澤州晋城令 등을 역임하였으나 곧 사임하였다.

그의 철학은 『역경易經』에 근거하고 있어 태극을 건원이라고 하고, 건원일기乾元一氣가 곧 우주의 궁극적 원리라고 하였으며, 또 천지의 대덕大德을 생生이라고 하였다. 만물이 모두 음양으로 말미암아 생기는데, 그 차별이 발생하는 까닭은 이기교감二氣交感의 정도에 편

偏·정正의 구별이 있어서라고 하였다. 즉 음양교감에서 편벽된 것은 조수초목鳥獸草木과 이적夷狄이 되고 바른 것은 사람이 된다고 하였다.

저서로는 『명도문집明道文集』·『어록語錄』 등이 있으며, 정이의 문집과 함께 『이정유서二程遺書』·『이정외서二程外全書』가 합간合刊되었다.

정후(鄭厚)

남송南宋의 역학자. 자는 경위景韋. 『통지通志』를 쓴 계서선생溪西先生 정초鄭樵의 형으로 세상에서는 계동선생溪東先生으로 알려졌다. 『존고역存古易』을 지었으나 전하지 않는다.

정흥(鄭興)

후한後漢의 고문경학자古文經學者. 자는 소공少贛. 하남성河南省 개봉開封출신. 정중鄭衆의 아버지. 태중대부太中大夫를 지냈다. 어려서 『춘추공양전春秋公羊傳』을 배우고, 후에 『춘추좌씨전春秋左氏傳』을 연구하여 이름을 떨쳤다. 유흠劉歆을 따라 『춘추좌씨전』의 대의를 강론하였는데, 유흠은 그의 재능을 인정하여 그에게 조례條例·장구章句의 훈고訓詁를 짓게 하고 『삼통력三統曆』을 교정하게 하였다. 그는 경학에 있어서 고문학古文學을 좋아하였으며, 『주례周禮』에 뛰어났고 역수曆數도 잘하였다. 저작은 전해지지 않으나, 마국한馬國翰의 『옥함산방집일서玉函山房輯佚書』에 『주례정대부해고周禮鄭大夫解詁』가 수집되어 있다.

제몽룡(齊夢龍) : 번역제씨番易齊氏

남송南宋의 역학자. 자는 각옹覺翁, 호는 절초節初. 강서江西 덕흥德興 출신. 저서로는 『주역부설괘변도周易附說卦變圖』 등이 있으나 지금은 전하지 않는다.

조광(趙匡) : 조백순趙伯循

당대唐代의 경학자. 자는 백순伯循. 산서성山西省 하동河東 출신. 전중시어사殿中侍御史·회남절도판관淮南節度判官·해양자사海洋刺史 등을 역임하였다.

일찍이 담조啖助와 교제하여 『춘추春秋』 3전의 비판적 연구를 하여, 담조가 지은 『춘추집전春秋集傳』·『춘추통례春秋通例』를 보정하였으며, 『춘추천미찬류의소春秋闡微纂類義疎』를 저술하였다. 그의 유설遺說은 육순陸淳의 『춘추집전찬례春秋集傳纂例』에 보존되어 있으며, 마국한의 『옥함산방집일서』에 1권이 모아져 있다.

조기(趙岐, 108경~201)

후한後漢의 경학자. 초명은 가嘉, 자는 빈경邠卿·대경臺卿. 섬서성陝西省 장릉長陵 출신. 처음에 주군州郡에서 벼슬하였는데 성품이 청렴강직하였다고 한다. 병주자사幷州刺史를 지냈으며 '당고黨錮의 화禍'로 인해 면직되었다. 그 후 태복太僕을 거쳐 태상太常 등을 역임하였다. 경서에 밝았으며, 특히 『맹자孟子』에 정통하여 『맹자장구孟子章句』를 저술하였는데, 현재 『십삼경주소十三經注疎』에 수록되어 있다. 이 밖의 저서로는 『삼보결록三輔決錄』이 있다.

조단(曹端, 1376~1434)

명明의 성리학자. 자는 정부正夫, 호는 월천月川. 하남성河南省 민지현澠池縣 출신. 오랫동안 산서성山西省 곽주霍州의 학정學政을 지냈는데 재직 중 병사하였다. 그는 기氣에 대한 이理의 능동성·주체성을 강조한 점에 특징이 있다. 즉 이기설에 있어서, 이理가 기氣를 타는 것이 사람이 말을 타는 것과 같다고 하여 '이어기론理馭氣論'을 주장하였다.

저서에 『사서상설四書詳說』·『통서술해通書述解』·『태극도설술해太極圖說述解』·『서명술해西銘述解』·『가규집략家規輯略』·『야행촉夜行燭』 등이 있는데, 『사서상설』을 제외한 5책은 청초淸初에 편찬한 『조월천선생유서曹月川先生遺書』에 수록되어 있다.

조돈림(趙敦臨)

송대宋代의 경학자. 자는 비민庇民. 은현鄞縣(지금의 浙江省 寧波) 출신. 1135년 과거에 급제하여 소산현부蘇山縣簿·호주교수湖州教授를 지냈다. 양시楊時에게 배웠다.

저서로는 『논어해論語解』·『춘추해春秋解』·『상서해尙書解』·『예기해禮記解』 등이 있다.

조방(趙汸, 1319~1369) : 동산선생東山先生

명대明代의 경학자. 자는 자상子常, 호는 공학재共學齋. 안휘성安徽省 휴녕休寧 출신. 어려서 구강九江의 황택黃澤에게서 '곰곰이 생각하여 스스로 깨닫는 학문'을 배우고 후에 임천臨川의 우집虞集에게서 오징吳澄의 학문을 배웠다. 만년에는 동산東山에 은거하여 독서와 저술에 전념하였으므로 동산선생東山先生이라 불렸다.

『춘추좌씨전春秋左氏傳』을 기본으로 하여, 당대唐代의 담조啖助·조광趙匡, 송대宋代의 진부량陳傅良 및 『춘추공양전春秋公羊傳』·『춘추곡량전春秋穀梁傳』의 의례儀例 부분을 취하여 보완하고 속사비사屬辭比事로써 춘추학을 관철하였다. 황택에게서 배운 것으로 『춘추사설春秋師說』을 저술하고, 이것을 다시 보충하여 『춘추집전春秋集傳』을 지었다. 이 밖에 『춘추속사春秋屬辭』·『좌씨보주左氏補注』·『사설師說』·『동산존고東山存稿』 등을 저술했으며, 『원사元史』를 편찬하였다.

조사하(趙師夏) : 조치도趙致道

남송南宋의 유학자. 자는 치도致道 또는 지도至道 또는 지도志道, 호는 원공遠恭. 송나라 종실의 후손이며 조기도趙幾道의 아우. 주자의 문인이며, 손녀사위. 과거에 급제하여 남강군南康軍의 지사知事로 있으면서 선정을 많이 베풀었다. 조봉대부朝奉大夫·통봉대부通奉大夫 등을 역임하였다.

주자의 만년기에 오랫동안 주자를 따라 공부하며 높은 경지에 이르렀다. 「성기선악도誠幾善惡圖」를 지어 주돈이周敦頤의 뜻을 밝히고, 호굉胡宏의 잘못을 지적하였는데 주자가 인정하였다. 『주자어류朱子語類』에 주자와 문답한 내용이 보이며, 『주자대전朱子大全』에 주자의 답신 3통이 있다.

조수중(曹粹中)

남송南宋의 유학자. 자는 순로純老, 호는 방재放齋·방옹放翁. 정해定海(지금의 浙江省 鎭海) 출신. 1124년 과거에 급제하여 황주교수黃州敎授를 지냈다.

저서로는 『역해易解』·『시설詩說』 등이 있다.

조순손(趙順孫, 1215~1277) : 격암조씨格庵趙氏·격재선생格齋先生

송대宋代의 성리학자. 자는 화중和仲, 호는 격재格齋·격암格庵. 진운縉雲 출신. 복건안무사福建安撫使를 역임했다. 저서로는 『사서찬소四書纂疏』·『근사록정의近思錄精義』·『효종계연록孝宗繫年錄』·『중흥명신언행록中興名臣言行錄』·『격재집格齋集』 등이 있다.

조여모(趙汝楳)

남송南宋의 역학자. 종실宗室 출신. 조선상趙善湘의 아들. 벼슬은 호부시랑戶部侍郎에 이름. 저서로는 『약설約說』·『역아易雅』 등이 있다.

조열지(晁說之, 1059~1129) : 경우선생景迂先生

북송北宋의 유학자. 자는 이도以道·백이伯以, 자호는 경우생景迂生. 청풍清豊 출신으로 조단언晁端彦의 아들이다. 1082년 과거에 급제하였으며, 소식蘇軾이 저술과著述科로 추천하였다. 원우元祐(1086~1093)때 당적黨籍으로 쫓겨났으며, 뒤에 휘유각대제徽猷閣待制를 역임하였다. 여러 학문에 박학다식했고 6경에 통달했는데, 특히 『주역』에 일가견이 있었다. 소강절邵康節에게서 주역을 배웠다. 저서에로는 『고주역古周易』·『역관易觀』 1권·『경씨역식京氏易式』·『주역태극전외전인설周易太極傳外傳因說』·『유언儒言』·『조씨객어晁氏客語』·『경우생집景迂生集』·『중용전中庸傳』 등이 있다.

조타(趙佗) : 남월왕南越王

진말한초晉末漢初의 왕. 남월왕南越王으로 불린다. 그는 진秦나라 때 남해위南海尉가 되었는데 한초漢楚의 분쟁을 틈타 남해군 일대의 세력을 잡고 스스로 왕위에 올라 무왕武王이라 하였다. 또한 스스로 존호하여 무제武帝라 하고 황옥黃屋과 좌도左纛 등 천자의 수레에만 하는 장식을 하였다.

조학전(曹學佺, 1573~1646)

명대明代의 유학자. 자는 능시能始, 호는 석창石倉·안택雁澤. 후관후官(지금의 福建省 閩侯) 출신. 1595년 과거에 급제하여 호부주사戶部主事·광서우참의廣西右參議 등을 지냈다. 개인적으로 지은 『야사기략野史紀略』이 명나라 헌장을 문란시킨다는 죄목으로 삭직削職되어 평민이 되었다. 뒤에 당왕唐王 주율건朱聿鍵이 황제가 되었을 때 예부우시랑禮部右侍郎을 잠시 역임하다가 명나라가 망하자 스스로 목을 매어 죽었다. 저서로는 『역경통론易經通論』·『주역가설周易可說』·『서전회충書傳會衷』·『춘추천의春秋闡義』·『서봉자설西峰字說』 등이 있다.

좌구명(左丘明)

춘추시대의 유학자·사학자. 공자孔子와 같은 무렵의 노魯나라 출신. 성은 좌左, 이름이 구명丘明인데, 일설에 의하면 성은 좌구, 이름이 명이라고도 한다. 태사太史를 지냈다. 『논어』「공야장公冶長」편에는 공자가 좌구명의 덕행德行을 칭찬하여 "교언영색巧言令色과 족공足恭을 좌구명이 부끄럽게 여기니 나도 또한 부끄러워한다. 원망을 숨기고 그 사람과 친구로 지내는 것을 좌구명이 부끄럽게 여겼는데 나도 또한 그것을 부끄러워 한다"라고 한 말이 전한다.

그는 공자가 자신의 이상을 『춘추』에 표현하였으나 그 뜻을 전한 제자들이 각기 자신의 견해에 빠짐으로써 공자의 진의를 잃어버릴까 두려워하여 『춘추좌씨전』을 지었다고 하였다. 그는 또 『국어』를 지었는데, 사마천이 "좌구명이 실명失明하고서 『국어』를 지었다"라고 한 말에 의하여, 후세 사람들이 그를 가리켜 맹좌盲左라고 부르고 그의 책을 『맹사盲史』라고 부르기도 하였다.

이와 같은 사실은 당초唐初의 『오경정의五經正義』 때까지는 사실로 믿어졌으나, 당唐의 담조啖助가 『논어』에 보이는 좌구명은 『춘추좌씨전』의 작자인 좌씨左氏와는 다른 인물이라고 말한 이래로 여러 가지 의론이 있어 왔으며, 좌구명의 『좌씨전』 저작설은 점차 부정되었다.

주감(朱鑑/朱鑒)

송대宋代의 경학자. 자는 자명子明. 주자의 손자로 주숙朱塾의 아들. 적공랑迪功郎·호광총령湖廣總領 등을 역임하였다. 경학에 밝았으며 특히 『주역』과 『시경』에 정통하였다. 주희의 『주역본의周易本義』를 부연하여 『주문공역설朱文公易說』을 지었으며, 이밖에 『시전유설詩傳遺說』을 지었다.

주공선(周公先)

북송北宋의 유학자. 자는 백온伯溫. 정자의 문인. 형

주부선周孚先과 함께 '이주二周'라고 불려진다.

주광정(朱光庭)

북송北宋의 유학자. 자는 공섬公掞. 주경朱景의 아들. 정자의 문인. 10세에 글을 지었다. 원우元祐연간(1086~1094)에는 간관이 되어 명성이 있었다. 일찍이 호원胡瑗이 '학문의 근본은 충신忠信에 있다'는 말을 했는데, 이것을 실천하기 위해 평생 노력했다.

주돈이(周敦頤, 1017~1073) : 주자周子·주무숙周茂叔·주렴계周濂溪 → 렴계학안 참조(293쪽)

북송北宋의 유학자·북송오자北宋五子·송조육현宋朝六賢의 한 사람. 초명初名은 돈실惇實이나 송宋 영종英宗의 휘諱를 피하여 돈이敦頤로 개칭. 자는 무숙茂叔, 시호는 원공元公. 도주道州 영도營道 영락리營樂里(지금의 湖南省 道縣) 출신. 만년에 여산廬山 연화봉蓮華峯 기슭 시냇가에 거처를 정하여 그 시내를 염계濂溪라 이름하고 염계서당濂溪書堂을 짓고 강학하였으므로 '염계선생濂溪先生'이라 불리었다.

주보성周輔成의 아들로 15세에 아버지를 잃고 어머니와 함께 외숙外叔 정향鄭向의 집으로 옮겼는데, 정향은 그의 인물됨을 보고 자식과 같이 아꼈다고 한다. 국자박사國子博士·광남동로전운판관廣南東路轉運判官·우부랑중우부랑中虞部郎中·제점광남동로형옥提點廣南東路刑獄 등을 역임. 55세에 벼슬에서 물러나 여산廬山의 염계에서 57세를 일기로 별세했다.

그는 우주의 근원인 태극太極으로부터 만물이 생성되는 과정을 도해圖解하여 태극도太極圖를 그리고, 태극·음양陰陽의 이기二氣·오행五行(金·木·水·火·土의 五元素)·남녀·만물의 순서로 세계가 구성되었다고 논하였다. 그리고 인간만이 가장 우수한 존재이기 때문에 중정中正 인의仁義의 도를 지키고 마음을 성실하게 하여 성인聖人이 되어야 한다는 도덕과 윤리를 강조하고, 우주생성의 원리와 인간의 도덕원리는 본래 하나라는 이론을 제시하였다. 저술로 『태극도설』·『통서通書』 외에 시詩와 문文이 있는데 후에 주희가 모아 『주자전서周子全書』로 편찬하였다. 이는 또 장재張載의 저서와 합집合集하여 『주장전서周張全書』라 일컫기도 한다.

주모위(朱謀㙔)

명대明代의 유학자. 자는 울의鬱儀·욱의郁儀, 시호는 정정貞靜. 태조太祖의 8세손. 진국중위鎭國中尉에 봉해졌다. 저서로는 『주역상통周易象通』·『시고詩故』·『춘추대기春秋戴記』·『노론전魯論箋』·『병아駢雅』 등이 있다.

주부선(周孚先)

북송北宋의 유학자. 자는 백침伯忱. 정자의 문인. 동생

주공선周公先과 함께 '이주二周'라고 불려진다.

주선(朱善, 1314~1385)

원말명초元末明初의 유학자. 자는 비만備萬, 호는 일재一齋. 강서성江西省 풍성豊城 출신. 1370년경 남창교수南昌教授가 되었고, 한림원수찬翰林院修撰·문연각대학사文淵閣大學士를 역임하였다. 저서로는 『시경해이詩經解頤』·『사집史輯』 등이 있다.

주송(朱松, 1097~1143)

북송北宋의 유학자. 자는 교년喬年, 호는 위재韋齋. 시호는 헌정獻靖. 휘주徽州 무원婺源(지금의 江西省 무원) 출신. 주자의 부친. 1118년 정화위正和尉가 되었으며, 교서랑校書郎·저작좌랑著作佐郎 등을 역임하였다. 어려서 문예로 유명하였으며, 육경六經과 제자諸子의 책을 섭렵하였다. 이통李侗과 함께 나종언羅從彦에게 수학하였다. 저서로 『위재집韋齋集』 등이 있다.

주승(朱升)

원말명초元末明初의 유학자. 자는 윤승允升, 호는 풍림楓林. 안휘성安徽省 휴녕休寧 출신. 1345년 지주학정池州學正이 되었으며, 명나라 때 한림학사翰林學士에 제수되었다. 저서로는 『주역방주도周易旁注圖』·『상서방주尚書旁注』·『시방주詩旁注』·『예방주禮旁注』·『춘추방주春

秋旁注』・『상서보정집주尙書補正集注』가 있다.

주옹(周顒, 538~590)

남조시대南朝時代 송宋나라의 유儒·불佛·도道 삼교일치론자三敎一致論者. 자는 언륜彦倫. 여남汝南 안성安城 출신. 일찍이 송宋에서 벼슬하여 익주益州의 주부主簿가 되고, 국자박사國子博士를 역임하였다. 백가百家의 서적을 섭렵하였으며, 특히 불교의 교리와 『노자老子』・『주역周易』연구에 조예가 깊었는데, 유·불·도 삼교의 궁극적인 목적은 같다고 역설하였다. 제齊의 문혜태자文惠太子의 『효경의소孝經義疏』 찬정에 참여하였다.

저서로는 『주역론周易論』・『삼종론三宗論』・『초성실론서抄成實論序』 등이 있다.

주조의(朱祖義)

원대元代의 역학자. 자는 자유子由. 여릉廬陵(지금의 江西省 吉安) 출신. 여러 경서에 통달하였다. 저서에 『주역구해周易句解』가 있고, 별도로 경전 마다 주석을 달아놓은 『구해句解』 등이 있다.

주진(朱震, 1072~1138) : 한상주씨漢上朱氏

남송南宋의 경학자. 자는 자발子發, 호는 한상漢上. 호북湖北 형문군荊門軍 출신. 호안국胡安國의 천거로 사훈원외랑司勳員外郞이 되었으나 병을 핑계로 나가지 않았다. 후에 비서소감겸시경연秘書少監兼侍經筵·한림학사翰林學士 등을 역임했다. 사량좌謝良佐와 교유했으며 정호程顥·정이程頤를 사숙하였다.

경학에 조예가 깊었으며 정이의 『역전易傳』을 종주로 삼았으며, 상수학을 계승하였다. 저서로는 『한상역집전漢上易集傳』 등이 있다.

주탁(朱倬)

원대元代의 유학자. 자는 맹장孟章. 건창建昌 신성新城(지금의 江西省 黎川) 출신. 1342년 과거에 급제하여 수안현윤遂安縣尹을 지냈다.

저서에 『시의문詩疑問』·『시변설詩辨說』 등이 있다.

주행기(周行己, 1067~1129) : 영가주씨永嘉周氏

북송北宋의 성리학자. 자는 공숙恭叔. 호는 부지선생浮沚先生. 영가永嘉 출신. 정이程頤의 문인. 원우元祐 때 과거에 급제하여 본주교수本州教授 등을 역임했다. 이낙伊洛의 학을 근본으로 하여 그 뜻을 서술했다. 저서로는 『주박사집周博士集』·『부지집浮沚集』 등이 있다.

주희(朱熹, 1130~1200) : 주자朱子·건안주씨建安朱氏·신안주씨新安朱氏·주문공朱文公 ➔ 회옹학안 참조(301쪽)

남송南宋의 유학자·성리학의 집대성자로 주자학朱子學의 창시자. 자는 원회元晦·중회仲晦, 호는 회암晦菴·

 회옹晦翁·운곡노인雲谷老人·창주병수滄洲病叟·둔옹遯翁. 본관은 휘주徽州(舊名新安). 복건성福建省 우계현尤溪縣 출신. 아버지는 나종언羅從彦의 문인이었던 주송朱松. 주돈이周敦頤·소옹邵雍·장재張載·정호程顥·정이程頤 등의 학설을 계승 종합하는 한편, 동시대의 불교·도교 이론까지 섭렵하여 방대한 사상 체계를 창시하였다. 주희는 19세에 과거에 합격하고 24세 때 천주泉州의 동안현주부同安縣主簿로 임명되어 처음으로 관직에 나아가기 시작하여 28세에 임기가 만료되자 다시 고향으로 되돌아왔다. 이후 약 20년간 현직에 나아가지 않고 퇴직 관료의 연금이라고 할 수 있는 사록祠祿만을 받으면서 학문에 몰두하였는데, 그의 학문의 골격은 대개 이 시기에 정립되었다. 49세 때 다시 남강군지사南康軍知事로 출사하여 백록동서원白鹿洞書院을 재건하는 등 문치文治에 힘썼고, 54세 때 관직을 사임하고 집안에 은거하며 강학講學에 몰두하였다.

그의 사상은 세계와 자연의 근원적 체계에 대한 탐구로서의 이기론理氣論, 인간의 내면적 구조와 그 본질에 대한 탐구로서의 심성론心性論, 인간의 본질을 회복하는 방법론으로서의 수양론修養論, 자연과 인간의 본질이 어떻게 인식 가능한가에 대한 인식론認識論으로서의 격물치지론格物致知論, 자연적 질서에 가장 합치되는 사회·정치적 질서를 정립하기 위한 모색으로서의 경세론經世

論, 사상의 이론적 근거로서의 경학經學, 개인과 사회·국가의 이상태理想態를 설정하기 위한 연구로서의 사학史學 등 광범위한 분야에 걸쳐 구성되어 있다.

그에 의해 유학은 공맹학孔孟學의 이념을 그대로 보존하면서도 북송의 주돈이周敦頤·소옹邵雍·장재張載·정호程顥·정이程頤 등의 학설을 계승 종합하는 한편, 동시대의 불교·도교 이론까지 섭렵하여 더욱 체계화한 이론으로 정리되었다. 청대에 왕부지王夫之·대진戴震 등에 의해 사상사적으로 부정되었지만, 송·원·명대에 걸쳐 관학官學으로서 독보적인 지위를 확보하였으며, 동아시아 사상사에서 지대한 영향을 끼쳤다.

저서에 『대학장구大學章句』·『대학혹문大學或問』·『중용장구中庸章句』·『중용혹문中庸或問』·『중용집략中庸輯略』·『논어강령論語綱領』·『논어집주論語集註』·『논어혹문論語或問』·『논맹정의論孟精義』·『맹자집주孟子集註』·『맹자혹문孟子或問』·『주역본의周易本義』·『역학계몽易學啓蒙』·『서집전書集傳』(주희의 지시로 蔡沈이 집필)·『시집전詩集傳』·『의례경전통해』(黃幹등이 보충), 『고금가제례古今家祭禮』·『가례家禮』·『효경간오孝經刊誤』·『소학서小學書(주희의 지시로 劉子澄이 지음)·『초사집주楚辭集注』·『초사후어楚辭後語』·『태극해의太極解義』·『통서해通書解』·『서명해西銘解』·『정몽해正蒙解』·『이락연원록伊洛淵源錄』·『정씨유서程氏遺書』·『하남정씨유서부록河南程氏遺書附錄』·『정씨외서程氏外書』·『사상채어록謝上蔡語錄』·『연평답문延平答問』·『근사록近思錄(呂祖謙 공저)』·『옥산강의玉山講義』·『백록동서원게시白鹿洞書院揭示』·『기의記疑』·『잡학변雜學辨』·『주역참동계고이周易參同契考異』·『음부경주陰符經註』·『한문고이韓文考異』·『감흥시感興詩』·『자치통감강목資治通鑑綱目』·『팔조명신언행록八朝名臣言行錄』·『논어요의論語要義(散佚)』·『곤학공문편困學恐聞編(散佚)』·『논어약해論語略解(未刊)』 등이 있다. 그리고 후세 학자들이 모아 기록한 주희의 서적으로는『주자대전집朱子大全集』·『주자전서朱子全書』·『주자학적朱子學的』·『회암문초晦菴文抄』·『주자어류朱子語類』·『주자서절요朱子書節要』·『주자어략朱子語略』·『주자유서朱子遺書』 등이 있다.

중산보(仲山甫)

주周나라 선왕宣王의 경사卿士. 선왕을 도화 중흥의 치세를 이루었다.

중유(仲由, B.C.542~480) : 자로子路

춘추시대의 유학자. 자는 자로子路·계로季路. 공자의 제자. 노魯나라 변읍卞邑(지금의 山東省 泗水縣) 출신. 공문십철孔門十哲의 한 사람으로 염유冉有와 함께 정사과政事科에 뛰어났다. 공자보다 9세 연하. 그는 노魯나라와 위衛나라에서

벼슬을 하다가 위후衛侯 괴외蒯聵의 난리를 만나 의리를 지키다가 죽었다. 자최子崔라는 아들이 있었다.

『사기史記』에 의하면 그가 공자를 처음 보았을 때에 자신의 무용武勇을 믿고 오만하게 굴었으나, 후에 공자의 가르침을 받고 어진 사람이 되었다고 한다. 그는 강직하고 용맹스럽고 과감한 것으로 유명하였으며, 효성이 지극하였다. 또한 호방하고 신용을 중요하게 여겼으며 충고를 들으면 기뻐하였다. 그의 이러한 성격을 엿볼 수 있는 구절이 『논어』 「위정爲政」·「공야장公冶長」·「술이述而」·「자한子罕」·「선진先進」편 등에 있다. 공자는 그의 용감성·과감성·강직함을 칭찬하면서도 한편으로는 그가 성급하고 경솔한 행동을 하려 한다고 지적하였다. 따라서 공자는 그를 일러 한 마디로 '언彦(거침·속됨·과감함)하다'고 표현하고 그러한 경솔함을 항상 경계시켰다. 그는 가르침을 받은 것이 있으면 그것을 꼭 지키고자 하였는데 이러한 점은 많은 칭찬을 받았다. 그가 죽자 공자는 "아! 슬프다. 하늘이 나를 끊으시는구나!"라고 하면서 탄식하였고 한다.

증점曾點 : 증석曾晳

춘추시대春秋時代의 유학자. 자는 자석子晳 또는 석晳. 증삼曾參의 아버지. 노魯나라 무성武城(지금의 山東省 平邑縣) 출신. 공자를 존숭하여 그 가르침에 따른 실천을 돈독히 하였지만, 공자가 주유열국周遊列國할 때 함께 하

지 못하였다. 『논어』 「선진先進」에는 "늦은 봄에 봄옷이 만들어지거든 어른 5~6인과 동자 6~7인과 더불어 기수沂水에서 목욕하고 무우舞雩에 올라 소풍하다가 시詩를 읊으면서 돌아오겠습니다"라고 자신의 이상을 말한 일화가 있다. 공자는 이 말에 깊이 감탄하면서 "나도 증점을 따르리라"고 하였다.

증참/증삼(曾參, B.C.506~B.C.436) : 증자曾子·자여子輿

춘추시대春秋時代의 유학자. 자는 자여子輿. 공자의 제자. 무성武城(지금의 山東省 平邑縣) 출신. 공자의 제자였던 증점曾點의 아들이며, 공자보다 46살 연하로 제자 가운데 나이가 어리고 노둔魯鈍하였으나, 뜻이 성실하였기 때문에 공자의 도道의 진수를 얻었다고 한다. 공자가 주유열국周遊列國할 때 공자를 만나 스승으로 섬겼다. 공자가 죽은 뒤 공자의 제자들은 대부분 다른 나라에서 도를 전하기도 하고 경卿·대부大夫의 벼슬을 하기도 하였으나, 그는 고향 수사洙泗에서 종신토록 강학講學 활동을 하여 70여 명의 문인을 배출하였다. 제齊·초楚·진晉 등 여러 나라에서 그를 모시려고 했지만 사양하고 나아가지 않았다. 그는 도道를 공자에게서 전수傳受받아 다시 공급孔伋에게 전했으며, 공급은 맹자孟子에게 전하였는데, 이것이 공문의 정전正傳으로 일컬어진다.

그는 공자의 일이관지一以貫之 사상을 충忠·서恕로 인식하였다. 한편 그는 효행으로 유명했는데, 효孝는 천하의 대경大經이라고 생각하였다. 그는 효의 실천자로서 뿐만 아니라 효의 내용을 심화시키고 다양화시켰다. 공자는 효를 인仁을 하는 입문의 수단으로 생각하여, 윤리의 출발이며 인을 행하는 근본이라고 생각하였는데, 증삼도 효를 도덕의 제일 중요한 것으로 생각하여 '백성의 근본은 효를 가르치는 것'이고, '효는 곧 인仁·의義·예禮의 실제적인 내용이며, 인·의·예는 효의 표현'이라고 여겼다. 그는 효를 복종服從·애경愛敬·양지養志·기간幾諫 등 네 종류로 분류하고, 대효大孝·중효中孝·소효小孝로 그 단계를 분류하였다. 효를 행하는 방법으로서 주관적으로는 충忠을, 객관적으로는 예禮에 따를 것을 말하였다. 그의 저술은 『한서漢書』「예문지藝文志」에 「증자」 18편, 『수서隋書』「경적지經籍志」에 「증자」 3권이 있다고 하지만, 산일되어 현재는 전하지 않는다. 남아있는 저술은 『대학大學』·『대대례기大戴禮記』 가운데의 「수신修身」부터 「천원天圓」까지의 10편이 있다.

진건(陳建, 1497~1567)

명대明代의 유학자. 자는 정조廷肇, 호는 청란淸瀾. 광동廣東 광주부廣州府 동완東莞 출신. 1532년 후관현교유

侯官縣敎諭를 거쳐 강서江西의 임강부학교수臨江府學敎授 등을 역임. 48세에 연로한 어머니 때문에 사직하고 귀향하여 다시는 관로에 나가지 않고 저술에만 전념하였다.

　주자학朱子學을 종지로 삼은 그는 주희朱熹의 설說에 기초하여 이단異端에 대한 비판을 철저히 하고, 육구연陸九淵·왕수인王守仁·노자老子·장자莊子·불교 등을 비판함으로써, 특히 육학陸學을 비롯한 양명학과 불교 비판에 주력하였다. 그는 육구연으로 인하여 불교의 설이 유교에 들어와 겉으로는 유가이지만 속으로는 불가의 학풍이 성행하였고, 왕양명과 그 문도들에 이르러서는 또한 혼란을 더욱 조장하게 되었다고 주장하였다.

　원대元代 이후의 주륙동이론朱陸同異論을 변난辨難하였다. 이러한 논의는 명말청초의 주자학 재흥再興과 민족주의 부흥에 영향을 미쳤다. 저서로는 『학부통변學蔀通辨』 이외에 『황명통기皇明通紀』·『치안요의治安要議』·『남간록灆竿錄』·『악부통고樂府通考』 등이 있다.

진경(陳經)

　송대宋代의 유학자. 자는 현지顯之·정보正甫. 길주吉州 안복安福(지금의 江西省) 출신. 1199년 과거에 급제하여 봉의랑奉議朗을 지냈다.

　저서로는 『상서상해尙書詳解』·『시강의詩講義』·『존재어록存齋語錄』 등이 있다.

진고(陳皋)

송나라 역학자. 자는 희고希古. 촉蜀(지금의 四川) 출신. 『역론易論』 10권을 지었으나 지금은 전하지 않는다.

진공석(陳孔碩) : 삼산진씨三山陳氏

송대宋代의 유학자. 자는 부중膚仲, 호는 북산선생北山先生. 후관侯官 출신. 할아버지 희희와 아버지 형형을 모두 주희가 칭송하였다. 젊어서부터 장식張栻·여조겸呂祖謙과 어울렸으며, 후에 형과 함께 주희朱熹의 제자가 되었다. 효종孝宗 때 과거에 급제하여 비각수찬秘閣修撰에 이르렀다. 저서에 『대학중용해大學中庸解』·『북산집北山集』 등이 있다.

진관(秦觀, 1049~1100) : 회해진씨淮海秦氏

북송北宋의 유학자. 자는 소유少游·태허太虛, 호는 회해거사淮海居士. 양주揚州 고우高郵(江蘇省) 출신. 1085년에 과거에 급제하여 태학박사太學博士·밀서성정자密書省正字 등을 지냈다. 황정견黃庭堅·조보지晁補之·장뢰張耒 등과 함께 '소문사학사蘇門四學士'로 일컬어졌다. 유·불·도 삼교에 두루 통하였으며, 촉학파蜀學派의 주요 인물이다. 저서로는 『회해집淮海集』 등이 있다.

진관(陳瓘, 1057~1122) : 진료옹陳了翁

북송北宋의 유학자. 자는 영중瑩中, 호는 요옹了翁·요

재了齋, 시호는 충숙忠肅. 태학박사太學博士·교서랑校書郎·저작랑著作郎·우사원외랑右司員外郞 등을 지냈다.

그는 간관諫官시절에 자주 극언極言하여 폄직貶職되었으며, 초주楚州에서 일생을 마쳤다. 이정二程의 고제高弟인 양시楊時와 교유하였으며, 만년에는 『책침문責沈文』을 지어 정학程學을 발양하였다.

유배기간에 『존요집尊堯集』을 지어 왕안석王安石의 행동은 신종제神宗帝를 참월僭越한 것이라고 지적하였다. 한편, 어려서부터 불교에 경도傾倒되어 선승들과 친교를 맺었으며 불자를 위해 유문遺文을 찬하였다. 이로써 그는 유儒·불佛에 함께 심취한 북송 지식인의 한 전형을 보인다. 저서로는 『요옹역설了翁易說』·『진충숙공언행록陳忠肅公言行錄』 등이 있다.

진단(陳摶, 871~989) : 희이선생希夷先生.

북송北宋의 유儒·불佛·도道 삼교 조화론자. 자는 도남圖南, 호는 부요자扶搖子·청허처사淸虛處士·목암도인木巖道人. 하남성河南省 직원直源 출신.

무당산武當山에서 20여 년 은거하다가 나중에는 화산華山으로 옮겼다. 『주역周易』 및 복기술服氣術·벽곡술辟穀術에 정통했으며, '수공睡功'으로 세상에 더 많이 알려지게 되었다. 오대五代 후주後周의 세종世宗이 그를 불러 도술을 묻고 간의대부諫議大夫에 임명했으나, 그는 극구 사양했다. 송宋나라의 태종太宗도 그를 존경하여 '희이선생希夷先生'이라는 호를 하사했다.

저서로는 『삼봉우언三峯寓言』·『고양집高陽集』·『조담집釣潭集』과 『무극도無極圖』·『선천도先天圖』가 있는데, 이들 저서는 주돈이周敦頤·소옹邵雍의 추단推斷·연역演繹을 거쳐 송대 이학理學 가운데 본체론·우주론의 중요한 바탕이 되었다. 특히 이미 유실된 『지현편指玄篇』에는 도양금단술導養金丹術이 언급되어 있는데, 이는 북송 때 장백단張伯端의 내단설內丹說에 영향을 주었다.

진대유(陳大猷)

송대宋代의 유학자. 자는 문헌文獻, 호는 동재東齋. 강서성江西省 도창都昌 출신. 1259년 과거에 급제하여 종정랑從政郎·황주군판관黃州軍判官 등을 지냈다. 『서경書經』에 조예가 깊었다. 저서로는 『상서집전혹문尙書集傳或問』·『상서집전회통尙書集傳會通』 등이 있다.

진덕수(眞德秀,1178~1235) : 서산진씨西山眞氏·건안진씨建安眞氏·진문충공眞文忠公 ➔ 서산진씨학안 참조(308쪽)

남송南宋의 성리학자. 자는 경원景元, 호는 서산西山, 시호는 문충文忠. 복건성福建省 포성浦城 출신. 벼슬이 참지정사參知政事에 이르렀다. 주희朱熹의 재전제자再傳弟子이다.

그는 '무극이태극無極而太極'의 해석에 있어 '형태는

없으나 지극한 이치는 있다(無形而有至理).'라고 해석하였으며, 성性을 '무극이태극無極而太極'과 같이 초월적인 것으로 보았다. 또한 이선기후론理先氣後論을 주장하였으며, 거경궁리설居敬窮理說을 강조하였다. 저서에 『대학연의大學衍義』·『서산문집西山文集』·『독서기讀書記』·『사서집론四書集論』·『문장정종文章正宗』·『서산갑을고西山甲乙藁』·『대월갑을집對越甲乙集』·『경연강의經筵講義』·『서산정훈西山政訓』 등이 있다.

진득일(陳得一)

송대宋代의 천문학자. 상주常州 출신. 관직에 오르지 않았다. 당시의 역법曆法이 정확하지 않자, 1137~1138년간에 새로운 역법을 만들었는데, 당시 비서성감秘書省監에서 검증되어 채택되면서 통미처사通微處事에 봉해졌다. 주진朱震의 건의로 '통원력通元曆'이라는 이름을 얻게 되었다. 『주자어류朱子語類』에 언급되고 있다. 저서로는 『역경曆經』·『역의曆義』·『입성立成』·『고고춘추일식考古春秋日食』·『칠요세행七曜細行』·『기삭입행초氣朔入行草』 등이 있다.

진량(陳亮, 1143~1194) : 진씨陳氏

남송南宋의 유학자. 자는 동보同甫, 호는 용천龍川, 시호는 문의文毅. 무주婺州 영강永康(지금의 浙江省 金華) 출신. 소흥紹興 4년(1193) 과거에 급제하여 건강부판관建

康府判官을 제수 받았으나, 이 때 이미 그의 나이 51세였고 오랜 병으로 인해 그 다음해에 죽었다. 그는 특별한 사승師承 관계가 있지 않으며, 강학과 연구에 잠심하여 영강학파永康學派를 창건하였다. 장식張栻·여조겸呂祖謙·주희朱熹 등과 많은 토론을 하였다. 특히 주희와 교우가 깊어 항상 편지를 주고받으면서 학문을 논하였다.

그는 당시의 통유通儒들이 의리를 나누고 왕패王霸를 구별하는 것에 대해 반대하였으며, 치도治道도 시대에 따라 다르므로 중요한 것은 적용함에 있다고 주장하였다. 천지天地는 항상 운행하고 인도人道는 쉼이 없다고 하였다. 따라서 현실적 사물이나 민생民生·일용日用 등 실사실물實事實物, 그리고 감정感情을 통하여 도를 인식해야 한다고 강조하였다. 또 사물의 본질을 도외시하는 인식은 불가능하다고 보는 경험적 입장에서, 경험적 사물에 근거하는 인식만이 그 본질을 파악할 수 있다고 하였다. 그의 학풍은 사공학事功學을 강조하였기 때문에 세칭 '영강공리학파永康功利學派 또는 절동학파浙東學派'라고 불렸다. 저서로는 『용천문집龍川文集』『진용천문초陳龍川文鈔』『삼국기년三國紀年』 등이 있다.

진문울(陳文蔚, 1154~1239) : 진재경陳才卿

남송南宋의 유학자. 자는 재경才卿, 호는 극재克齋 또

는 북산北山. 강서江西의 신주信州 상요현上饒縣 출신. 주자의 문인. 단평端平연간(1234~1236)에 적공랑迪功郎에 임명되었다. 그는 성실하게 공부에 정진하여 주자의 칭찬을 받았으며, 도학을 터득하고 고아한 풍도를 이루어 세상 사람들의 존경을 받았다. 『주자대전朱子大全』에 주자의 답서 16통의 글이 있다. 『주자어록朱子語錄』에는 1188년 이후부터 주자에게서 들은 내용 230여 조목을 기록하였는데, 자신이 직접 질문한 내용도 70여 조목이다.

진부량(陳傅良, 1137~1203) : 지재진씨止齋陳氏

남송南宋의 유학자. 자는 군거君擧, 호는 지재止齋, 시호는 문절文節. 절강성浙江省 서안瑞安 출신. 태주교수泰州敎授·중서사인中書舍人 겸 시독侍讀·직학사直學士·보모각대제寶謨閣待制 등을 역임하였다. 정백웅鄭伯熊·설계선薛季宣에게 배워서 영가학파永嘉學派를 전하였으며, 태학太學에 입학하여 장식張栻·여조겸呂祖謙 등과 교유하였다. 그는 주희朱熹와 육구연陸九淵의 학설을 공담空談이라고 반대하였으며, 경세치용經世致用을 중시하고 일사일물一事一物도 반드시 궁극까지 상고해야 한다고 주장하였다. 저서로는 『좌씨장지左氏章旨』·『시해고詩解詁』·『주례설周禮說』·『춘추후전春秋後傳』·『지재문집止齋文集』·『영가팔면永嘉八面

峰』 등이 있다.

진사개(陳師凱)

원대元代의 유학자. 자는 도용道勇. 강서성江西省 남강南康 출신. 려산廬山에 은거하여 저술에 힘썼다. 저서로는 『상서채전방통尙書蔡傳旁通』 등이 있다.

진상도(陳祥道, 1053~1093)

북송北宋의 유학자. 자는 용지用之. 장악長樂(지금의 福建省 福州) 출신 1067년 과거에 급제하여 태상박사太常博士·밀서성정자密書省正字를 지냈다. 왕안석王安石의 제자로 왕씨의 학문을 전파하는데 공헌한 인물이다. 저서에 『예서禮書』·『논어전해論語全解』 등이 있다.

진순(陳淳, 1159~1223) : 북계진씨北溪陳氏

남송南宋의 성리학자. 자는 안경安卿, 호는 북계北溪. 복건성福建省 장주漳州출신. 1190년경 주희朱熹가 장주에 있을 때 그에게서 학문을 들었으며, 1199년 다시 주희를 만남으로써 주희 만년晩年의 고제高弟가 되었다.

그는 주희의 학설을 추숭推崇하고 육구연陸九淵의 심학心學을 배격했으며, 주희의 『사서집주四書集注』와 『근사록近思錄』을 성현聖賢의 전심명도傳心明道의 요법이라고 칭송했다. 또한 그는 주희의 성론性論을 계승하여 성즉리性卽理를 주장하면서, 이는 만물공유萬物共有의 이理이며, 성性은 사람의 이理라고 설명하였다. 저서에 『엄릉강의嚴陵講義』·『사서성리자의四書性理字義』·『북계전집北溪全集』 등이 있다.

진식/진치(陳埴) : 잠실진씨潛室陳氏·영가진씨永嘉陳氏

남송南宋의 성리학자. 자는 기지器之, 호는 잠실潛室. 진치陳埴라고도 한다. 영가永嘉 출신. 벼슬은 통직랑通直郎에 이르렀다. 섭적葉適에게 배운 뒤에 주희朱熹의 제자가 되었다. 그는 성性의 이치는 형체가 없으나 사단四端의 발현으로 증험할 수 있다고 하였다. 또한 성에는 의리지성義理之性과 기질지성氣質之性의 구분이 있어, 의리지성만 있고 기질지성이 없으면 의리가 부착附着할 수 없고 기질지성만 있으면 말라비틀어진 물건과 같다고 하면서 이와 기가 합해야만 성이 온전할 수 있다고 하였다. 저서로는 『우공변禹貢辯』·『홍범해洪範解』·『왕제장구王制章句』 등이 있다.

진아언(陳雅言)

원말명초元末明初의 유학자. 강서성江西省 영풍永豊 출신. 원말에 무재茂材로 천거되었으나 나아가지 않았다. 1370년경 영풍현 향교에서 교학敎學하였다. 저서로는 『사서일람四書一覽』·『대학관규大學管窺』·『중용류편中庸類編』 등이 있었으나 전해지지 않고, 지금은 『서의탁약書義卓躍』만 전해진다.

진역(陳櫟, 1252~1334) : 신안진씨新安陳氏·정우진씨定宇陳氏

원대元代 유학자. 자는 수옹壽翁·정우定宇, 호는 동부노인東阜老人. 휴녕休寧(지금의 新安) 출신. 학문은 주자를 조종으로 삼았고, 송나라가 망한 후 은거해서 책을 저술하다 83세에 죽었다. 저서로는 『역략易略』·『사서발명四書發明』·『서전찬소書傳纂疏』·『예기집의禮記集義』·『근유당수록勤有堂隨錄』·『역조통략歷朝通略』·『정우집定宇集』 등이 있다.

진열(陳烈)

북송北宋의 학자. 자는 계자季慈. 주렴계周濂溪와 함께 당대의 명사名士이다.

진우문(陳友文)

남송南宋의 역학자. 호는 융산隆山. 저서로는 『대역집전정의大易集傳精義』 64권·『강령綱領』 3권 등이 있다.

진제(陳第, 1541~1617)

명대明代의 경학자·음운학자音韻學者. 자는 계립季立, 호는 일재一齋·온마산농溫麻山農. 서재는 세선당世善堂·사돈산방謝墩山房이라고 하였다. 복건성福建省 연강連江 출신. 도독都督 유대유兪大猷에게 병법을 가르쳤고, 장서가 많았다고 한다. 그는 『시경』의 연구를 통하여 음음에 고음이 있다는 것을 이해함으로써 협운설叶韻說의 오류를 타파하였는데 이것은 후에 고염무顧炎武의 고운십부설古韻十部說에 영향을 주었다. 저서에 『모시고음고毛詩古音考』·『상서소연尚書疎衍』·『복희선천도찬伏羲先天圖贊』·『굴송고음의屈宋古音義』·『기심집寄心集』·『일재시집一齋詩集』·『오악양오유초五岳兩奧游草』 등이 있다.

진제태(陳際泰, 1567~1641)

명대明代의 유학자. 자는 대사大士. 정주汀州 무평武平(福建省) 출신. 68세에 과거에 급제하였다. 『시경』을 주경야독하였다. 저서로는 『역경설역易經說易』·『주역익간첩해周易翼簡捷解』·『사서독四書讀』·『오경독五經讀』 등이 있다.

진지(陳芝)

남송南宋의 유학자. 자는 정수廷秀. 주자의 문인이다.

진지유(陳知柔, ?~1184) : 온능진씨溫陵陳氏

송대宋代 성리학자. 자는 체인體仁, 호는 휴재거사休齋居士. 영춘永春(지금의 福建省) 출신. 관직은 순주지사循州知事·하주지사賀州知事를 역임했다.

저서로는 『역본지易本旨』·『역대전易大傳』·『춘추의례春秋義例』·『시성보詩聲譜』·『논어후전論語後傳』·『시화詩話』가 있다.

진헌장(陳獻章, 1428~1500)

명대明代의 유학자. 자는 공보公甫, 호는 석재石齋·백사白沙. 신회新會 백사白沙(지금의 廣東省에 속해 있음) 출신. 정통正統 12년(1447) 중거인中擧人이 되었지만, 이후 3차례에 걸친 과거에서 모두 낙제하여 벼슬길을 포기하고 심학心學 공부에 전념하였다. 27세 때 당시의 저명한 학자인 오여필吳與弼에게서 가르침을 받았다. 56세 때에 벼슬에 추천되었으나 병을 이유로 사양하였다.

그는 송대宋代 육구연陸九淵의 학풍을 계승하였으며, 정좌靜坐에 의해 마음을 깨끗이 하고, 천리天理를 몸으로 인식할 것을 주장하였다. 유교 경전의 자질구레한 해석에 몰두하는 명대明代의 주자학에 반발하고 실천성을 강조하였기 때문에 왕수인王守仁의 선구적 사상가로 여겨지고 있다. 그의 학문은 마음 본연本然의 모습에서 주체主體의 확립을 구하려 하는 심학心學이었다. 그는 육구연의 학문뿐만 아니라 명대 중기의 주자학에 만족하지 못한 학자들의 학문 풍조에도 큰 영향을 받았다. 저서로는 『백사집白沙集』 등이 있다.

진호(陳澔) : 동회택진씨東匯澤陳氏

송말원초宋末元初의 유학자. 자는 가대可大, 호는 북산北山·동회택東匯澤. 저서로는 『예기』를 주석한 『예기집설禮記集說』 등이 있다.

채모(蔡模, 1188~1246) : 각헌채씨覺軒蔡氏

남송南宋의 역학자. 자는 중각仲覺. 각헌선생覺軒先生. 채침蔡沈의 아들. 은거하며 학문에 힘썼다. 순우淳祐 중기 적공랑迪功郎에 임명되어 본부교수本府教授가 되었다. 저서로는 『역전집해易傳集解』・『대역연설大易衍說』・『하락탐색河洛探賾』・『속근사록續近思錄』・『대학연설大學衍說』・『논맹집소論孟集疏』 등이 있다.

채변(蔡卞, 1058~1117)

송대宋代의 유학자. 자는 원도元度. 흥화군興化軍 선유仙遊(지금의 福建省) 출신. 1077년경 과거에 급제하여 상서좌승尚書左丞・지하남부知河南府 등을 지냈다. 저서로는 『모시명물해毛詩名物解』 등이 있다.

채연(蔡淵, 1156~1236) : 절재채씨節齋蔡氏

남송南宋의 역학자. 자는 백정佰靜, 호는 절재節齋. 채원정蔡元定의 큰아들. 채침蔡沈의 형. 벼슬에 나아가지 않고 주희와 함께 역설을 논하였으나, 이리를 위주로 하였다. 『주역경전훈해周易經典訓解』 등 다수를 지었으나 전하지 않는다.

채옹(蔡邕, 131~192) : 채백개蔡伯喈

후한의 문학자. 자는 백개伯喈. 하남성河南省 어현圉縣(杞縣) 출신. 170년 낭중郎中이 되었다가 한때 유배 생활을 하였다. 189년 동탁董卓에게 발탁되어 시어사侍御史·좌중랑장左中郎將 등을 역임하였으나 동탁이 죽음을 당한 후 투옥되어 옥중에서 죽었다.

호광胡廣·주목朱穆에게서 배웠으며 학문과 문예 방면에 활약하였다. 박학하여 사장辭章·술수術數·천문天文 등에도 조예가 깊었다. 175년 양사楊賜 등과 함께 육경六卿의 문자를 바로잡을 것을 주청하고 스스로 그것을 예서체隸書體로 써서 돌에 새긴 후 태학太學 밖에 세웠다. 이것은 경서의 본문을 바로잡아서 학자로 하여금 올바른 것을 취하게 한 것으로써 경학사에서 중대한 의의를 지닌다. 시부詩賦에 능하고 특히 비명碑銘에 뛰어났으며, 비자체飛字體를 창시하였다. 또한 왕찬王粲을 비롯하여 많은 문인을 양성함으로써 뒷날 건안문학建安文學의 토대를 닦았다. 저서로는 『독단獨斷』과 후인들이 편찬한 시문집 『채중랑집蔡中郎集』 등이 있다.

채원정(蔡元定, 1135~1198) : 운곡채씨雲谷蔡氏·채계통蔡季通→서산채씨학안 참조(304쪽)

송대宋代의 성리학자. 자는 계통季通, 호는 서산西山, 시호는 문절文節. 건주建州 건양建陽 출신. 채발蔡發의

아들, 채침蔡沈의 아버지. 채발은 군서群書를 섭렵한 대유大儒로서 목당노인牧堂老人이라고 불리었다. 그는 일찍이 아버지에게서 『이정어록二程語錄』, 소옹邵雍의 『황극경세서皇極經世書』, 장재張載의 『정몽正蒙』을 배우고 연구했으나, 후에 주희朱熹의 이름을 듣고서 그를 스승으로 삼았다. 주희는 그의 학문을 인정하여 벗으로 대우했으며, 사방에서 오는 사람들로 하여금 먼저 그에게 질정質正하도록 했다.

그의 학문은 의리학과 상수학을 겸하여, 『역易』을 이용하여 소옹의 『황극경세서』를 주해하였다. 학문하는 방법은 '수數로써 이치를 밝히는 것'이었다. 저서에 『대연상설大衍詳說』·『율려신서律呂新書』·『연락원변燕樂原辨』·『황극경세皇極經世』·『태현잠허지요太玄潛虛指要』·『홍범해洪範解』·『팔진도설八陣圖說』 등이 있다.

채청(蔡淸, 1453~1508)

명대明代의 성리학자. 자는 개부介夫, 호는 허재虛齋. 복건성福建省 진강晋江 출신. 강서제학부사江西提學副使 등을 역임했으며, 후에 남경국자좨주南京國子祭酒에 임명되었으나 취임하지 못하고 죽었다. 임빈林玭에게서 배웠다. 육경六經에 밝았으며, 특히 『주역周易』에 뛰어났다. 염락관민濂洛關閩의 도학道學을 궁구하여 초기에는 정靜을, 후에는 허虛를 주主로 삼았다. 저서로는 『역경몽인易經蒙引』·『사서몽인四書蒙引』·『허재집虛齋集』 등이 있다.

채침(蔡沈, 1167~1230) : 채구봉蔡九峯

남송南宋의 성리학자. 자는 중묵仲默, 호는 구봉九峯. 건주建州 건양현建陽縣(지금의 福建省에 속해 있음) 출신. 주희의 문인 겸 사위로, 주자가 미처 완성하지 못한 『서경』의 주석을 『서집전書集傳』으로 완성하였다. 어려서부터 스승의 가르침과 가학의 훈도薰陶가 있어 이학理學 수양이 매우 깊었다. 그는 학문적으로 아버지의 영향을 많이 받았으며, 그와 함께 주희의 사상을 계승하고 밝혔다.

그는 하도河圖는 음양이 주主가 되고, 낙서洛書는 오행이 주가 된다고 하였으며, 수리數理로써 철학의 원리를 삼고 그것을 이용하여 우주宇宙와 인사人事를 설명하고자 하였다. 수의 체體는 형形에서 드러나고 수의 용用은 이치理致에 묘妙하게 작용하는 것이 된다고 설명하였다. 『홍범황극내편洪範皇極內篇』에서 9·9의 수에 의해 황극皇極의 범수範數를 81이라 하고 그 각각에 이름을 붙였으며, 거기에 사辭를 달아서 길흉을 말하였다. 이것은 『서경』「홍범洪範」의 수리數理를 연구한 것으로서 뛰어난 업적으로 평가받았다.

저서로는 『서집전書集傳』·『몽전기夢奠記』·『홍범황극洪範皇極』·『채구봉서법蔡九峯筮法』 등이 있다.

채항(蔡抗)

　남송南宋의 유학자. 자는 중절仲節, 호는 구헌久軒, 시호는 처음 문간文簡이었으며, 나중에 문숙文肅에 봉해졌다. 채원정蔡元定의 손자, 채침蔡沈의 아들, 채모蔡模의 동생. 경전과 역사에 달통하고, 도학에 투철하였다. 1229년 과거에 급제하여 참지정사參知政事에 이르렀다. 『주자어록朱子語錄』「후서後序」를 지었다.

초공(焦贛) : 초연수焦延壽

　한대漢代의 경학자. 자는 연수延壽. 하남성河南省 몽현蒙縣 출신. 빈천했지만 학문을 좋아했기 때문에 양왕梁王이 학비를 주어 공부시켰다. 소황현령小黃縣令이 되어 이민吏民을 애양愛養하여서 명망이 높았다. 맹희孟喜에게 역을 배워 괘기설卦氣說을 계승하고, 그 날의 풍우한온風雨寒溫을 관찰하여 일의 길흉선악吉凶善惡을 점친다는 '점후역占候易'을 창시하였다. 제자로 점후역의 대성자大成者로 불리는 경방京房이 있다. 저서로는 『초씨역림焦氏易林』 등이 있다.

초정(譙定)

　송대宋代의 유학자. 자는 천수天授. 호는 부릉거사涪陵居士. 촉蜀의 청성산靑城山에 은거하였다.

초횡(焦竑, 1541~1620)

명대明代의 양명학자. 자는 약후弱候, 호는 의원漪園·담원澹園, 시호는 문단文端. 강소성江蘇省 강녕江寧(南京市) 출신. 한림원수찬翰林院修撰을 지냈는데, 직언을 자주하여 후에 복녕주福寧州로 좌천되었다. 경정향耿定向과 나여방羅汝芳에게서 학문을 배웠다. 그는 당시 학자들에게 높이 평가되던 송대宋代 정호程顥의 불교비판에 대해 그 부당성을 지적하면서 불교에서 말하는 '본래무일물本來無一物'은 바로 『중용』에서의 '미발未發'이라고 주장함으로써 유·불의 조화를 기도하였다. 그가 지은 『초씨필승焦氏筆乘』과 명대의 경전목록인 『국사경적지國史經籍志』는 문헌학상 중요한 자료이며, 수만 권의 장서를 보유하여 고전을 정리한 성과는 청초淸初의 경학부흥을 이어주는 교량적 역할을 하였다.

그 외의 저서로 『역전易筌』·『초씨류림焦氏類林』·『노자익老子翼』·『장자익莊子翼』·『담원집澹園集』·『옥당총화玉堂叢話』·『속서간오俗書刊誤』·『장자궐오莊子闕誤』·『음부경해陰符經解』·『중원문헌中原文獻』 등이 있다.

최선(崔銑, 1478~1541)

명대明代의 성리학자. 자는 자종子鐘·중부仲鳧, 시호는 문민文敏. 안양安陽 출신. 『효종실록孝宗實錄』을 편수한 후 남경이부주사南京吏部主事가 되었다. 이어 남경국자감좨주南京國子監祭酒·소첨사 겸 시독학사小詹事兼侍讀學士를 거쳐 남경예부우시랑南京禮部右侍郞을 지냈다.

저서에 『독역여언讀易餘言』·『정의政議』·『원사洹詞』·『최씨소이아崔氏小爾雅』·『창덕부지彰德府志』·『문원춘추文苑春秋』·『문원춘추서록文苑春秋敍錄』·『사익士翼』·『후거용언後渠庸言』·『회암문초속집晦菴文鈔續集』 등이 있다.

최영은(崔靈恩)

남조시대南朝時代 양梁나라의 경학자. 산동성山東省 동무성東武城 출신. 처음에는 위魏나라에서 태상박사太常博士가 되었으나, 양梁나라로 돌아가 보병교위步兵校尉·국자박사國子博士·계주자사桂州刺史를 지냈다. 그는 북조의 학풍을 대변하는 복건服虔의 『춘추좌씨전해의春秋左氏傳解誼』에 의거하여, 남조의 학풍을 대변하는 두예杜預의 『춘추좌씨경전집해春秋左氏經傳集解』를 비판함으로써 학계에 논쟁을 불러 일으켰다.

저서에 『모시집주毛詩集注』·『주례집주周禮集注』·『삼례의종三禮義宗』·『좌씨경전의左氏經傳義』·『좌씨조례左氏條例』·『공양곡량문구의公羊穀梁文句義』 등이 있었으나, 『삼례의종三禮義宗』의 집본集本만이 전한다.

최표(崔豹)

서진西晉의 유학자. 자는 정웅正熊. 연燕나라(지금의 北

京市) 출신. 300년경(惠帝) 상서좌병중랑尚書左兵中郞·태부太傅를 지냈다. 저서로는 『논어집의論語集義』·『고금주古今注』 등이 있다.

최호(崔浩, 381~450)

북위北魏의 유학자. 자는 백연伯淵. 산동성山東省 청하淸河 출신. 박사좨주博士祭酒·사도司徒 등을 역임하였다. 그는 태무제太武帝의 확장정책을 지지하여 신임을 얻고, 주대周代의 오등작제五等爵制(公·侯·伯·子·男)를 이상으로 하는 유교적 예교질서의 확립에 노력하였다. 그는 경서에 밝았으며 오경과 『논어』·『효경孝經』 등을 주석하였다. 후에 그의 지나친 한족 중심적 정책이 일으킨 반발과 그가 편찬한 『국사國史』의 내용에 대한 태무제의 노여움 등으로 그의 일족은 주멸되었다.

추기정(鄒期楨)

명대明代의 유학자. 자는 공녕公寧, 호는 소의素衣. 강소성江蘇省 무석無錫 출신. 고반룡高攀龍에게 수학하였다. 저서로는 『상서규일尙書揆一』 등이 있다.

추충윤(鄒忠允)

명대明代의 유학자. 자는 조민肇敏. 강소성江蘇省 무석

無錫 출신. 1613년 과거에 급제하여 강서안찰사부사江西按察使副使를 지냈다. 저서로는 『시전천詩傳闡』·『시전천여詩傳闡餘』 등이 있다.

추호(鄒浩, 1060~1111) : 도향추씨道鄉鄒氏

북송北宋의 유학자. 자는 지완志完, 호는 도향거사道鄉居士. 상주常州 진육晉陸(지금의 江蘇省 常熟) 출신. 1082년 과거에 급제하여 양주교수襄州教授·중서사인中書舍人 등을 지냈다. 송학宋學을 종주로 삼았다. 저서에 『논어해의論語解義』·『맹자해의孟子解義』 등이 있다.

칠조개(漆雕開, B.C.540~?) : 자개子開

춘추시대 노魯나라의 유학자. 본명은 계啟였는데 경제景帝의 휘諱를 피하기 위하여 개開자로 고쳤다. 자는 자개子開. 공자보다 11세 연하인 제자. 『논어』 「공야장公冶長」에는 공자가 사구司寇가 되어 그에게 벼슬할 것을 권하자 "아직 벼슬할 만한 이치에 대해 자신 할 수 없습니다."라고 대답하여 공자가 그의 독지篤志를 기뻐한 내용이 있다.

『한비자韓非子』 「현학顯學」에서는 그의 후학後學을 전국시대戰國時代의 유가팔파儒家八派 가운데 하나로 열거하였다. 『한서漢書』 「예문지藝文志」에는 「칠조자漆雕子」 13편이 실려 있다.

팽여려(彭汝礪, 1047~1096)

북송北宋의 유학자. 자는 기자器資. 요주饒州 파양鄱陽(지금의 江西省) 출신. 1065년 과거에 급제하여 형부시랑刑部侍郞·이부상서吏部尙書 등을 지냈다. 예천은倪天隱을 사사하여, 호원胡瑗의 재전제자再傳弟子가 되었다. 저서에 『역의易義』·『시의詩義』가 있었으나 전하지 않고, 『파양집鄱陽集』만 전할 뿐이다.

팽욱(彭勖, 1390~1453)

명대明代의 유학자. 자는 조기祖期·자기子期, 호는 춘암春庵. 길안吉安 영풍永豊(지금의 江西省) 출신. 1415년 과거에 급제하여 남웅부교수南雄府敎授·산동안찰사부사山東按察使副使 등을 지냈다. 영락대제 때 『서경대전書經大全』을 산정하면서 주희朱熹·호안국胡安國의 설을 존중하고 한당漢唐의 구설을 따르지 않았다. 저술로 『서전통석書傳通釋』·『독서요법讀書要法』 등이 있다.

포정(鮑靚)

동진東晋 때의 사람. 자는 태현太玄. 동해東海 출신. 남해태수에 천거되었다. 일찍이 선인仙人 음군陰君을 만나 도결道訣을 받았으며, 천문에 밝고 하도와 낙서에 관한 글이 있다. 100세까지 살았다. 『주자어류朱子語類』 「귀신鬼神」편에는 포정이 5살 때 부모에게 이르기를 '저는 본래 곡양曲陽 이씨 집의 자식인데, 9살 때 우물에 빠져 죽었습니다'라고 하여, 부모가 그곳을 찾아가 보니 사실이었다는 기정記井에 관한 일화가 언급되어 있다.

풍가(馮柯, 1524~1601)

명대明代의 성리학자. 자는 자신子新, 호는 보음寶陰·정백貞伯. 절강성浙江省 자계慈谿 출신. 여러번 과거에 응시했으나 급제하지 못하자 고향에서 학문에 힘썼다. 1576년 양번襄藩의 초빙으로 교수가 되었다. 정주학을 종주로하여 22세 때 천天·지地·인人 삼극三極의 변통을 논하였다고 한다. 저서로는 『삼극통三極通』·『질언質言』·『소학보小學補』·『회란정유迴瀾正諭』·『우직록寓直錄』·『구시편求是編』 등이 있는데, 『우직록寓直錄』이외의 책을 합하여 '정백오서貞白五書'라고 일컫는다.

풍거비(馮去非)

남송南宋의 역학자. 자는 가천可遷. 풍의馮椅의 아들. 순우淳祐 원년(1241)에 벼슬길에 나아갔다. 저서에 『역상통의易象通義』 등이 있으나 전해지지 않는다.

풍당가(馮當可)

송대宋代의 역학자.

풍도(馮道)

오대五代 때의 후주後周 사람. 후진後晋, 거란契丹, 후한후한後漢, 후주後周 등 네 나라의 열 임금을 섬겨 20년 동안 재상의 자리를 누렸고, 스스로 장락로長樂老라고 불렀다. 공리와 술수에 매우 밝은 사람이다. 율곡栗谷은 '당唐의 적인걸狄仁傑(狄梁公)을 배워서 이르지 못하는 자는 그 결과로 풍도가 될 것'이라고 하였다.

풍시가(馮時可)

명대明代의 유학자. 자는 민경敏卿, 호는 원성元成. 송강松江 화정華亭(지금의 上海市) 출신. 1571년 과거에 급제하여 호광포정사참정湖廣布政使參政을 지냈다. 『춘추春秋』에 뛰어났으며, 저서로 『좌씨석左氏釋』·『좌씨토左氏討』·『좌씨론左氏論』 등이 있다.

풍윤중(馮允中) : 풍작숙馮作肅

남송南宋의 유학자. 자는 작숙作肅, 호는 견재見齋. 풍작숙馮作肅이라 불린다. 주자의 문인이다.

풍의(馮椅) : 후재풍씨厚齋馮氏

남송南宋의 역학자. 자는 의지儀之 또는 기지奇之, 호는 후재厚齋. 풍거비馮去非의 아버지. 주진朱震으로부터 학문을 배웠다. 소흥紹興 4년(1134)에 벼슬에 나아갔다. 박학다식하여 저술도 많았으나, 오직 『후재역학厚齋易學』 52권만이 『사고전서四庫全書』에 실려 있다.

하교신(何喬新, 1427~1502)

명대明代의 유학자. 자는 연수延秀, 시호는 문숙文肅. 강서성江西省 광창廣昌 출신. 1454년 과거에 급제하여 남경예부주사南京禮部主事·형부상서刑部尚書 등을 지냈다. 저서로는 『주역집주周易集注』·『원사억견元史臆見』·『초구집椒丘集』 등이 있다.

하기(何基, 1188~1269)

남송南宋의 성리학자. 자는 자공子恭, 호는 북산北山, 시호는 문정文定. 절강성浙江省 금화金華 출신. 황간黃幹에게서 정주학程朱學을 배웠다. 벼슬에 뜻이 없어 몇 차례 소명召命을 받았으나 모두 사양하고, 평생토록 학문에만 전념하였다. 저서로는 『대학발휘大學發揮』·『중용발휘中庸發揮』·『근사록발휘近思錄發揮』·『주역계몽발휘周易啓蒙發揮』·『북산집北山集』 등이 있다.

하당(何瑭, 1474~1543)

명대明代의 유학자. 자는 수부粹夫, 호는 백재柏齋, 시호는 문정文定. 하남성河南省 무릉武陵 출신. 남경태상소경南京太常少卿과 공부工部·호부戶部·예부禮部의 시랑侍郎·남경우도어사南京右都御使 등을 역임하였다. 그는 세계의 근원은 일음일양一陰一陽의 둘로 되어 있다고 주장하였다. 양陽은 정신이고, 음陰은 물질로써, 양은 유지有知·무형無形, 음은 유형有形·무지無知라고 하였다.

저서로는 『음양율려陰陽律呂』·『유학관견儒學管見』·『박재집博齋集』·『하문정공집何文定公集』 등이 있다.

하상박(夏尙樸, 1466~1538)

명대明代의 성리학자. 자는 돈부敦夫, 호는 동암東巖. 강서성江西省 영풍永豐 출신. 남경예부주사南京禮部主事를 거쳐 산동제학부사山東提學副使·남경태복시소경南京太僕寺少卿을 지냈다. 위교魏校·담약수湛若水 등과 함께 강학하였으며, 설경지薛敬之 등과 더불어 주혜周蕙의 문하門下에 있다가 하동지학河東之學을 접하게 되었다. 왕수인王守仁과 함께 누량婁諒에게 학문을 배웠으나 정주程朱의 학통을 전승하여 경敬을 중심사상으로 삼았다.

저서로는 『중용어록中庸語錄』·『동암문집東巖文集』 등이 있다.

하안(何晏, 약 193~249)

삼국시대三國時代 위魏나라의 현학자·문학자·경학가經學家. 자는 평숙平叔. 남양완南陽宛(지금의 河南省 南陽) 출신. 하진何進의 손자이고 하함何咸의 아들이었으나, 부친 사후死後에 어머니 윤尹씨가 조조曹操의 측실側室이 된 탓으로 위나라 궁중에서 양육되었다. 후에 조조의 딸을 아내로 맞았다. 시중侍中·이부상서吏部尙書 등 역임. 왕필과 함께 위진魏晉 현학의 개창자開創者로 일컬어진다.

그는 『논어』·『주역』·『노자』를 상통하게 하여 유학의 도道와 성인관聖人觀을 노장老莊의 입장에서 해석하고자 하였다. 그는 정충鄭冲 등 4인을 대표하여 한유漢儒의 주해注解를 모은 『논어집해論語集解』를 편찬하였는데, 이것 역시 도가적인 해석을 사용한 것이었으며, 현존하는 『논어』 주석으로는 제일 오랜 것으로 알려져 있다. 그는 『도덕론』에서 무명론無名論을 전개, 노자老子의 무無 개념을 이어 만물은 무를 근본으로 삼는다고 주장하였다. 그는 또한 도는 무위無爲하고 자연自然한 것이라고 보는 입장에서 종래의 천명이나 천의天意, 하늘이 상벌을 내린다는 믿음 등을 미신이라고 비판하였다.

저서로는 『논어집해論語集解』·『도덕론道德論』·『위명제시의魏明帝諡議』·『문부文賦』 등이 있으며, 「경복전부景福殿賦」는 걸작으로 꼽힌다.

하윤(何胤, 446~531)

양梁나라의 경학자. 자는 자계子季. 여강廬江 출신. 패沛의 유환劉瓛에게서 『주역周易』·『예기禮記』·『모시毛詩』를 배웠으며, 종산鍾山의 정림사定林寺에 들어가서 내전內典을 듣기도 하였다. 제齊나라 무제武帝 때 건안태수建安太守를 지낸 후 회계會稽에 은거하였다. 무제武帝가 즉위하여 광록대부光祿大夫로 삼으려 하였으나 사양하고, 진망산秦望山에 옮겨 살면서 학사學舍를 열고 저술에 전념하였다.

저서에 『백법론百法論』·『십이문론十二門論』·『주주역註周易』·『모시통집毛詩統集』·『모시은의毛詩隱義』·『예기은의禮記隱義』·『예답문禮答問』 등이 있다.

하해(何楷)

명말청초明末淸初의 경학자. 자는 원자元子·현자玄子. 진해위鎭海衛(지금의 福建省 夏門) 출신. 1652년 과거에 급제하여 형과급사중刑科給事中·호부상서戶部尙書 등을 지냈다. 저서로는 『고주역정고古周易訂詁』·『시경세본고의詩經世本古義』 등이 있다.

하호(何鎬, 1128~1175) : 하숙경何叔京

송대宋代의 유학자. 자는 숙경叔京. 태계선생台溪先生. 소무邵武(지금의 屬福建) 출신. 하태何兌의 아들. 어려서부터 가학을 이었다. 주희朱熹와 함께 자랐다. 『회암집晦庵集』 「하숙경묘갈명何叔京墓碣銘」에 기록이 전한다.

하후승(夏侯勝, B.C.152~B.C.61)

전한前漢의 경학자·금문상서학今文尙書學인 대하후학大夏侯學의 창시자. 자는 장공長公. 노魯 동평東平(지금의 山東省) 출신. 그는 어려서 고아가 되었지만 학문하는 것을 좋아하였다. 소하후학小夏侯學의 창시자인 하후건夏侯建의 족형族兄으로, 하후건이 소하후로 불리는 데 비하여 그는 대하후大夏侯로 불린다. 무제武帝 때 박사博士로 초빙되었다. 그 후 간의대부諫議大夫·태자태부太子太傅 등을 역임하였다.

족부族父인 하후시창夏侯始昌과 구양생歐陽生에게서 『금문상서今文尚書』와 『홍범오행전洪範五行傳』을 전수받았으며, 예禮에도 밝았다. 그는 대체로 음양재이설陰陽災異說을 이용하여 시정時政의 득실得失을 해석하였다. 저서로는 『상서대소하후장구尚書大小夏侯章句』·『대소하후해고大小夏侯解故』 등이 있다고 하나 모두 산일되어 전하지 않으며, 청대清代 진교종陳喬樅의 『상서구양하후유설고尚書歐陽夏侯遺說考』에 수집되어 『황청경해속편皇清經解續編』에 수록되어 있다.

하휴(何休, 129~182)

후한後漢의 금문경학자今文經學者. 자는 소공邵公. 임성任城 번樊(지금의 山東省 濟寧縣) 출신. 소박 근엄한 학자로, 젊어서 관리가 되었으나 곧 사퇴하였다. 북신성北新城의 태수太守가 된 후 '당고黨錮 화禍'에 연루되어 좌천당하였다. 그 후 사도司徒·의랑議郎·간의대부諫議大夫 등을 역임하였다. 만년에는 귀향하여 저술에 전념하였다. 공양학公羊學에 정통한 그는 17년에 걸쳐 『춘추공양해고春秋公羊解詁』를 저술하였는데, 『춘추공양전春秋公羊傳』에 대해 의례義例를 제정하고 삼과구지설三科九旨說을 제시하는 등 체계적으로 『춘추春秋』의 뜻을 밝혀,

금문경학자가 정치에 대해 의론하게 하는 주요 논거를 만들었다.

『춘추공양전』의 뜻을 분석하여 한漢의 정치·사회 현상을 600여 조에 걸쳐 비판하고, 스승인 박사博士 양필羊弼 및 선배 공양학자인 이육李育의 뜻을 좇아『춘추좌씨전春秋左氏傳』과『춘추곡량전春秋穀梁傳』을 비판하는 의미에서『좌씨고맹左氏膏盲』·『곡량폐질穀梁廢疾』을 저술하였으며,『춘추공양전』을 찬양하는『공양묵수公羊墨守』를 지었다. 이것은 후에 정현鄭玄에 의해 반박을 받았다. 그는 또한『춘추』가 한왕조漢王朝를 위해 제작되었다는 확신을 가졌다. 그 외의 저서로는『춘추공양해고春秋公羊解詁』등이 있지만 산일되어 현재 전하지 않으며, 청대清代 왕모王謨의『한위유서초漢魏遺書鈔』에 그 집본輯本이 수록되어 있다.

학경(郝經, 1226~1278)

원대元代의 경학자. 자는 백상伯常, 호는 능천陵川, 시호는 문충文忠. 산서성山西省 능천陵川 출신. 금金나라 말기에 여러 곳을 전전하다가 금이 멸망하자 순천順天(지금의 북경北京)으로 이주하였다. 장유張柔·가보賈輔에게 인정받아 그의 상객上客이 되었고 후에 세조世祖에게 중임을 받아 한림시독학사翰林侍讀學士가 되었다. 이어 남송南宋에 사신으로 갔다가 가사도賈似道로 인하여 16년간 유폐 생활을 하고 돌아왔다. 시를 잘하였으며,『

주역』·『춘추』 등에 밝았다. 저서로는 『역춘추외전易春秋外傳』·『태극연太極演』·『원대록原大錄』·『통감서법通鑑書法』·『옥형정관玉衡貞觀』·『학문충공능천문집郝文忠公陵川文集』·『속후한서續後漢書』 등이 있다.

학경(郝敬, 1558~1639)

명대明代의 경학자. 자는 중여仲輿, 호는 초망楚望·경산京山. 호북성湖北省 경산京山(지금의 襄陽) 출신. 진운현縉雲縣·영가현永嘉縣의 지사知事를 거쳐 호부급사중戶部給事中에 이르렀으나 관직이 강등되자, 벼슬을 사양하고 고향으로 돌아가 저술에 전념하였다. 그는 명대 경학의 대가로서 그의 경설經說에는 훈고訓詁의 학풍을 일신한 것이 많다. 공자의 가르침인 하학상달下學上達에 의해 하학下學을 강조하고 실사실행實事實行을 역설하였다. 저서로 『주역정해周易正解』·『상서변해尙書辨解』·『역령易領』·『모시원해毛詩原解』·『의례절해儀禮節解』·『춘추직해春秋直解』·『맹자설해孟子說解』·『담경談經』·『사기쇄쇄史記瑣瑣』·『시습신지時習新知』·『산초당집山草堂集』·『소산초小山草』·『지언知言』 등이 있다.

한방기(韓邦奇, 1479~1555)

명대明代의 성리학자. 자는 여절汝節, 호는 원락苑洛, 시호는 공간恭簡. 협섬의 조읍朝邑 출신. 이부원외랑吏部員外郎·절강안찰첨사浙江按察僉事·산서참의山西參議·

남병부상서南兵部尚書 등을 역임하였는데, 강직한 성품으로 등용과 파직을 거듭하였다. 그는 송유宋儒의 정주학程朱學을 좇았으며, 설선薛瑄의 학설을 위주로 하는 삼원학파三原學派에 속하였다. 독서를 좋아하며 경經·자子·사史는 물론 천문·지리·악률樂律·술수·병법 등의 서적에 이르기까지 모두 익혔다. 『주역』연구에 힘썼다. 저서로는 『우공상략禹貢詳略』·『홍범도해洪範圖解』·『악률거요樂律擧要』·『원락지악苑洛志樂』·『원락집苑洛集』·『역학계몽의견易學啓蒙意見』·『역점경위易占經緯』 등이 있다.

한백(韓伯, 332~380) : 한강백韓康伯

진대晉代의 경학자. 자는 강백康伯. 하남성河南省 장사長社(지금의 許昌市) 출신. 이부상서吏部尚書·영군장군領軍將軍을 지냈다. 위魏 왕필王弼의 『주역주周易注』에서 빠져있는 「계사전繫辭傳」·「설괘전說卦傳」·「서괘전序卦傳」·「잡괘전雜卦傳」 등을 그가 보주補注하였는데, 현재 왕필의 주본注本과 함께 전한다.

한영(韓嬰)

전한前漢의 경학자. 금문시학今文詩學인 한시학韓詩學의 창시자. 연燕(지금의 北京市) 출신. 문제文帝 때 시학박사詩學博士가 되었으며, 역학에도 깊은 연구를 하였다. 경제景帝 때 상산왕常山王의 태부太傅가 되었다.

그는 『한시내전韓詩內傳』과 『한시외전韓詩外傳』을 지었는데, 그 내용이 제시齊詩·노시魯詩와 다르나, 연燕·조趙에서 시詩를 배우는 사람은 대부분 이것을 종주宗主로 삼았다. 전한 말 평제平帝 때 모시毛詩가 학관學官에 설립되고 후한後漢 말에 정현鄭玄이 『시경』의 주석서로 모시毛詩를 채택한 후 삼가시三家詩(魯詩·齊詩·韓詩)는 급속하게 쇠퇴하였다. 그런 관계로 남송南宋 이후에는 『한시외전韓詩外傳』만이 전하게 되었다. 이 『한시외전』은 고사·고어古語를 인용하여 시어를 증명한 것이며, 경經을 해설한 책은 아니다. 청淸의 조회옥趙懷玉이 『한시내전』의 일문佚文을 모았고, 마국한馬國翰의 『옥함산방집일서玉函山房輯佚書』에 『한시고韓詩故』·『한시내전韓詩內傳』·『한시설韓詩說』이 집록되어 있다.

한유(韓愈, 768~824) : 한자韓子·한문공韓文工·한퇴지韓退之

당대唐代의 유학자·문장가·송명리학의 선구자·고문운동의 영도자. 자는 퇴지退之, 호는 창려昌黎, 시호는 文文. 하남성河南省 하양河陽(지금의 禹縣) 출신. 어려서부터 가학家學을 이어 유학을 깊이 공부하였다. 792년에 과거에 급제하여 선무절도사宣武節度使를 거쳐 국자사문박사國子四門博士·감찰어사監察御使·중서사인中書舍人·형부시랑刑部侍郞·이부시랑吏部侍郞 등을 지냈다.

동중서의 관점을 계승하여 성삼품설性三品說을 주장

함으로써 불가의 멸정견성滅情見性의 논리를 비판하였다. 그런데 그는 천명이나 귀신, 그리고 천天에 목적의지가 있다는 점 등을 믿어 천이 상과 벌을 내릴 수 있다고 생각하였으며, 승려들과도 왕래하였다. 그는 스스로 유가도덕의 계승자라고 자처하였으나 그보다는 문장가로서 이름이 높아 당송팔대가唐宋八大家의 한 사람으로 불린다.

저서로는 『한창려집韓昌黎集』이 있으며, 근세에 마기창馬其昶의 『한창려문집교주韓昌黎文集校注』와 전중련錢仲聯의 『한창려시계년집석韓昌黎詩系年集釋』 등이 출판되었다.

항안세(項安世, 1129~1208) : 강릉항씨江陵項氏

남송南宋의 역학자. 자는 평보平甫. 평암선생平庵先生이라 불린다. 송양松陽출신. 교서랑校書郞 호부원외랑戶部員外郞 등을 지냈다. 약 5년간(1195~1200) 강릉에 유배되면서 두문불출하고 역경과 저술에 전념하였고, 저서로는 『주역완사周易玩辭』 16권 등이 있다.

허겸(許謙, 1269~1337) : 동양허씨東陽許氏

원대元代의 성리학자. 자는 익지益之, 만년의 호는 백운산인白雲山人, 시호는 문의文懿. 금화金華 출신. 김이상金履祥의 제자이며, 송나라가 망하자 학문에만 전념하여 박학하다는 칭송을 들었다. 저서로는 『사서총설四書

總說』・『독서총설讀書總說』・『시집전명물초詩集傳名物鈔』・『백운집白雲集』이 있다.

허경종(許敬宗)

당대唐代의 학자. 자는 연족延族. 항주杭州 신성新城 출신. 여색을 밝히고 오만하였고, 예부상서禮部尚書 등 여러 벼슬을 두루 거쳤다. 『오대사五代史』, 『진서晉書』 등을 편찬하였다. 『주자어류朱子語類』에서 『진서』「천문지天文志」의 내용들을 그가 기록하였다고 하였다.

허경형(許景衡)

남송南宋의 성리학자. 자는 소이少伊, 호는 횡당橫塘, 시호는 충간忠簡. 온주溫州 서안瑞安 출신. 전중시어사殿中侍御史・후사중승後史中丞・상서우승尚書右丞 등을 역임. 저서로는 『횡당집橫塘集』 등이 있다.

허승(許升, ?~1185) : 허순지許順之

남송南宋의 유학자. 자는 순지順之, 호는 존재存齋. 허순지許順之라 불린다. 천주泉州 동안현同安縣(지금의 福建省) 출신. 주자의 문인. 그가 죽은 뒤 주자가 지은 제문이 있다.

허신(許慎, 58~147경)

후한後漢 때의 경학자・문자학자文字學者. 자는 숙중叔

重. 여남汝南 소릉召陵 출신. 태위太尉·남각좨주南閣祭酒 등을 지냄. 가규賈逵에게서 수업하면서 고문경학古文經學을 익혔으며 여러 서적에 널리 통하였다. 마융馬融도 그를 존숭하였으며, 당시 오경五經에서는 허신을 따를 사람이 없다고 일컬어졌다.

그는 금고문今古文의 전환기에서 고문으로의 전환에 중요한 역할을 하였으며, 고문경학의 기초학으로서 훈고학을 확립하였다. 따라서 그의 『설문해자說文解字』 출현 이후 고문학은 크게 발전되었다. 그는 오경과 그 전傳에 대한 각가各家의 견해를 찬집하여 『오경이의五經異義』를 저술하였는데, 현재 이것은 전하지 않으며, 후에 청대淸代의 진수기陳壽祺가 집록하고 주를 달아 『오경이의소증五經異義疏證』을 저술하였다.

허천증(許天贈)

명대의 유학자. 자는 덕천德天, 안휘성安徽省 이현豫縣 출신. 1565년 과거에 급제하여 산동포정사참정山東布政使參政을 지냈다. 『시경정의詩經正義』를 지었다.

허형(許衡, 1209~1281) : 노재허씨魯齋許氏

원대元代의 성리학자. 자는 중평仲平, 호는 노재魯齋, 시호는 문정文正. 하남성河南省 하내河內(지금의 河南省 沁陽) 출신. 소문蘇門에서 요추姚樞를 방문하여 정주程朱의 유서遺書를 얻은 것을 계기로 정주학에 전념하였다. 세

조世祖의 신임을 받아 경조제학京兆提學·국자좨주國子祭酒·우승상사右丞相使·집현대학사集賢大學士 등을 지냈다. 죽은 뒤에 사도司徒로 추증되었으며 문묘文廟(孔子廟)에 배향되었다. 그는 재임시 관중關中에서 학교를 크게 일으켰으며, 유병충劉秉忠 등과 조정의 의례儀禮·관제官制를 제정하였다.

주희의 거경궁리居敬窮理를 학문의 근본으로 하고 실행에 치중하여 연구하였다. 수신을 참 학문으로 보고, 사람의 마음이 밝으면 이理는 저절로 드러난다고 하였다. 그는 자연관에서는 음양정기陰陽精氣의 작용을 강조하였다. 천지의 음양과 정기가 일월성신日月星辰이 되는데, 일월성신은 쉽게 만들어지는 것이 아니고, 정기의 지극함에 이르러야 도처에서 이와 같은 광명光明이 생기게 되는 것이라고 하였다.

저서로는 『허노재집許魯齋集』·『허노재선생심법許魯齋先生心法』 등이 있다.

형서(邢恕)

북송北宋의 학자. 자는 화숙和叔. 정주鄭州 양무陽武 출신. 정명도의 문인. 사마광과 여공저呂公著의 문하에도 출입하였다. 채확蔡確과 정치적 입장을 같이하여 『송사宋史』의 「간신전姦臣傳」에 들어 있다.

호거인(胡居仁, 1434~1484)

명대明代의 유학자. 자는 숙심叔心, 호는 경재敬齋. 강서성江西省 여간餘干 출신. 선배인 오여필吳與弼의 문하에 들어가 정주학程朱學의 정통을 이어받았다.

그는 공자孔子가 사람을 가르친 것은 단지 충신忠信과 돈독한 경敬이었을 뿐이라고 하면서, 학문을 함에 주충신主忠信을 우선으로 하고 구방심求放心으로 요체要體를 삼을 것을 주장하였으며, 성경誠敬·신독愼獨·역행力行을 강조하였다. 후세에 학파의 대립이 격화되자 그는 독실한 정주학의 실천자로 높이 추숭되었다.

저서로는 『거업록居業錄』·『경재집敬齋集』 등이 있다.

호광(胡廣, 91~172)

후한後漢의 학자. 자는 백시伯始, 시호는 문공文恭. 남군南郡 화용華容(지금의 湖北省 潛江) 출신. 안제安帝 때에 효렴孝廉으로 천거되어 벼슬을 하였으며, 환제桓帝 때에 태위太衛와 태부太傅 등을 역임하였다. 오경에 능통하였으며, 성격이 온순하고 겸손하였으며 안제 때의 국가 정책에 큰 보익함이 있었으므로 당시 선비들에게서 "천하 중용에 호광이 있다"는 말을 들었다.

호광(胡廣, 1370~1418)

명대明代의 유학자. 일명 정靖, 자는 광대光大, 호는 문암文庵, 시호는 문목文穆. 강서성江西省 길수吉水 출신. 1400년 과거에 급제하여 한림원수찬翰林院修撰·문연각대학사文淵閣大學士 등을 지냈다. 왕명으로 『주역대전周易大全』·『서전대전書傳大全』·『시경대전詩經大全』·『예기대전禮記大全』·『춘추대전春秋大全』·『사서대전四書大全』·『성리대전性理大全』의 편수를 주관하였다. 이 대전본은 조선 시대 기본 경전으로 채택되어 널리 유통되었다. 저서에 『호문목집胡文穆集』 등이 있다.

호굉(胡宏, 1105~1161) : 오봉호씨五峰胡氏

남송南宋의 성리학자. 자는 인중仁仲, 호는 오봉五峰. 호안국胡安國의 아들. 복건성福建省 숭안崇安 출신. 처음에는 형산衡山에서 20여 년간 독서에 열중하였다. 고종高宗 때 음보蔭補로 승무랑承務郞이 되었으나 사양하였다. 그는 양시楊時·후중량侯仲良에게서 수학하고 종신토록 가학家學을 전수하였는데, 학식이 풍부하고 덕행德行이 높아 당대의 사표師表로서 추앙받았다.

그는 인성人性에 대하여 논하면서, 성性은 모든 것의 본本이며 지선至善한 것이라고 하였다. 따라서 성性이란 만물萬物을 갖추고 있어서 천지가 그것에 말미암아 나오는 것이라고 주장하였다. 또 성性과 심心을 구별하여, 성을 체體로 심을 용用이라고 하고, 성은 정적靜的이며 심心은 활동적인 것이라고 설명하였다. 따라서 심은 천지를 인식하여 만물을 주재主宰하고 성性을 이루는 것으로써, 심이 순純하다면 성性은 정정해지고 기氣도 바르게 된다고 하였다. 저서로는 『호자지언胡子知言』·『황왕대기皇王大紀』·『오봉역외전五峰易外傳』 등이 있다.

호단(胡旦)

북송北宋의 역학자. 자는 주보周父. 문사文辭에 능하였다. 300여 권의 저술이 있는데 『주역연경통론周易演經通論』은 전하지 않고, 『한춘추漢春秋』·『오대사략五代史略』 등은 전해오고 있다.

호대시(胡大時) : 호계수胡季隨

남송南宋의 유학자. 자는 계수季隨. 호안국胡安國의 손자, 호굉胡宏의 아들. 조부인 호안국을 비롯하여 부친 호굉과 호인胡寅·호녕胡寧·호헌胡憲 등의 가학家學을 전수하여 호씨호남학파胡氏湖南學派를 이루었다. 장식張栻에게 배우다 나중 주자에게 배웠다. 주자로부터 명민明敏하고 지취志趣가 있다는 칭찬을 들었다. 저서로는 『호남답문湖南答問』 등이 있다.

호무생(胡母生)

전한 때 유학자. 성은 호무胡母, 자는 자도子都. 제齊나라 출신. 경제(B.C157~142) 때 박사를 지냈다. 『춘추공양전』에 능통하여 유생들의 존경을 받았다. 하휴가 저술한 『춘추공양전해고春秋公羊傳解詁』에 그의 설이 많이 수록되어 있다.

호방평(胡方平)

송말원초의 역학자. 자는 사로師魯, 호를 옥재玉齋. 옥재선생玉齋先生이라고 불린다. 저서로는 『역학계몽통해易學啓蒙通解』 2권, 『외역外易』 4권, 『역여한기易餘閑記』 등이 있다.

호병문(胡炳文, 1250~1333) : 운봉호씨雲峰胡氏

원대의 경학자. 자는 중호仲虎, 호는 운봉雲峰. 안휘성 무원 출신. 정주학程朱學을 깊이 연구했다. 그는 주희의 『주역본의』를 절충·시정하고 아울러 여러 학자의 학설을 보충하여 『주역본의통석周易本義通釋』을 지었다. 이 밖에 『서집해書集解』·『춘추집해春秋集解』·『예서찬술禮書纂述』·『사서통四書通』·『대학지장도大學指掌圖』·『오경회의五經會義』·『이아운어爾雅韻語』 등이 있다.

호사행(胡士行)

송대의 유학자. 여릉廬陵(지금의 江西省 吉安) 출신. 임강군학교수臨江軍學教授를 지냈다. 저서로는 『상서상해尚書詳解』 등이 있다.

호안국(胡安國, 1074~1138) : 무이호씨武夷胡氏·안정호씨安定胡氏 ➡ 무이학안 참조(300쪽)

남송의 경학자. 자는 강후康侯, 호는 무이武夷, 시호는 문정文定. 소성紹聖 4년(1097)에 과거에 급제하여 태학박사太學博士를 거쳐 시강侍講·급사給事 등을 역임하였으나 관직에 있었던 것은 6년에 불과했다.

왕안석이 『춘추』를 학관學官의 대열에서 폐하자, 『춘추』야말로 공자가 필삭筆削한 것으로써 전심傳心의 요전要典이라고 역설하였다. 그의 세 아들인 호인胡寅·호령胡寧·호굉胡宏과 종형의 아들인 호헌胡憲이 독자적 학풍을 세웠는데 이를 호씨호남학胡氏湖南學이라 하며, 이는 주희·장식張栻·여조겸呂祖謙 등에게 영향을 주었다. 30여 년 동안 『춘추』를 연구하여 『춘추호씨전春秋胡氏傳』을 저술하였다.

호원(胡瑗, 993~1059) : 해릉호씨海陵胡氏·안정선생安定先生·호안정胡安定 ▶ 안정학안 참조(290쪽)

북송北宋의 유학자. 자는 익지翼之, 호는 안정安定. 태주泰州 해릉海陵(지금의 江蘇省 泰州) 출신. 그는 북송 인종仁宗 때 사풍士風과 학풍 개혁운동에 일익을 담당했던 학자로서 손복孫復·석개石介와 함께 공부했다. 그의 『주역구의周易口義』는 상수象數를 배격하고 이리를 사용하여 해석한 것으로써, 뒤에 정이程頤의 『역전易傳』에 큰 영향을 주었다. 이 외에 『논어설論語說』·『역전易傳』·『주역구의周易口義』·『홍범구의洪範口義』·『중용의中庸義』·『경우악의景祐樂議』 등이 있다.

호윤(胡允)

원대元代의 역학자. 자는 방평方平, 호는 잠재潛齋. 저서로는 역해설서인 『사도발명四道發明』 등이 있다.

호인(胡寅, 1098~1157) : 치당호씨致堂胡氏

송대의 성리학자. 자는 명중明仲, 호는 치당致堂, 시호는 문충文忠. 숭안崇安 출신. 숙부인 호안국胡安國의 양자가 되었다. 비서성교서랑秘書省校書郞으로 있을 때 좨주祭酒였던 양시楊時에게서 학문을 배웠다. 기거랑起居郞·중서사인·휘유각직학사徽猷閣直學士 등을 역임하였다. 그는 성학聖學은 심心으로 근본을 삼는다고 하면서 심학心學을 강조하였다. 그리고 궁리窮理하여 정의精義하면 심의 체용體用이 온전할 것이라고 하였다. 저서로는 『논어상설論語詳說』·『독사관견讀史管見』 등이 있다.

호일계(胡一桂, 1247~?) : 쌍호호씨雙湖胡氏

원대의 성리학자. 자는 정방庭芳, 호는 쌍호雙湖. 안휘성安徽省 무원婺源 출신. 평생토록 강학講學으로 일생을 마쳤다. 제자로 동진경董眞卿이 유명하다.

정주학을 깊이 연구하는 한편, 주희의 『주역본의』에, 주희의 문집과 어록 중에서 취하여 『부록附錄』을 만들고, 다른 학자들의 학설 중 『주역본의』와 부합되는 것을 모아 『주역본의부록찬소周易本義附錄纂疏』를 저술했다. 이 밖의 저서로는 『계몽익전啓蒙翼傳』·『주자시전부록찬소 『朱子詩傳附錄纂疏』·『십칠사찬十七史纂』 등이 있다.

호차염(胡次焱, 1229~1306) : 매암호씨梅岩胡氏

송말원초宋末元初의 역학자. 자는 제정濟鼎, 호는 매암梅岩 또는 여학餘學. 남송이 망하자 고향으로 내려가 주역을 가르쳤다. 『여학재역설餘學齋易說』을 지었다.

호찬(胡瓚)

명대의 경학자. 자는 백옥柏玉. 안휘성 동성桐城 출신. 1595년 과거에 급제하여 도수주사都水主事·강서포정사 좌참정江西布政司左參政 등을 역임했다. 저서로는 『우공비유증주禹貢備遺增注』·『천하사泉河史』 등이 있다.

홍근(洪芹)

남송의 학자. 자는 숙로叔魯. 홍괄洪适의 증손자. 흠주교수欽州敎授 등을 거쳐 태학박사에 이르렀다. 계속된 직언으로 결국 심염沈炎의 미움을 받아서 관직을 박탈당하고 영가永嘉에 은거하였다. 함순咸淳(1265~1274) 초기에 영국부寧國府 지사知事에 봉해졌다. 저서로 『문집文集』이 있다.

홍매(洪邁, 1123~1202)

남송의 문학가. 자는 경로景盧, 시호는 문민文敏. 문필에 능하였으며 필력으로써 금나라 위세를 꺾었다. 저서로는 『사기법어史記法語』·『남조사정어南朝史精語』·『경자법어經子法語』 등이 있다.

홍흥조(洪興祖, 1090~1155) : 단양홍씨丹陽洪氏

송대의 유학자. 자는 경선慶善, 호는 연당練塘. 진강鎭江 단양丹陽(지금의 江蘇省) 출신. 1118년 과거에 급제하여 비서성정자秘書省正字·태상박사太常博士 등을 지냈다. 저서로는 『주역통의周易通義』·『좌역고이左易考異』·『고금역총지古今易總志』·『논어설論語說』·『좌씨통해左氏通解』·『고경서찬考經序贊』·『노장본지老莊本旨』·『초사보주楚辭補注』·『초사고이楚辭考異』 등이 있다.

환담(桓譚, B.C.40~A.D.31)

후한의 경학자. 자는 군산君山. 안휘성 폐국상현(지금의 濰溪縣) 출신. 악관樂官의 집안에서 태어났으며, 오경에 능통하고 박학하여 통하지 않은 것이 없었다고 한다. 고문파인 유흠劉歆·양웅楊雄 등과 교유하였다. 악부령樂府令·의랑議郎·급사중給事中 등을 역임하였다.

그는 경학 공부는 경전의 훈고대의訓詁大義를 구하는 것이며, 시대의 유행을 따라서는 안 된다고 하며 당시의 학자들을 비판하였다. 또 금문경학 중에 유행하던 참위讖緯의 학설들을 반대하였다. 그는 고대古代를 이상으로 하여 현재를 바로잡고, 그 입장에서 정치를 행하기 위하여 『신론新論』 29편을 지었으나 전하지 않으며, 「형신形神」편만 『홍명집弘明集』 안에 수록되어 있다.

황간(皇侃, 488~545)

남조南朝 양梁의 경학자. 강소성 오군吳郡(蘇州市) 출신. 효심이 깊어 명망이 있었다. 어려서부터 학문을 좋아하여 유명한 유학자들의 가르침을 받았다. 국자조교國子助敎가 되어 수광전壽光殿에서 『예기』를 강론하였으며, 원외산기시랑員外散騎侍郎 등을 지냈다.

오경박사인 하탕賀瑒에게 학문을 전수받아서 경학에 정통하고 『주례』·『의례』·『예기』 등 삼례三禮에 밝았으며, 『효경』·『논어』에도 밝았다.

그가 지은 『논어의소論語義疏』는 전통적인 장구의 훈고訓詁와 명물제도名物制度를 망라한 것으로, 위魏나라 하안何晏의 『논어집해論語集解』를 위주로 하여 한漢·위魏 이래의 학설을 망라하였으며, 당시의 학풍에 따라 노장老莊의 현학玄學을 이용하여 경의經義를 해석하였다.

그가 쓴 『논어의소』는 『사고전서四庫全書』와 청대의 『고경해회함古經解滙函』에 수록되어 있다. 또한 『상복문구의소喪服文句義疏』·『예기의소禮記義疏』·『예기강소禮記講疏』·『효경의소孝經義疏』의 저술이 있으나 전하지 않으며, 마국한의 『옥함산방집일서』에 일부가 있다.

황간(黃幹, 1152~1221) : 면재황씨勉齋黃氏·황직경黃直卿·삼산황씨三山黃氏 ➡ 면재학안 참조(307쪽)

남송의 성리학자. 자는 직경直卿, 호는 면재勉齋. 민현閩縣 장계長溪출신. 주희朱熹에게서 학문을 배웠으며, 주희의 사위가 되었다. 안경부安慶府에서 벼슬을 했고 후에 직학사直學士를 지냈다. 주희가 죽은 후 심상心喪 3년을 지냈으며, 주희의 학설을 터득했다고 한다. 주희가 편찬한『의례경전통해儀禮經傳通解』중에서「상喪」과「제제祭」의 2편을 집필하였으며, 후에 이를 바탕으로『의례경전통해속편儀禮經傳通解續編』을 편찬하였다. 이 외에『주자행장朱子行狀』·『오경통의五經通義』·『사서기문四書記聞』·『면재문집』·『계사전해繫辭傳解』등이 있다.

황도주(黃道周, 1585~1646)

명대의 유학자. 자는 유평幼平·유원幼元·이약螭若, 호는 석재石齋, 시호는 충열忠烈. 복건성福建省 장포현漳浦縣 출신. 예부상서禮部尙書·무영전대학사武英殿大學士 등을 역임. 문장文章과 풍절風節로 명성이 높았다. 그는 사승師承이 없이 독학으로 학문을 세웠다. 일생동안『역易』을 연구하였으며, 한나라 경방京房과 송나라 소옹邵雍의 상수학象數學을 계승하였다. 인성론에 있어서는 맹자의 성선설

性善說을 계승하여 천성은 모두 선하다고 강조하였다. 따라서 인성人性이 악惡이나 우愚로 변하는 것은 후천적 습관이나 환경 때문이라고 하여, 수양과 학습을 중시하였다. 저서로는 『역상정의易象正義』・『태함경太函經』・『삼역통기三易洞璣』・『홍범명의洪範明義』・『효경집전孝經集傳』・『춘추규春秋揆』・『석재집石齋集』 등이 있다.

황보밀(黃甫謐, 215~282)

위진魏晉의 유학자. 성은 황보黃甫, 초명은 정靜, 자는 사안士安, 호는 현안玄晏. 안정安定 조나朝那(지금의 甘肅省 平涼) 출신. 조정의 부름을 받았으나 나아가지 않았다. 침구학針灸學에 조예가 깊어 『갑을경甲乙經』을 지었다. 그 외에 『현안춘추玄晏春秋』・『제왕세기帝王世紀』・『고사전高士傳』・『달사전達士傳』・『열녀전列女傳』・『년력年曆』 등을 지었다.

황이익(黃以翼)

남송南宋의 역학자. 자는 종태宗台. 진순陳淳의 문인이다. 『역설易說』을 지었으나 전하지 않는다.

황자홍(黃子洪) : 포전황씨莆田黃氏

송대宋代의 유학자. 자는 사의士毅. 포전莆田 출신. 주희의 문인이다.

황조순(黃祖舜)

송대의 유학자. 자는 계도繼道, 시호는 장정莊定. 복건성 복청福淸 출신. 1124년 과거에 급제하여 형부시랑·동지추밀원사 등을 역임하였다. 저서로 『논어강의論語講義』·『논어해의論語解義』·『역설易說』·『국풍소아설國風小雅說』·『예기설禮記說』·『역대사의歷代史議』가 있다.

황종염(黃宗炎, 1616~1686)

명말청초의 경학자. 자는 회목晦木·입계立谿, 호는 자고鷓鴣. 절강성浙江省 여요餘姚 출신. 형 황종희黃宗羲, 동생 황종회黃宗會와 함께 '삼황三黃'이라 불린다. 주역을 정밀히 연구하여 송학의 도서설圖書說을 비판하였으며 한학도 적극적으로 수용하지 않았고, 특히 상사象辭와 도서圖書 등에 대한 이론異論으로 주렴계의 태극도설을 비판하였다. 저서로는 『육서회통六書會通』·『우환학역憂患學易』 등이 있다.

황종희(黃宗羲, 1610~1695)

명말청초의 사상가·경학자·사학자·절동학파浙東學派의 창시자. 자는 태충太沖, 호는 남뢰南雷·이주梨洲. 절강성浙江省 여요餘姚 출신. 황종염·황종회의 형이다. 1644년 명나라가 멸망하자 의용군을 조직하였으며, 명나라 유왕遺王인 노왕魯王을 따라 만주에서 청군

에 저항하였다. 명 왕조 회복에 대한 희망이 끊어진 후에는 고향으로 돌아가 독서와 저술에 몰두하였다. 청나라 조정의 부름을 거절하였으며, 『명사明史』 편찬사업을 요청 받았을 때에는 아들 황백가黃百家와 제자 만사동萬斯同을 대신 보내 고국의 역사를 남기고자 하였다. 천문학·역산曆算·도장道藏·불교·음악 등에도 박학하였다. 궁경窮經과 치사治史에 역점을 둔 경세치용經世致用의 학문은 청대의 학풍에 큰 영향을 끼쳤으며, 청대 고증학의 길을 연 선구자가 되었다. 또한 『명이대방록明夷待訪錄』은 군주독재제도를 통렬히 비판한 혁명론으로 청말 양계초梁啓超 등의 정치 운동에 영향을 주었다.

그는 학술사의 선구가 되는 『명유학안明儒學案』·『송원학안宋元學案』을 저술하였다. 이 밖에 『명이대방록明夷待訪錄』·『역학상수론易學象數論』·『수서수필授書隨筆』·『맹자사설孟子師說』·『명사안明史案』·『남뢰문안南雷文案』·『남뢰문정南雷文定』·『남뢰문약南雷文約』·『행조록行朝錄』·『명문해明文海』·『명문수독明文授讀』·『금석요례金石要例』·『대통역추법大統曆推法』·『명이유서明夷留書』·『홍광기년弘光紀年』·『융무기년隆武紀年』·『영력기년永歷紀年』·『노기년魯紀年』·『공주실사기贛州失事記』·『주산흥폐舟山興廢』·『사정주기란沙定洲記亂』·『일본걸사기日本乞師記』·『해외통곡기海外慟哭記』·『송사총목보유宋史叢目補遺』·『율려신의律呂新義』·『수시역가여授時曆假如』·『서양역가여西洋曆假如』·『회회역가여回回曆假如』·『사명

산지四明山志』・『금서경今書經』・『심의고深衣考』・『황이주문집黃梨洲文集』 등이 있다.

황중원(黃仲元, 1231~1312) : 사여황씨四如黃氏

송말원초의 유학자. 자는 선보善甫, 호는 사여四如. 흥화군興化軍 포전莆田(지금의 屬福建) 출신. 황적黃績의 아들. 1265년에 과거에 급제하여 국자감감부國子監監簿로 제수 받았으나 나아가지 않았다. 원나라가 들어서고 이름을 연연淵이라 고쳤고, 호를 운향노인韻鄕老人이라 하여 고향에서 후학을 양성했다. 저서로 『사여강고四如講稿』・『사여문고四如文稿』・『경사변의經史辨疑』가 있다.

황진(黃震, 1213~1280) : 자계황씨慈溪黃氏

남송의 성리학자. 자는 동발東發. 어월선생於越先生이라 불리었다. 절강성浙江省 자계慈溪 출신. 사관검열史館檢閱이 되어 실록의 편수에 관여하였으며, 제점형옥提點刑獄을 지냈다. 만년에 정해定海 지방의 택산澤山에 거주하였는데, 송나라가 멸망하자 원나라를 피해 보번산寶幡山에 들어가 아사餓死하였다. 주희朱熹·여조겸呂祖謙에게서 배운 보광輔廣의 재전제자인 왕문관王文貫을 사사師事하여, 정주학朱學을 종주로 하였다.

그는 심心이란 전해지는 것이 아니라 이理를 종합하여 그 시비를 분별하고 현부와 득실과 치란을 모두 판단하는 곳이라고 하였다. 여기서, 이는 천지에 유행流行하고 고금을 관통하되 영원히 통일한 것이며, 심에 구비되어 있으면서 사물에서 증험되는 것을 말한다고 하였다. 그리하여 그는 '무실務實'과 '실학實學', '궁행躬行'과 '실행實行'을 역설했다. 저서로는 『고금기요古今紀要』·『황씨일초黃氏日抄』 등이 있다.

황진성(黃鎭成, 1288~1362)

원대元代의 유학자. 자는 원진元鎭, 호는 자운산인紫雲山人·존재存齋·존존자存存子, 시호는 정문貞文. 복건성福建省 소무邵武 출신. 벼슬길에 나아가지 않고 학문과 저서로 힘썼다. 저서로는 『상서통고尚書通考』·『주역통의周易通義』·『중용장지中庸章旨』 등이 있다.

황춘(黃樁)

남송南宋의 유학자. 자는 실부實夫. 용계龍溪(지금의 福建省 漳州市) 출신. 1177년 과거에 급제하여 남검주교수南劍州教授·선교랑宣教郎을 지냈다. 황초중黃樵仲의 동생이며 임지기林之奇와 절친하게 지냈다. 저서에 『시해詩解』·『중용어맹해中庸語孟解』 등이 있다.

후중량(侯仲良) : 하동후씨河東侯氏

송대의 유학자. 자는 사성師聖 또는 희성希聖. 정이程頤에게서 배우다가 후에 주돈이를 방문해서 배웠다. 저서로는 『논어설論語說』·『후자아언侯子雅言』 등이 있다.

- 도통계보도   288
- 송원학자 계보도   289
- 공자제자일람표   311
- 자호색인   315

계보도는 대만 중화서국에서 간행된 『증보송원학안』을 기초로 만들었으며, 생년 순서로 기록하였다. 경전주석인물사전에 나오는 인물들을 중심으로 선정하고 계보도에서 *표시를 하였다. 그 외의 많은 학자들이 있었으나 지면 관계로 생략하였다. 자세히 보고 싶다면 『증보송원학안』을 참조하면 된다.

도통계보도 道通系譜圖

```
                복희伏羲
                  │
                신농神農
                  │
                황제黃帝
                  │
                 요堯
                  │
                 순舜 ─── 고요皐陶
                  │
                 우禹
                  │
 래주萊朱 ─── 탕湯 ─── 이윤伊尹 ─── 부열傳說
                  │
                문왕文王
                  │
                무왕武王 ─── 주공周公
                  │
                *공자孔子
                  │
 *안자顏子 ─── *증자曾子
                  │
                *자사子思
                  │
                *맹자孟子
                  │
                *주자周子
                  │
           *정이천程伊川 ─── *정명도程明道
                  │
                *주자朱子
```

288

태산학안 泰山學案

여기서부터 송원의 학자 계보도이며, 생년순으로 정리하였습니다.

- *손복孫復
  → 992~
  - *석개石介
    - 강잠姜潛
    - 마묵馬默
    - 하군何羣
    - 풍정부馮正符
  - 문언박文彦博
  - 유목劉牧
    - 황려헌黃黎獻, 오비吳祕 …
  - 범순인范純仁
  - *여희철呂希哲
  - 강잠姜潛
    - 유지劉摯, 유기劉跂(子) …
    - 양도梁燾
    - *조열지祖說之
  - 조무택祖無擇
  - 요자의饒子儀
  - 이온李縕
  - 막열莫說
    - 막표심莫表深
  - 주장문朱長文
  - *호안국胡安國 → 무이학안 참조

| 동시대 인물 | 호원胡瑗, 사건중士建中, 유안劉顔 |

안정학안
安定學案

- *호원胡瑗
  - *정이程頤
  - → 993~
  - 범순우范純祐, 범순인范純仁
  - *서적徐積
    - 강단예江端禮
    - 마존馬存
  - *여희철呂希哲, 여희순呂希純
  - 전공보錢公輔
  - *손각孫覺
    - 형거실邢居實, 이소기李昭玘 …
  - 등원발滕元發
  - 고림顧臨
  - 왕해汪澥
  - 서중행徐中行
    - 서정균徐庭筠(子) …
  - *유이劉彛
    - 유회부劉淮夫(子)
    - 추기鄒變, 추비鄒柴 …
  - *전조錢藻
  - 묘수苗授
  - 구양발歐陽發

주임朱臨	주복朱服(子)
옹중통翁仲通	옹언약翁彦約(子) …
두여림杜汝霖	두릉杜陵(孫) …
막군진莫君陳	막지莫砥(子) …
장견張堅	
축상祝常	
관사복管師復, 관사상管師常	
여병慮秉	
임성林晟	임옥승林玉勝(子), 임용林用(子)
유열游烈	
강치일江致一	
진민陳敏	
성교盛僑	
예천은倪天隱	*팽여려彭汝礪
전술고田述古	여호문呂好問, 여절문呂切問

(私淑)	나적羅適
동시대 인물	손복孫復, 석개石介, 원일阮逸, 진양陳襄, 양적楊適

백원학안 百源學案

*소옹昭雍	소목邵睦(弟)	
→ 1011~	*소백온邵伯溫(子)	소보邵溥(孫)
		조정趙鼎
		사마식司馬植
	왕예王豫	
	장민張㟉	
	*여희철呂希哲, 여희적呂希績, 여희준呂希純	
	*이유李籲	
	주순명周純明	
	전술고田述古	
	윤재尹材	
	장운경張雲卿	
사숙	조열지晁說之, 진관陳瓘, 우사덕牛師德, 우사순牛思純(子), 유형劉衡, 채발蔡發, 왕식王湜, 장행성張行成	
동시대 인물	부필富弼, 정향程珦, 장재張載, 정호程顥, 정이程頤	

렴계학안
濂溪學案

*주돈이周敦頤	주수周壽(子)
→ 1017~	주도周燾(子)

	*정호程顥	→ 명도학안 참조
	*정이程頤	→ 이천학안 참조

사숙	*소식蘇軾
동시대인물	정향程珦(정호程顥 정이程頤의 父), 주문민周文敏, 공정지孔廷之, 부기傅耆, 호숙胡宿, 이초평李初平, 왕공진王拱辰, 허발許渤, 조변趙抃

속수학안
涑水學案

*사마광司馬光	사마강司馬康(子)	사마식司馬植(孫)
→ 1019~	사마굉司馬宏(從子)	사마박司馬朴(子) …

	*유안세劉安世
	*범조우范祖禹
	*조열지晁說之
	구양중립歐陽中立

부록

번자심樊資深	
전술고田述古	
윤재尹材	*윤돈尹焞(從子)
장운경張雲卿	
이도李陶	
형거실邢居實	
우사덕牛師德	
진관陳瓘	
당광인唐廣仁	
황은黃隱	황보黃黼(曾孫)
	육하陸賀, 육구사陸九思(子) … *육구령陸九齡(子) *육구연陸九淵(子) 상산학안 참조
	*주송朱松
	이도李燾 · 이벽李壁
	이식李埴
동시대 인물	소옹邵雍, 장재張載, 정호程顥, 정이程頤, 진순유陳舜兪, 유서劉恕, 유반劉攽, 여회呂誨, 범진范鎭, 여공저呂公著, 이상李常, 조첨趙瞻, 부요유傅堯兪, 손고孫固, 이주李周

명도학안 明道學案

- *정호程顥
  - → 1032~
- *유현劉絢
- *이유李籲
- *사량좌謝良佐 → 상채학안 참조
- *양시楊時 → 구산학안 참조
- *유초游酢
- 여대충呂大忠, *여대균呂大鈞, *여대림呂大臨
- 후중량侯仲良
- 유입지劉立之
- *주광정朱光庭
- 전술고田述古 → 안정학안 참조
- *소백온邵伯溫 → 백원학안 참조
- *소병蘇昞
- *형서邢恕

사숙	근재지靳裁之	*호안국胡安國 → 무이학안 참조
	*진관陳瓘	
동시대인물	장재張載, 여희철呂希哲, 한유韓維, 왕엄수王嚴叟	

295

이천학안 伊川學案

정이程頤
→ 1033~

정단중程端中(子)

정위程暐(孫)

- *유현劉絢
- *이유李籲
- *여희철呂希哲
- *사량좌謝良佐
- *양시楊時
- *유초游酢
- 여대충呂大忠, *여대균呂大鈞, *여대림呂大臨
- *윤돈尹焞
- *곽충효郭忠孝
- *왕빈王蘋
- *주행기周行己
- *허경형許景衡
- 전술고田述古
- *소백온邵伯溫
- *나종언羅從彦

사숙	호안국胡安國, 진관陳瓘, 추호鄒浩, 조소趙霄, 장휘張煇, 장원중蔣元中, 채원강蔡元康, 반안고潘安固, 유장휘劉子翬, 나정羅靖, 나송羅崧
동시대 인물	사마광司馬光, 여공저呂公著, 한유韓維, 장재張載, 주장문朱長文, 범조우范祖禹, 방원채方元寀

상채학안
上蔡學案

*사량좌謝良佐	*주진朱震
→ 1050~	증념曾恬
	첨면詹勉
	정곡鄭轂
	주손朱巽
동시대 인물	호안국胡安國, 추호鄒浩, 여대충呂大忠, 유초游酢

구산학안 龜山學案		
*양시楊時	양적楊迪(子), 양안지楊安止(子)	
→ 1053	*왕빈王蘋	
	여본중呂本中	
	관치關治	
	진연陳淵	
	*나종언羅從彦	
	*장구성張九成	
	소의蕭顗	*주송朱松, 서존徐存 …
	*호인胡寅	
	*호굉胡宏	
	*유면지劉勉之	
	반량귀潘良貴	반치潘時(從子), 반호겸潘好謙…
		왕사유王師愈, 왕한王瀚(子) …
	*왕거정王居正	
	*요강廖剛	
	*조돈림趙敦臨	위기魏杞	진거인陳居仁

	왕대유汪大猷	
	동대정童大定	서린舒璘
	서불舒黻	서린敘璘(子)
고항高閌	동대정童大定, 고재高材	
유저喻樗	왕응진汪應辰	
	*정형程迥	고원지高元之
	우무尤袤	
서부徐俯	증계리曾季貍	
이욱李郁	이려李呂, 이굉조李閎祖(子) …	
이사조李似祖		
조령덕曹令德		
범제미范濟美		
서존徐存		
시우성柴禹聲, 시우공柴禹功		
*범준范浚		
동시대인물	호안국胡安國, 진관陳瓘, 추호鄒浩, 유복游復, 정수鄭修, 이기李夔	

무이학안 武夷學案		
*호안국胡安國	*호인胡寅(子), 호녕胡寧(子), *호굉胡宏(子), 호헌胡憲(從子), 호대본胡大本(孫)	
→ 1075~	강기江琦	
	증기曾幾	증봉曾逢(子), 증체曾逮(子) …
	여대기呂大器	
	*육유陸游	
	범여규范如圭	*범념덕范念德(子)
	설휘언薛徽言	*설계선薛季宣(子)
	호전胡銓	호영胡泳(子), 호해胡澥(子)
	*양만리楊萬里, 주필대周必大	
	호양胡襄	
	여구흔閭邱昕	
	표호신彪虎臣	표거정彪居正(子)
	악홍樂洪	
동시대 인물	추호鄒浩, 주진朱震, 증개曾開, 유섭劉燮, 향자소向子韶, 당공唐鞏, 이식李植, 섭정규葉廷珪	

회옹학안 晦翁學案

주희朱熹
→ 1130~

- 주숙朱塾(子) — *주감朱鑑(孫)
- 주야朱埜(子)
- 주재朱在(子) — 주준朱浚(曾孫), 주홍범朱洪範(從孫)
- *채원정蔡元定 → 서산채씨 학안 참조
- *진순陳淳 → 북계학안 참조
- 황간黃幹 → 면재학안 참조
- *섭미도葉味道
- *진덕수眞德秀 *왕응린王應麟 *심귀보沈貴珤
- *진공석陳孔碩 *진역陳櫟 *요로饒魯
- *장흡張洽
- *보광輔廣, 보만輔萬
- *진식陳埴
- *이번李燔
- 두욱杜煜
- 두지인杜知仁
- 진역陳易

부록

301

	요덕명廖德明
	이방자李方子
	여원일余元一
	조사서趙師恕
	조숭헌趙崇憲, 조숭도趙崇度
	조번趙蕃
	부몽천傅夢泉
	손응시孫應時
	제갈천능諸葛千能
	주량周良
	포양包揚, 포약包約, 포손包遜
	석두문石斗文
사숙	누약樓鑰, 오유승吳柔勝, 진진陳縝, *시중행柴中行, *위료옹魏了翁, 첨초詹初, 채화蔡和, *이도전李道傳, 이대유李大有, 사몽생謝夢生, 진균陳均, 조여등趙汝騰
동시대 인물	장식張栻, 여조겸呂祖謙, 조여우趙汝愚, 조여정趙汝靚, 한원길韓元吉, 번치潘時, 방뇌方耒, 장걸張杰, 석돈石墩, 하호何鎬, 항안세項安世, 황초중黃樵仲, 진경사陳景思, 조부식趙不息, 유정지劉靖之, 유청지劉清之, 유광조劉光祖

남헌학안 南軒學案		
*장식張栻	장서張庶(從子)	장비張杞(子)
→ 1133~	장충서張忠恕(從子)	*장흡張洽(從子)
	*호대시胡大時	
	팽귀년彭龜年	
	오렵吳獵	
	유구언游九言, 유구공游九功	
	우문소절宇文紹節	
	범자장范子長, 범자해范子該	
	*진공석陳孔碩	
	습개경襲蓋卿	
	오필대吳必大	
	첨의지詹儀之	
사숙	조욱趙昱, 우강간虞剛簡, 정우손程遇孫, 설불薛紱, 등간종鄧諫從, 장방張方, *위료옹魏了翁, 이대유李大有	
동시대 인물	주희朱熹, 여조겸呂祖謙, 조여우趙汝愚, 반치潘畤, 오송년吳松年, 장걸張杰, 진부량陳傅良, 호대본胡大本, 장우張寓, 여척呂陟, 조부식趙不息, 유정지劉靖之, 유청지劉清之, 구숭邱崇	

서산채씨학안西山蔡氏學案		
*채원정蔡元定	*채연蔡淵(子)	채격蔡格(孫)
→ 1135		진광조陳光祖 · 진기陳沂(子)
		옹영翁泳
		웅강대熊剛大
		*섭채葉采
		웅경주熊慶胄
		*서기徐幾
		웅유熊酉
		하운원何雲源
	*채항蔡沆(子)	
	*채침蔡沈(子)	
	주숙朱塾, 주야朱埜	
	양지楊至	
동시대 인물	누약樓鑰, 유약劉爚, 유병劉炳, 유지劉砥, 유려劉礪	

동래학안 東萊學案	
*여조겸呂祖謙 → 1137~	*여조검呂祖儉(弟), 여교년呂喬年(子) …
	여조태呂祖泰(從弟)
	섭규葉郌
	누방樓昉
	갈홍葛洪
	교행간喬行簡
	조작趙焯
	보광輔廣
	주숙朱塾
	*유약劉爚
	*진공석陳孔碩
	예천리倪千里
	서린舒璘
사숙	이대유李大有
동시대 인물	주희朱熹, 장식張栻, 반치潘畤, 진부량陳傅良, 진량陳亮, 유정지劉靖之, 유청지劉清之, 구숭邱崇, 곽량신郭良臣.

상산학안 象山學案

*육구연陸九淵	육지지陸持之(子)	섭원노葉元老
→ 1139~	*양간楊簡	
	원섭袁燮	
	서린舒璘, 서호舒琥, 서기舒琪	
	부몽천傅夢泉	
	부자운傅子雲	
	등약예鄧約禮	
	황숙풍黃叔豊	
	엄송嚴松	
	*호대시胡大時	
	장원부蔣元夫	
	이기수李耆壽	
	조건曹建	
사숙	조언숙趙彦肅, 요굉중姚宏中	
동시대 인물	유청지劉淸之, 이호李浩, 왕후지王厚之, 양정현楊庭顯, 양간楊簡(子), 풍의豊誼, 나점羅點, 황문성黃文晟, 유공劉恭, 서의徐誼, 진규陳葵	

면재학안 勉齋學案

면재학안 勉齋學案		
*황간黃幹	황로黃輅(子), 황보黃輔(子)	
→ 1152~	*하기何基	
	하남파何南坡	
	*요로饒魯	→ 쌍봉학안 참조
	방섬方暹	만진萬鎭
	장원간張元簡	
	조사서趙師恕	
	*동몽정董夢程	
	채념성蔡念成	
	유자개劉子玠	
	오영吳泳	
	오창예吳昌裔	
	황사옹黃師雍	
동시대 인물	이번李燔, 장흡張洽, 유강중劉剛中, 이방자李方子, 양즙楊楫, 양임훈楊任訓, 왕우王遇, 유지劉砥, 유려劉礪, 이도전李道傳, 호백리胡伯履, 첨초詹初, 여원일余元一, 여숭귀余崇龜	

부록

서산진씨학안西山眞氏學案

*진덕수眞德秀	진지도眞志道(子)
→ 1178~	왕야王埜 *왕응린王應麟
	마광조馬光祖
	김문강金文剛
	공원용孔元龍
	여량재呂良才
	여경백呂敬伯
	강훈江壎
	유염劉炎
	진균陳均
	주천준周天駿
	*서기徐幾 *왕응린王應麟
	탕간湯干, 탕건湯巾, 탕중湯中
	유한필劉漢弼 유한부劉漢傳(弟), 진책陳策
동시대 인물	위료옹魏了翁, 이번李燔, 장흡張洽, 이방자李方子

쌍봉학안 雙峰學案

*요로饒魯	*진대유陳大猷	진호陳澔	
→ 1194~	오중吳中	주이실朱以實	주공천朱公遷
	나천유羅天酉		
	조량순趙良淳		
	만진萬鎭		
	탕백양湯伯陽		
	노사능魯士能		
	*정약용程若庸	김약수金若洙, 범혁夾范夾 …	
		*정거부程鉅夫	계혜사揭傒斯
		*오징吳澄	→ 초려학안 참조
	요응중饒應中	웅개熊凱	웅량보熊良輔
		공환龔煥	웅량보熊良輔
	오간吳迁	*왕극관汪克寬, 정합생鄭合生 …	
	서도융徐道隆	서재손徐載孫(子)	
사숙	원역袁易, 오존吳存		
동시대 인물	방섬方遜		

초려학안 草廬學案

- *오징吳澄 1249~
  - 오당吳當(孫)
  - 원명선元明善
  - 우집虞集 — 진여陳旅, 왕수성王守誠 …
  - 공사태貢師泰 — 정환鄭桓
  - 포순鮑恂
  - 남광藍光
  - 하우란夏友蘭
  - 원명선袁明善
  - 황극黃極 — 황보黃寶(子)
  - 이본李本, 이동李棟
  - 주하朱夏
  - 이심원李心原
  - 조굉의趙宏毅 — 조공趙恭(子)
  - *왕기王祁
  - 두본杜本, 장리張理

동시대 인물: 왕과王科, 우몰虞沒, 공규貢奎, 황택黃澤, 무각武恪

공자 제자 일람표

『사기』나 『가어』에 모두 77명이 기록되어 있고 있다고 했으나, 공백료·교선·진염(사기에만 있음)과 금뢰·진항·현단(가어에만 있음)이 서로 빠져있다.

※ 여기서는 『사기』의 공백료=신당을 동일인으로 보고, 『가어』의 신적(신료)와도 동일인으로 보았다. 공백료는 공자의 제자가 아니란 설이 유력하다. 또 정국과 설방도 동일인으로 보았다.

순서	이름		자字		출신국
	사기열전	공자가어	사기열전	공자가어	
1	고시高柴	←	자고子羔	←	위衛, 제齊
2	공견정公堅定	공견公肩 (공빈公賓)	자중子中	자중子仲	노魯
3	공백료公伯僚	/	자주子周		노魯
4	공서여여 公西輿如	공서여公西輿	자상子上	←	노魯
5	공서적公西赤	←	자화子華		노魯
6	공서점公西蔵	공서감公西減	자상子上	자상子尚	
7	공석애公晳哀	공석애公析哀	계차季次	계침季沈	노魯, 제齊
8	공손룡公孫龍		자석子石		초楚, 위衛
9	공야장公冶長		자장子長	←	제齊, 노魯
10	공양유公良孺	공양유公良儒	자정子正	←	진陳
11	공조구자 公祖句玆	공조자公祖玆	자지子之	←	노魯
12	공충孔忠	공충孔忠 (공불孔弗)	/	자멸子蔑	노魯
13	공하수公夏首	공하수公夏守	승乘	자승子乘	노魯
14	교선郊單		자가子家		노魯

순서	이름		자字		출신국
	사기열전	공자가어	사기열전	공자가어	
15	구정강句井疆	구정강句井疆		자강子疆	위衛
16		금뢰琴牢		자개子開 (자장子張)	위衛
17	남궁괄南宮括	남궁도南宮縚	자용子容	←	제齊,노魯
18	단목사端木賜	←	자공子貢	←	위衛
19	담대멸명澹臺滅明	←	자우子羽	←	무성武城
20	무마시巫馬施	무마기巫馬期	자기子旗	자기子期	진陳,노魯
21	민손閔損	←	자건子騫	←	노魯
22	방손邦巽	방선邦選	자렴子斂	자음子欽	노魯
23	백건伯虔	←	자석子析	자해子楷	노魯
24	번수樊須	←	자지子遲	←	제齊,노魯
25	보숙승步叔乘	←	자거子車	←	제齊
26	복불제宓不齊	←	자천子賤	←	노魯
27	복상卜商	←	자하子夏	←	위衛
28	사마경司馬耕	사마려경司馬黎耕 (사마리경) (司馬犁耕)	자우子牛	←	송宋
29	상구商瞿	←	자목子木	←	노魯
30	상택商澤	←	결缺	자수子秀	노魯
31	석작촉石作蜀	석자촉石子蜀	자명子明	←	진秦
32	숙중회叔仲會	←	자기子期	←	노魯,진晉
33	시지상施之常	←	자항子恒	자상子常	노魯
34	신당申黨 (신정申棖)	신료申繚 (신적申績)	자주子周	←	노魯
35	악해樂欬	악흔樂欣	자성子聲	←	노魯

순서	이름		자字		출신국
	사기열전	공자가어	사기열전	공자가어	
36	안고顔高	안각顔刻	자교子驕	←	노魯
37	안무요顔無繇	안유顔由	로路	계로季路	노魯
38	안조顔祖	안상顔相	양襄	자양子襄	노魯
39	안지복顔之僕	←	숙叔	자숙子叔	노魯
40	안쾌顔噲	←	자성子聲		노魯
41	안하顔何	←	염冉	←	노魯
42	안행顔幸	안신顔辛	자류子柳	←	노魯
43	안회顔回	←	자연子淵		노魯
44	양사적壤駟赤	양사적穰駟赤	자도子徒	자종子從	진秦, 제齊
45	양전梁鱣		숙어叔魚	←	제齊
46	언언言偃	←	자유子游	←	오吳, 노魯
47	연급燕伋	연급燕級	사思	자사子思	진秦
48	염결廉絜	염결廉潔	용庸	자조子曹	위衛
49	염경冉耕		백우伯牛	←	노魯
50	염계冉季	←	자산子産	←	노魯
51	염구冉求		자유子有		노魯
52	염옹冉雍	←	중궁仲弓	←	노魯
53	염유冉孺	염유冉儒	자로子魯	자어子魚	노魯
54	영기榮旂	영기榮祈	자기子祈	자기子祺	노魯
55	원항原亢	완도原桃	적籍	자적子籍	노魯
56	원헌原憲		자사子思	←	노魯, 송宋
57	유약有若		자유子有	←	노魯
58	임불제任不齊	←	선選	자선子選	초楚
59	재여宰予	←	자아子我	←	노魯
60	적흑狄黑	←	석晳	철지哲之	위衛

부록

순서	이름		자字		출신국
	사기열전	공자가어	사기열전	공자가어	
61	전손사顓孫師	←	자장子張	←	진陳
62	정국鄭國	설방薛邦	자도子徒	자종子從	노魯
63	조휼曹卹	←	자순子循		채蔡
64	좌인영左人郢	좌영左郢	행行	자행子行	노魯
65	중유仲由	←	자로子路	←	변弁(卞)
66	증점曾蒧	증점曾點	석晳	자석子晳	노魯 남무성南武城
67	증참(삼)曾參	←	자여子輿	←	노魯 남무성南武城
68	진비秦非	←	자지子之	←	노魯
69	진상秦商	←	자비子조	불자不慈	노魯
70	진염秦冉		개開		채蔡,노魯
71	진조秦祖	←	자남子南	←	진秦
72		진항陳亢		자항子亢 (자금子禽)	진陳
73	칠조개漆雕開		자개子開	자약子若	노魯,채蔡
74	칠조도漆雕徒	칠조종漆雕從	부父	자문子文	노魯
75	칠조차漆雕哆	칠조치漆雕侈	자렴子斂	←	노魯
76	한보흑罕父黑	재보흑宰父黑	자흑子黑	자삭子索	노魯
77	해용점奚容蒧	해잠奚蔵 (해점奚蒧)	자석子晳	자해子楷 (자해子偕)	위衛
78		현단懸亶		자상子象	
79	현성縣成		자기子祺	자횡子橫	노魯
80	후처后處	석처石處	자리子里	리지里之	제齊
	총 77명	총 77명			

314

자호색인

ㄱ

가구	215
가근	206
가당	136
가대	246
가산	192
가생	13
가자	13
가장사	13
가천	257
가태부	13
각옹	217
간재	91
간정	15
감천	53
강백	266
강성	213
강재	135,144
강중	139
강후	275
개보	43,148
개부	249
개헌	58
거비	160,183
거지	43
격암	220
격재	220
견재	258
겸광	92
겸지	73,190
경도	15
경렴	106
경로	278
경륜	44
경망	207
경맹	150
경문	151
경백	12
경보	106
경부	194
경산	265
경선	92,279
경순	35
경암	155
경야	125,153
경양	23
경여	56
경우생	221
경원	238
경위	216
경의당	58
경자	186
경재	272
경중	117
계도	283
계로	231
계립	244
계명	98
계수	274
계암자	60
계자	244
계장	66
계직	59
계진	61
계통	248
계형	59
고당백	19
고봉	155
고일민	149
곤의	163
공근	167
공녕	254
공도	167
공보	246
공북해	35
공서적	29
공섬	224
공숙	228
공자	25
공필	50
공학재	219
공회	186
과재	186
관물	199
관복	157
관부	190
관지	184
광대	272
광미	162
광백	177
광평	175
굉재	186
교년	226
구당	48
구봉	250
구산	120
구성	58
구양영숙	41
구헌	251
국현	98
군거	241
군경	63
군명	17
군산	279
군석	74
군실	83
군직	87
궤중	162
귀령	148
귀여	65
규재	41
극근	206
극암	208
극재	62,90
	208,240
극정	49
근계	45
기보	89
기자	256
기지	169
	243,258
길부	43

ㄴ

나정암	47
나중소	46
낙암	189
낙재	194
남계	111
남뢰	283
남야	39
남용	49
남월왕	221
남전	127

남촌	58	도원	159	맹자	68	**ㅂ**		백침	225
남헌	194	도천川	133	맹장	228	반간	59	백후	149
남호	56	돈부	260	면재	281	반산	148	벽오	67
노재	142,270	동가	87	명경	124	방록	151	병산	171
노천	99	동래	129	명도	215	방산	93	보사	154
농사	183	동명	38	명복	104	방산자	70	보음	257
능시	222	동발	285	명원	151	방옹	220	보지	188
능천	264	동병	190	명윤	99	방재	220	복생	80
		동보	239	명중	277	방평	277	복재	60,180
		동숙	102	몽길	171	백개	248	복초	20
ㄷ		동암	260	몽득	76	백공	129	본청	200
단량	45	동원	55	몽재	162	백기	123	봉원	208
단백	188	동자	60	무명	77	백사	246	부요자	237
단부	183	동재	238	무숙	224	백상	264	부중	236
달부	46	동파	99	무원	149	백생	159	부춘	104
담원	252	동회택	246	무이	275	백수	167	북계	242
대경	217	둔옹	229	무자	76	백순	215,217	북산	204
대모공	71	등용	208	문기	87	백숭	75		241,246,259
대사	245	등지	38	문백	141	백시	88,132	비만	226
대우	128			문암	272		272	비민	218
대하후	263			문요	166,199	백안	146	빈경	217
덕명	182	**ㄹ**		문융	103	백어	28	빈부	118
덕무	193	린사	20	문잠	192	백여	156	빙군	135
덕보	139			문중자	153	백연	254		
덕신	125			문창	195	백옥	278		
덕온	92	**ㅁ**		문헌	238	백온	223	**ㅅ**	
덕원	197	만경	147	물헌	160	백요	198	사계	155
덕천	270	만리	58	미지	187	백우	58,131	사고	115
도남	168,237	매계	148	민경	258	백이	221	사로	275
도대	212	매암	278	민자건	72	백재	259	사마경	84
도산	183	맹견	72			백정	247	사마려경	84
도용	242	맹명	191			백천	102	사마리	84

사마온공 83	설산 151	수암 187	심보 34	언화 178
사마자미 85	섬원 56	수옹 244	심산 59	여가 160
사문 76	섭소온 94	숙공 189	쌍봉 156	여극 65
사산 209	섭하손 95	숙경 262	쌍호 277	여묵 113
사성 286	성국 179	숙달 101		여시강 130
사숙 195	성숙 113	숙로 278		여여숙 127
사안 282	성지 187	숙대 191	ㅇ	여자약 128
사암 91	성재 118	숙시 23	악성 102	여절 265
사여 285	세걸 95	숙심 272	안경 242	여중 140
사원 172	세성 100	숙연 105	안락 102	여지 111
사의 282	소강절 101	숙운 15	안사고 115	여학 278
사이씨 185	소계명 98	숙자 123	안연 116	연당 279
사재 64,138	소공 216,263	숙좌 54	안자 115,116	연명 57
사창 88	소동파 99	숙중 59,269	안정 276	연수 251,259
사초 56	소매 205	숙헌 74	안택 222	여숙 127
산재 130	소순자 110	순거 209	안평중 115	연족 269
삼려 126	소암 159	순로 204,220	애헌 190	염백우 131
삼소 102	소영 191	순문 194	약후 252	염암 46
삼외재 183	소온 94	순보 76	양명 146	염우 131
삼육자 181	소요공 189	순수 170	양자직 119	염유 131
상산 182	소유 236	순원 194	양자 121	영빈유로 102
상중 67	소의 254	순자 110	양중립 119	영숙 41
상채 82	소이 269	순지 269	양행재 163	138,178
서계 184	소자 101	숭일 39	어중 212	영승 13
서록 186	소주 183	승암 121,157	억숭 22	영양 130
서산 202,248	손경 110	시거 74	언개 134	영우 165
석림 94	손경보 106	식재 22,125	언륜 227	영원 142
석자중 90	손옥 194	신공 112	언명 183	영인 21
석재 246,281	손지 74	신로 103	언상 130	영중 236
석창 222	수도 90	신백 145	언장 130	오봉 273
선보 285	수부 259	신수 16	언충 171	옥재 275
선산 144	수심 96	실부 286	언평 189	옥진 60

온마산농	244	원덕	201	육자정	182		244	자상	219
완방병수	67	원도	247	윤부	208	임은	207	자석	232
왕로재백	141	원락	265	윤승	47,226	임택지	190	자선	88
왕보사	154	원량	57	융산	187,244	입계	283	자소	192
왕선산	144	원명	53,130	은연자	193	입지	36	자수	180
왕소진일	58	원부	174	응소	24			자시	204
왕신백	145	원사	162	의보	163			자신	79,257
왕양명	146	원성	258	의부	138	**ㅈ**		자아	201
왕자충	145	원시	24	의선	48	자개	255	자암	197
요범	163	원아	64	의원	252	자거	68	자약	128
요부	102	원자	262	의지	258	자건	72	자어	28
요옹	236	원중	185	의천	120	자견	207	자여	68
요재	236	원진	286	이경자	186	자계	261		87,233
요천	113	원회	228	이과재	186	자고	20,283	자연	116
용계	140	월봉	103	이농	144	자공	50	자옹	147
용도노자	78	월천	218	이단백	188		94,259	자요	199
용수	121	위신	160	이도	221	자국	32	자용	49
용재	122	위재	226	이약	281	자규	78,207	자우	52,84
용중	155	유공도	167	이오	37	자기	256	자운	121
용지	242	유관	139	이장	196	자도	274	자유	102,123
용천	239	유기지	169	이정	215	자로	231		131,169,227
우부	83	유덕	45	이정자	215	자명	37,108	자장	32
우수	83	유빙군	167	이주	224,		223		86,203
우좌	157	유순수	170		226,283	자문	98,195	자재	163
우직	122	유원	281	이천	98	자미	85	자정	85
우태	140	유자징	175	익지	268		181,209		176,182
욱의	225	유정부	175	익지	276	자발	227	자종	252
운봉	275	유청	137	인봉	147	자병	14	자주	113
울의	225	유충정공	169	인숙	197	자부	135	자준	178
원개	62	유평	281	인주	157	자사	27,162	자직	119
원공	41,219	유하동	172	인중	97,273		187	자진	57
원구	141	육덕명	182	일재	49,226,	자산	29	자징	175

318

자천	80	장자후	196	정조	234	중립	120	직헌	138
자첨	99	장자	196	정칙	96	중목	125	진료옹	236
자충	145	장존중	195	정학	75	중묵	250	진문충공	238
자췌	66	장증자	198	제정	278	중부	252	진재	87
자하	24,79	장천	97	조기	256	중사	211	진재경	240
자현	36,174	장횡거	196	조민	254	중상	93,157	진지	147
자호	117	재경	240	조백순	217	중소	46	진창	20
자화	29	재로	136	조암	120	중심	42	진천	43
자화	36	재륜	18	조치도	219	중엄	153	진치	243
자회	155	적양공	202	존재	45,182	중여	265	진택	145
자후	114	전이	78		269,286	중영	189	질야옹	56
	172,196	전촌	212	존존자	286	중예	109	집중	170
자흠	54	절신	143	존중	113,195	중원	156		
작숙	258	절재	247	졸재	191	중유	139	**ㅊ**	
잠계	106	절초	217	종고	104	중용	200		
잠곡	65	정당	14	종태	282	중인	198	차농	43
잠구	132	정림	21	좌여	20	중임	151	창려	267
잠실	243	정방	277	주렴계	224	중자	107	창주병수	229
잠암	78	정백	257	주무숙	224	중절	251	채계통	248
잠재	277	정보	235	주문공	228	중평	166,270	채백개	248
장거	163	정부	218	주보	274	중호	275	채산	175
장경	85	정수	118,245	주자	224,228	중홍	133	천기	196
장경부	193	정수	171	죽서	139	중회	228	천석	73
장공	262	정숙	62,210	죽주	65	증백	56	천수	251
장락로	258	정암	47	중각	247	증석	232	천유	122
장사숙	195	정옹	62	중거	89	증자	233	천은	138
장사업	195	정우	244	중계	198	지도	219	첩산	87
장소	141	정옹	253	중공	19	지암	120	청란	234
장수부	195	정윤부	208	중궁	133	지완	255	체인	245
장옹	82	정자	210	중규	96	지재	241	초려	137
장왕	195	정재	95	중니	25	직경	281	초망	265
장자소	192	정전	134	중달	34	직렴	20	초목자	95

초연수	251	평보	268	현사	91	희도	16
춘암	256	평숙	260	현안	282	희문	77
충민	89	평암	96	현자	262	희보	43
취옹	41	평자	199	현지	235	희성	286
치규	38	평중	115	현호	88	희손	39
치당	277		151,155	형중	204	희이	237
치도	219	포구자	81	호안정	276	희직	74
치원	94	풍림	226	호계수	274	희헌	198
치재	67	풍산	193	홍보	202	희현	166
치중	167	풍작숙	258	홍재	186	한문공	267
				화백	40		
				화보	164		

ㅌ

ㅎ

				화숙	126,271	
탄숙	124	하숙경	262	화중	220	
태백	184	하손	95	환곡	139	
태악	191	학산	164	황돈	206	
태재	54	학해	163	황이	186	
태정	184	한강백	266	황중	190	
태지	205	한경	78	황직경	281	
태초	151	한문공	267	회목	283	
태충	283	한상	227	회백	170	
태허	236	한자	267	회숙	149	
태현	256	한퇴지	267	회암	228	
택지	190	합사어부	205	회영	202	
토롱	91	행가	39	회옹	229	
퇴암	64	행계	81	회지	141,142	
퇴재	160	향계	77	횡거	196	
퇴지	267	허순지	269	횡당	269	
		허재	249	효공	18	
		헌공	34	후재	258	
		현경	56	후정	213	

ㅍ

팽려조도	160	현도	82	희고	74,236

성씨

ㄱ

각헌채씨覺軒蔡氏	247
강릉항씨江陵項氏	268
건안주씨建安朱氏	228
건안진씨建安眞氏	238
격암조씨格庵趙氏	220
겸산곽씨兼山郭氏	36
경원보씨慶源輔氏	78
고괄정씨古括鄭氏	209
과재이씨果齋李氏	186
괄창섭씨括蒼葉氏	95
광평유씨廣平游氏	175
광한장씨廣漢張氏	193
교봉방씨蛟峯方氏	74
구산양씨龜山楊氏	119
금릉왕씨金陵王氏	148

ㄴ

낙암이씨樂庵李氏	189
난계범씨蘭溪范氏	77
남전여씨藍田呂氏	127
남헌장씨南軒張氏	193
노재왕씨魯齋王氏	141
노재허씨魯齋許氏	270

ㄷ

단양홍씨丹陽洪氏	279
도향추씨道鄉鄒氏	255
동가사씨東嘉史氏	87
동래여씨東萊呂氏	129
동양허씨東陽許氏	268
동회택진씨東匯澤陳氏	246

ㅁ

매계왕씨梅溪王氏	148
매암호씨梅岩胡氏	278
면재황씨勉齋黃氏	281
몽재원씨蒙齋袁氏	162
무이오씨武夷吳氏	136
무이호씨武夷胡氏	275
물재정씨勿齋程氏	208
물헌웅씨勿軒熊氏	160
미산소씨眉山蘇氏	99
민남정씨閩南鄭氏	212

ㅂ

반간동씨槃澗董氏	59
백운곽씨白雲郭氏	36
번역심씨番易沈氏	113
번역제씨番易齊氏	217
범문정공范文正公	77
병산유씨屏山劉氏	171
북계진씨北溪陳氏	242

ㅅ

사수정씨沙隨程氏	215
사여황씨四如黃氏	285
산음육씨山陰陸氏	183
삼산반씨三山潘氏	73
삼산임씨三山林氏	191
삼산진씨三山陳氏	236
삼산황씨三山黃氏	281
상산육씨象山陸氏	182
상채사씨上蔡謝氏	82
서산진씨西山眞氏	238
성도범씨成都范氏	76
성재양씨誠齋楊氏	118
소온섭씨少蘊葉氏	94

속수사마씨涑水司馬氏	83
신안예씨新安倪氏	133
신안오씨新安吳氏	138
신안왕씨新安王氏	149
신안주씨新安朱氏	228
신안진씨新安陳氏	244
신정소씨新定邵氏	97
쌍봉요씨雙峯饒氏	156
쌍호호씨雙湖胡氏	277

ㅇ

안정호씨安定胡氏	275
여릉구양씨廬陵歐陽氏	41
여릉나씨廬陵羅氏	44
여릉양씨廬陵楊氏	118
여릉이씨廬陵李氏	188
연평이씨延平李氏	185
영가설씨永嘉薛氏	91
영가섭씨永嘉葉氏	96
영가주씨永嘉周氏	228
영가진씨永嘉陳氏	243
예장나씨豫章羅氏	46
오봉호씨五峰胡氏	273
온릉진씨溫陵陳氏	245
완구장씨宛丘張氏	192
용천섭씨龍泉葉氏	94
우강이씨盱江李氏	184
운곡채씨雲谷蔡氏	248
운봉호씨雲峰胡氏	275
원성유씨元城劉氏	169
인산김씨仁山金氏	43
인수이씨仁壽李氏	184
임은정씨林隱程氏	207

임천오씨臨川吳氏	137
임천왕씨臨川王氏	148

ㅈ

자계황씨慈溪黃氏	285
잠실진씨潛室陳氏	243
장락유씨長樂劉氏	170
절재채씨節齋蔡氏	247
절효서씨節孝徐氏	89
정우진씨定宇陳氏	244
조래석씨徂徠石氏	90
지재진씨止齋陳氏	241

ㅊ

천태동씨天台董氏	62
천태반씨天台潘氏	73
첩산사씨疊山謝氏	87
치당호씨致堂胡氏	277
초려오씨草廬吳氏	137

ㅍ

파양동씨鄱陽董氏	61
평암섭씨平巖葉氏	96
보전황씨莆田黃氏	282

ㅎ

하동후씨河東侯氏	286
학산위씨鶴山魏氏	164
한상주씨漢上朱氏	227
해릉호씨海陵胡氏	276
화양범씨華陽范氏	76
화정윤씨和靖尹氏	183
회진진씨淮海秦氏	236
횡포장씨橫浦張氏	192
후재풍씨厚齋馮氏	258
휘암정씨徽庵程氏	208